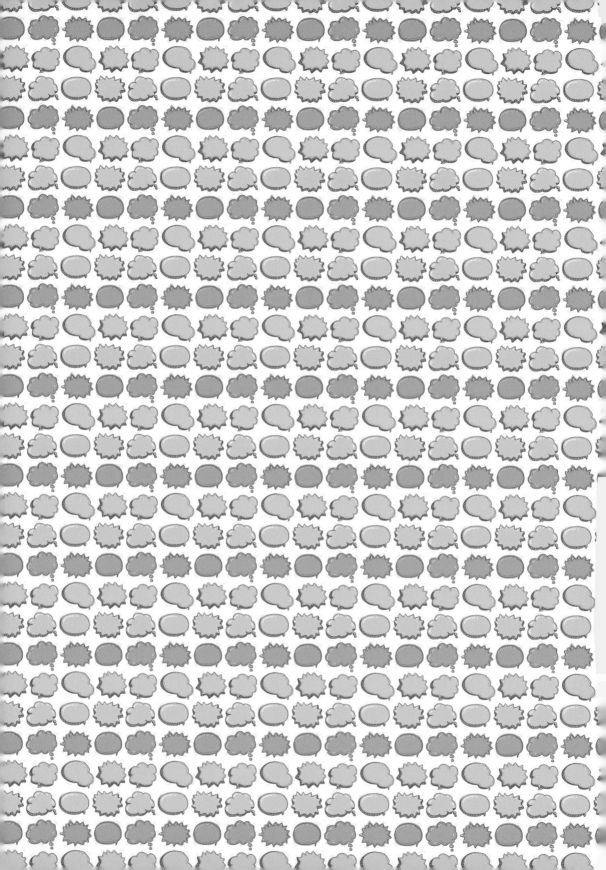

전북형 교육과정을
다시 디자인하는
두근두근
미술수업

교육과정을 다시 디자인하는
두근두근 미술수업

| | |
|---|---|
| **발행일** | 2021년 11월 29일 초판 1쇄 발행 |
| **지은이** | 이상걸 |
| **발행인** | 방득일 |
| **편 집** | 박현주, 허현정, 한해원 |
| **디자인** | 강수경 |
| **마케팅** | 김지훈 |

| | |
|---|---|
| **발행처** | 맘에드림 |
| **주 소** | 서울시 도봉구 노해로 379 대성빌딩 902호 |
| **전 화** | 02-2269-0425 |
| **팩 스** | 02-2269-0426 |
| **e-mail** | momdreampub@naver.com |

ISBN 979-11-89404-55-0 93370

미술로 즐겁게 배움을 확장하는 껄껄쌤의 교육과정 재구성

# 전학년 교육과정을 다시 디자인하는

## 두근두근 미술수업

이상걸 지음

맘에드림

# 학생과 교사 모두 두근두근 기다리는 수업, 웃음이 넘치는 행복한 교실을 꿈꾸며

학교생활을 하다 보면 교사들을 심리적으로 지치고 힘들게 하는 상황들이 종종 발생합니다. 어떤 상황을 좀 더 힘들게 받아들이는지는 개인차가 있겠지만, 분명 수업에 관련된 고민이 많을 거라고 생각합니다. 특히 열심히 준비한 수업에 아이들이 잘 참여해주지 않을 때면 맥빠지고, 머릿속이 복잡해집니다.

> "왜 많은 아이들이 수업 시간을 지겨워할까?"
>
> "아무리 노력해도 아이들에게 수업은 역시 노잼인 건가?"

이런 생각이 들 때마다 스스로 수업도 돌아보고 보완해야 할 점을 좀 더 연구해보기도 하지만, 때론 무기력증에 빠지기도 합니다. 분명 적극적으로 동기유발도 하고, 교과서에 실린 재미있는 활동도 함께하며 배움이 즐거워지는 수업을 만들어보려고 했는데, 어쩐지 효과는 잠시뿐인 것 같으니까요. 하지만 아이들의 입장에서 다시 생각해보니 그리 간단한 문제가 아니었습니다. 아무리 듣기좋은 꽃노래도 두세 번 이상 반복되면 감흥은커녕 지겨워지는 법인데, 아이들은 그런 수업을 하루에 네 시간에서 여섯 시간까지, 그것도 매일같이 꼼짝없이 버텨내고 있습니다. 나 또한 분명 학생의 입장에서 그런 곤혹스러운 시간을 겪고 교사가 된 것인데, 어느 날 돌아보니 학생 시절의 기억은 까맣게 잊은 채, 수업 진도 나가느라 바쁜 교사가 되어 있더군요. 이미 멀어진 우리의 간극, 과연메울 수 있을까요?

## 아이들도 나도 행복한 수업을 만들어가고 싶다

다시 마음을 다잡고, 내가 교사로서 진정으로 바라는 것이 무엇인지를 곰곰이 생각해보았습니다.

> "아이들이 학교에서 행복한 시간을 보냈으면 좋겠다. 그래서 학교가 억지로 시간을 채우고 뛰쳐나
> 가고 싶은 곳이 아니라, 재미있게 지내다 보니 어느새 끝나버려 아쉬운 곳이 되었으면 좋겠다."

어떻게 하면 아이들이 행복하고 나도 행복한 그런 수업을 만들어갈 수 있을까 고민했죠. 나 홀로 고민해서 해결할 수 있는 문제가 아니기 때문에 다른 선생님들과 함께 나누며 더 나은 방안을 찾고 싶었습니다. 그래서 많은 선생님들과 만나서 이야기도 나눠보고, 연수도 열심히 들으면서 블로그에 수업일기를 남기기 시작했는데, 어느새 15년의 시간이 흘렀습니다. 그동안 남긴 1,000개 이상의 기록은 나의 수업을 매 순간 진지하게 되돌아보게 하는 계기가 되었습니다.

수업 기록을 남기다 보니 어느 순간 매시간 동기유발을 한다는 게 좀 어색하고 이상했습니다. 교사의 입장에서는 조금이라도 더 아이들의 흥미를 끌어서 수업에 집중시키려면 당연히 필요하다고 생각하겠지만, 아이들은 좀 생뚱맞다고 생각하지 않을까 하는 의문이 들었죠. 물론 동기유발이 필요 없다는 말은 아닙니다. 다만 너무 분절적이라 맥락 없이 기계적으로 하다 보니 혹시 동기유발

을 위한 동기유발을 해온 것은 아닌가 반성하게 되었습니다. 우리의 삶은 연속적인데 수업은 매번 분절적이라 흐름이 끊기다 보니 뭔가 아귀가 맞지 않아서, 동기유발도 맥락을 가지고 연속적으로 이어지면 좋겠다고 생각했습니다.


## 미술을 매개로 동기유발을 확장한 프로젝트 수업 만들기

동기유발이 교실 안, 수업 시간에만 머문다면 수업이 끝나고 교실 밖으로 나가는 순간 단절되어 아이들에게 더 이상 의미 있는 배움으로 남기 어려울 것입니다. 과거 우리가 오직 시험 시간을 위해 열공하고 머릿속을 하얗게 불태워버린 것처럼 말이죠. 그래서 그러한 연결이 교실 안에서만 이어지는 것이 아니라, 교실 밖 아이들의 삶에서도 지속적으로 이어지기를 바랐습니다. 그러다 보니 자연스레 프로젝트 학습에 대해 관심을 가지게 되었고, 공부도 하게 되었습니다. 특히 거의 대부분의 아이들이 좋아하고 기꺼이 참여하는 미술활동을 매개로 교육과정을 재구성한다면 배움에서 소외되는 아이들을 훨씬 최소화할 수 있을 거라는 기대감이 들었습니다.

그렇게 꾸준히 공부하며 알게 된 것들을 조금씩 우리 학교와 우리 반 실정에 맞게 재구성하기 시작했습니다. 그 과정에는 보람도 시행착오도 함께했죠. 그 모든 것들을 하나하나 정리한 것이 이 책에 담은 80개의 수업 이야기입니다.

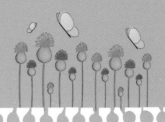

이 중에는 하루에도 끝낼 수 있는 단기 프로젝트 수업도 있고, 한 학기나 일 년 단위로 진행했던 장기 프로젝트 수업도 있습니다.

## 교과서를 뚫고 아이들의 삶 속으로 스며드는 배움과 수업

다양한 프로젝트 수업을 하면서 운 좋게도 학교 밖에 계신 다양한 능력을 가진 분들을 만나 뵙게 되었습니다. 교사의 전문영역이 아니라 잘 알지 못해 아이들의 요구 수준을 제대로 충족시켜줄 수 없는 영역이 생각보다 많았습니다. 그럴 때마다 교사로서보다는 마치 에이전시가 된 것처럼 이런 능력자 분들을 아이들과 연결시켜주는 것만으로도 아이들에게 훨씬 더 생생하고 의미 있는 배움이 일어나는 것을 지켜볼 수 있었습니다.

　다양한 프로젝트 수업을 기획하면서 가장 염두에 둔 것은 단지 교과서에 있는 분량을 다 가르쳤다는, 소위 진도를 뺐다는 것에만 의의를 두지 않고 아이들이 그 내용을 삶 속에서 체화(體化)했으면 좋겠다는 점이었습니다. 그래서 더더욱 그리기와 만들기 등의 미술활동은 나의 프로젝트 수업에서 매우 중요한 매개가 되었죠. 몸으로 겪어서 자신의 것으로 만든 기억은 뇌의 장기기억공간에 저장되는 법입니다. 아이들이 수업 시간에 배운 것과 관련하여 그림으로 그리거나 만들기를 하는 동안 이미지나 영상 같은 시청각 자료가 되어 어른이 된 후에도 잊히지 않고 떠오르는 강렬한 기억이 되기를 바랐습니다. 그러한 기억은 단지 인상적인 추억에만 머무는 것이 아니라, 훗날 어른이 되어서도 의미 있고 쓸모 있는 무언가로 끝없이 확장시키고 발전시킬 수 있으니까요.

## 학력 저하를 우려하는 시선과 학력 개념의 재정의

최근 코로나19 팬데믹의 장기화로 인한 등교일수의 감소와 함께 학생들의 기초학력 저하에 대한 우려의 목소리가 부쩍 높아졌습니다. 과거에는 학력의 개념이 참으로 협소했죠. 모든 학생에 대해 영어단어, 수학공식 등 몇 가지가 마치 학력과 동일한 개념으로 인식되었으니까요. 하지만 학령인구의 급감과 함께 학생 한 명 한 명이 모두 소중하고, 학생 각자의 능력과 개성을 살리는 맞춤형 교육에 대한 필요성이 강조되는 때입니다. 나아가 2022 개정교육과정 또한 교과 지식 자체보다 창의성이나 상상력, 유연성 등 기계와 차별화된 인간 고유의 역량을 키우는 데 좀 더 주목하고 있죠. 그렇기 때문에 이제 '학력'이라는 말은 단지 대학교를 가기 위한 공부 실력에 한정되지 않는다고 생각합니다. 대학에 진학하건 또는 하지 않건 간에 아이들 모두 세상을 살아가는 데 꼭 필요한 힘을 키우는 것이 진짜 '학력'이 아닐까요? 그런 학력을 키우는 데 내 수업이 작은 보탬이 되었으면 합니다.

글을 정리하면서 지난 나의 수업을 되돌아보니 그 속엔 항상 '행복'과 '설렘'이 공존했습니다. 아이들에게 학교는 행복한 공간인가? 어떻게 하면 아이들과 행복한 시간을 보낼 수 있을까 고민했죠. 그리고 그런 행복한 시간을 상상하고 기다리며 설레었습니다. 앞으로도 이런 행복한 고민에 설레는 교사로 남고 싶습니다. 거창하진 않지만, 꾸준히 모아둔 기록이 더 나은 수업을 만들기 위해 끊임없이 고민하는 전국의 수많은 선생님들께 조금이나마 도움이 되었으면 합니다. 그래서 이 책의 제목처럼 선생님과 학생 모두 '두근두근' 기대하는 마음으로 수업을 기다리고, 교실에는 행복한 웃음소리가 가득 울려 퍼지는 모습을 꿈꿔봅니다.

끝으로 거의 3년이라는 긴 시간 동안 옆에서 응원해준 사랑하는 아내와 맘에드림 식구들에게 먼저 고마움을 전합니다. 단지 블로그에 묶여있을 자료를 책으로 낼 수 있게 맘에드림 출판사를 연결해준 강원문화예술교육연구회 박찬수 선생님, 15년이라는 긴 시간 동안 옆에서 도와주시고 조언해주셨던 동료 선생님들과 지역 예술가 분들, 수업 아이디어를 주었던 전국의 많은 선생님들께 깊이 감사드립니다.

이상결

# 🚦 차례

## 1장
## 나와 너 그리고 우리
### 상호 존중과 배려, 소통하는 인성교육

## 2장
## 우리 마을, 우리 문화 지킴이
### 함께 키우는 공동체의식과 문화사랑

### 3장
## 우리는 모두 지구 수호대!
지구마을 세계시민의 품격

### 4장
## 창조적 · 논리적 문제해결사의 탄생
아름답고 신기한 수학과 과학 언어

### 5장
## 미래의 주인공은 나야, 나!
미래사회와 창의융합형 인재

초등교육에서 인성교육만큼 중요하고 어려운 것이 또 있을까? 특히 자존감을 키워가
는 한편, 스스로를 존중하는 마음을 바탕으로 타인을 배려하고 존중하는 마음을 함께
기르는 것은 매우 중요하다. 코로나19로 사회 전반에 삭막함과 공허함이 감도는 때,
높은 자존감으로 스스로를 돌보고, 나아가 타인에 대한 따뜻한 시선을 잃지 않는 인
간다움을 갖춘 인성이야말로 포스트코로나 시대의 가장 가치 있는 생존 무기가 아닐
까? 이 장에서는 나와 너 그리고 우리라는 개념에서 시작하여 서로 배려하는 과정에
서 원활한 소통을 일으키는 재미있는 활동들을 마련해보았다.

상호 존중과 배려, 소통하는 인성교육

# 나와 너 그리고
# 우리

1장

\# 나 \# 너 \# 감 정 \# 존 중 \# 자 기 관 리 \# 의 사 소 통

# 네온사인 이름패

# 표현력    # 공동체    # 문제해결    # 의사소통

활동장소 교실          활동시간 80분          활동대상 5학년

활동재료 두꺼운 8절지 1장, 매직펜 2개, 접착식 테이프

## 💡활동 소개 소통의 시작, 이름을 불러줘!

새 학년 첫날, 선생님은 물론 아이들도 서로의 이름을 묻고 외우기에 바쁘다. 그런 시끌벅적함 속에서 몇몇 아이들은 그저 조용히 앉아 있다. 남에게 먼저 말을 건네기조차 어려워하는 것이다. 그러다 보니 자신의 이름을 말할 기회도, 친구의 이름을 들을 기회도 적다. 이런 아이들을 위해 자연스럽게 자신을 소개하고 친구의 이름을 외울 수 있는 활동을 준비했다. 또 배역을 정하거나 역할을 나눌 때 자신의 역할과 타인의 역할을 정확히 인지함으로써 불필요한 갈등이나 분쟁의 원인을 최대한 줄이고 싶었다.

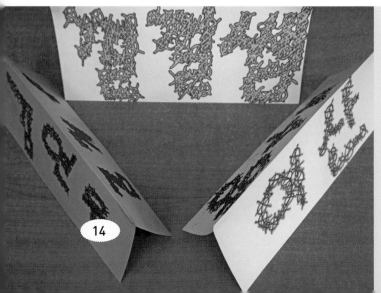

마당놀이를 할 때 배역과 이름을 적은 이름패이다. 대비되는 색상의 매직펜으로 네온사인처럼 보이도록 구성했다. 서로의 이름을 잘 알지 못하는 학기 초에는 주로 이름을 쓴 이름패를 만들지만, 나중에는 이름보다 수업 중에 맡게 되는 배역이나 역할을 쓸 때 주로 사용했다.

14

## 활동 순서 알아보기

1 도화지를 가로로 길게 반을 접고, 매직펜 두 색 중에서 하나를 골라 두꺼운 도화지 아래 칸에 이름을 쓴다.

2 이름 쓴 줄을 따라 크고 작은 동그라미표를 그린다.

3 동그라미표 위에 가위표를 하나씩 그린다.

4 다른 색 매직펜으로 이름, 동그라미표, 가위표가 겹쳐진 선의 안쪽과 바깥쪽을 따라 선을 그린다.

5 이름을 완성하면 종이를 반대로 돌려서 다른 쪽에 배역이나 역할을 적고, 이름과 같은 방식으로 그린다.

6 종이 반 장을 덧대어 삼각기둥 모양으로 만든다.

7 삼각기둥의 남은 한 면에 자신을 소개하는 낱말이나, 자신이 좋아하는 것과 싫어하는 것을 친구들에게 알려주는 낱말을 쓴다.

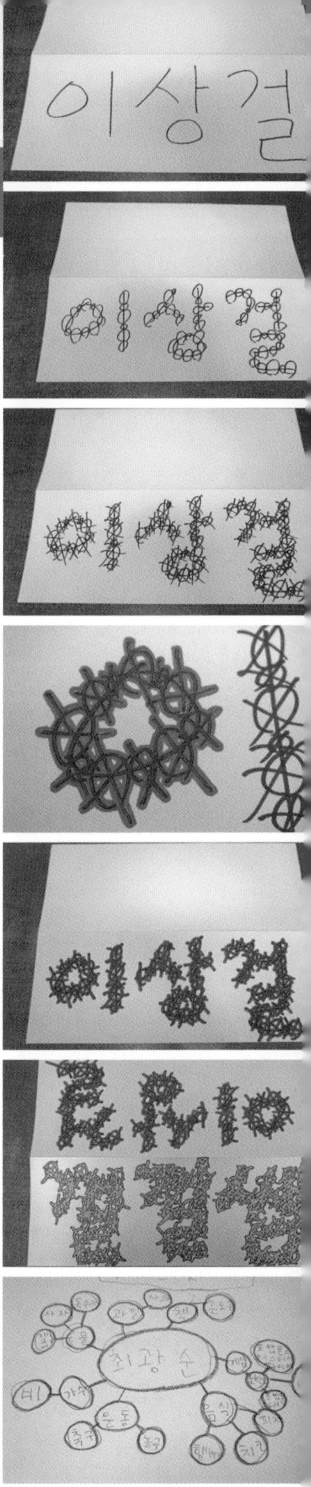


### 앗, 잠깐만!

- 처음부터 바로 글자를 써서 활동하지 말고, 자음자나 모음자로 연습을 한 후에 활동을 시작한다.
- 매직펜은 비슷한 색보다는 대비되는 색 관계에 있는 두 색을 사용해야 네온사인 효과를 톡톡히 볼 수 있다.
- 종이를 네 칸으로 접어 삼각기둥으로 만들 수도 있다. 나중에 말아서 고정시킬 때를 생각해서 첫 번째 칸이나 네 번째 칸보다는 두 번째, 세 번째 칸에 글씨를 쓰는 게 좋다.
- 이름패를 세웠을 때 내 이름이나 배역이 뒤집혀 보이지 않도록 주의한다.
- 글자가 너무 크거나 작으면 제대로 된 네온사인 효과를 낼 수 없다.

10명 남짓한 아이들과 창의적 체험활동 시간에 마당극을 연습했다. 저학년부터 고학년까지 섞여있는데, 저학년 학생 중에는 가끔 상대방이 어떤 배역인지도 모른 채 기계적으로 자기 대사만 하는 경우가 있다. 매번 종이에 배역과 역할 쓰기를 반복하다가 종이도 아낄 겸 계속 사용할 수 있는 이름패를 만들어보기로 했다.

| 성취기준 | 학습 및 평가요소 | 학년 - 학기 - 단원 |
|---|---|---|
| •[6미02-05]<br>표현 | - 다양한 표현 방법의 특징과 과정을 탐색하여 활용할 수 있다.<br>- 표현 방법의 특징과 과정 탐색 및 활용하기 | |
| •[6도02-02]<br>타인과의 관계 | - 다양한 갈등을 평화적으로 해결하는 것의 중요성과 방법을 알고<br>  평화적으로 갈등을 해결하려는 의지를 기른다.<br>- 갈등해결의 중요성과 방법 알기 | 5 - 5 |

**배움을 확장하는 생생 현장 스케치**

좌  영월지역 마당놀이인 〈능말도깨비놀이〉 대본을 읽고 있는 아이들 모습! 자신이 맡은 배역이 무엇인지 상대방에게 알려주는 이름패 덕분에 아이들은 서로 돕고 배려하며 대본 4장을 끝까지 달달 외울 수 있게 되었다.

우  아이들이 자신의 꿈을 담아 만든 미래의 명함! 영월에는 박물관이 무려 23개나 있다. 박물관의 고을답게 박물관장을 하고 싶다는 아이의 명함이 눈에 띈다.

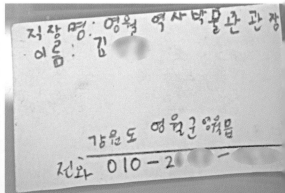

•실과  미래의 명함을 만들어 친구들에게 나누어주며 자신을 소개하는 활동을 했다. 이름패가 고정적인 자리나 배역 안내 등을 위해 만든 것이라면, 명함은 들고 다니면서 자신을 소개할 때 유용하게 쓰인다. 친구들이 그 명함을 보고 궁금한 것을 물어볼 때 막연하게만 생각했던 자신의 꿈에 대해 한 번 더 구체적으로 생각해볼 기회를 갖지 않을까?

## 응용 및 심화 활동

• 종이상자를 재활용하여 알뜰시장 네온간판을 만들고 뒷면에 가격표를 붙여 활용한다.
• 학급공연이나 동아리공연을 홍보할 때 네온등 효과를 활용한 포스터를 만들어 홍보한다.

## 스토리가 있는 껄껄쌤의 수업 나눔

수업이나 동아리 활동을 할 때 역할이나 배역이 필요하면 그때마다 A4 종이에 역할 이름만 적어서 한 번 사용하고 버리기를 반복했다. 그렇게 버려지는 종이의 낭비도 안타까웠지만, 자신의 이름이 적힌 이름패를 수업과 연결할 수 없는 것이 더더욱 안타까웠다. 그러던 중 학창시절 친구 녀석이 미술반이었던 내게 연애편지에 넣을 'LOVE'를 멋지게 꾸며달라고 부탁해서 고민 끝에 네온사인 효과의 글자를 그려준 기억이 떠올랐다. 친구 녀석에게도 단 하나뿐인 연애편지였듯 우리 아이들에게도 하나뿐이고 독창적인 이름패를 만들어 자신의 이름과 자신의 배역을 소중히 간직할 수 있도록 해주고 싶었다. 이름패를 만들던 날! 이전까지 활동이 끝나기 무섭게 쓰레기통에 휙 버려지던 아이들 이름은 이제 아이들 사물함 속에 고이 접어 나빌레라!

# 내 마음이 들리니?

| 대주제 | 나와 타인과의 관계 | 소주제 | 나의 속마음이 궁금해 |

#상상력    #표현력    #자기관리    #의사소통

활동장소 교실            활동시간 80분            활동대상 3학년

활동재료 파스텔, 휴지, 매직펜, 가위, 8절지 1장

## 💡활동 소개 알쏭달쏭 속마음 고백

안타까운 얘기지만 몇몇 아이들은 졸업 또는 종업과 함께 선생님의 기억 속에서 점점 희미해진다. 신기하게도 말썽꾸러기 녀석들이 아니라 오히려 자기에게 주어진 역할에 충실하고 성실히 생활했던 아이들이 선생님의 기억에서 더 쉽게 멀어지는 것이다. 내성적인 아이들은 평소 자신을 잘 드러내려고 하지 않고, 선생님도 바쁘다 보니 아이들 한 명, 한 명의 이야기를 유심히 듣기란 어렵기 때문이다. 그래서 이 활동은 내성적이라 발표를 잘하지 못하거나, 목소리가 작아서 발표를 어려워하는 아이들을 위해 준비했다. 아이들은 자신만의 별을 만들면서 시나브로 자신의 속마음을 선생님께 털어놓게 될 것이다.

현재 자신의 기분을 드러낼 수 있는 자신만의 별을 그린 작품이기 때문에 잘 그렸다 또는 못 그렸다고 판단하는 건 솔직히 의미가 없다. 가끔은 그림보다 설명이 더 중요할 때도 있다.

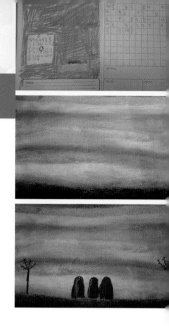

## 활동 순서 알아보기

**1** 자기의 기분을 표현할 수 있는 자신만의 별을 그리고 설명글을 쓴다.

**2** 파스텔에서 자신의 기분을 드러낼 수 있는 색깔이 무엇일지 생각한다. 색깔을 정하면 도화지 위에 가위로 긁어 가루를 뿌린 후 휴지로 부드럽게 문지른다.

**3** 매직으로 그림을 그리고 완성한 후 친구들과 돌아가며 설명한다.

### 앗, 잠깐만!

- 선생님이나 다른 친구들 작품과 똑같이 그리는 게 목적이 아니라고 미리 말해준다.
- 아이는 의도하지 않고 그리거나 칠했을 수도 있기 때문에 무조건 답을 강요하지 않는다.
- 친구들 앞에서 발표하는 것을 어려워하면 선생님께만 따로 이야기할 수 있는 기회를 준다.
- 색이나 모양에 제한을 두지 말고 마음껏 표현할 수 있도록 기다려준다.

좀처럼 마음의 문을 열지 않는 아이가 있었다. 알고 보니 선생님을 무시하는 게 아니라 단지 어른과 대화해본 경험이 많지 않아서 무슨 이야기를 해야 할지 막막해하고 있었던 것뿐이었다. 이런 경우 대화를 이어갈 수 있는 매개체가 필요한데, '그림'은 훌륭한 매개체이다. 그림에는 여러 색깔의 점, 선, 면이 있다. 왜 그 색깔인지, 왜 그 도형인지 묻다 보면 아이의 속마음을 아주 조금이나마 엿볼 수 있지 않을까 생각했다.

| 성취기준 | 학습 및 평가요소 | 학년 - 학기 - 단원 |
|---|---|---|
| •[4도02-02] 타인과의 관계 | - 친구의 소중함을 알고 친구와 사이좋게 지내며, 서로의 입장을 이해하고 인정한다.<br>- 서로의 입장 이해하기 | 3-1-2 |
| •[4미03-03] 감상 | - 미술작품에 대한 자신의 느낌과 생각을 발표하고, 그 이유를 설명할 수 있다.<br>- 작품에 대한 자신의 느낌과 생각을 이유와 함께 설명하기 | |

### 배움을 확장하는 생생 현장 스케치

좌 회복적 서클에서 친구에게 평소 궁금했던 점을 질문하는 모습. 2년 넘게 같이 학교를 다녔지만, 정작 모르는 것이 더 많았다는 사실을 아이들도 깨달았다. 지금 보여준 모습보다, 앞으로 보여줄 모습이 더 많으니 지금처럼 친구에게 관심을 가지고 대화해 나가길 바라!

우 함께 영화를 보는 아이들의 모습. 영화 속 등장인물의 모습에서 우리 반 아이들의 모습도 찾아볼 수 있다. 내 이야기로 주제를 삼는 활동을 부끄러워하거나, 부담스러워한다면 영화 속 인물들로 대신 토론을 벌이는 것은 어떨까?

# 다른 교과와의 연계와 배움의 확장 "이렇게도 해보아요!"

• 도덕  회복적 서클은 학급 문제를 해결할 때 주로 사용하지만, 친구에 대한 궁금증을 해결할 때도 사용했다. 회복적 서클에서는 발언권이 골고루 돌아가므로 평소 발표나 대화를 잘 하지 않는 아이에게도 유용했다. 그림에 대해 선생님이 일방적으로 물어보기보다 친구가 묻는 쪽이 아이의 마음을 움직일 가능성이 더 크다. 또 한 아이가 그린 그림을 주제로 운영해보기도 했다. 평소 친구의 속마음을 엿볼 기회는 생각보다 적기 때문에 이 활동을 통해 관계가 개선되었다.

• 창체  영화는 세상의 축소판 같다. 등장인물이 처한 다양한 문제, 원인과 해결 방법 등을 이야기하다 보면 아이들은 그것이 우리 반 누군가의 이야기일 수도 있다며 공감한다. 또 자신을 직접 드러내기 어려운 상황에서 영화는 훌륭한 상담 매개가 되곤 한다.

## 응용 및 심화 활동
• 자신의 감정을 담은 멜로디를 만들어 친구들 앞에서 악기로 연주한다.
• 자신이 처한 상황을 친구들 앞에서 마임으로 발표한다.

## 스토리가 있는 껄껄쌤의 수업 나눔

나는 아이들 간에 문제가 생겼을 때 유독 마음고생이 심한 편이다. 조금씩 굳어버린 아이들의 관계를 말랑말랑하게 녹이기란 생각처럼 쉽지 않았다. 어떻게 서로의 마음을 나누게 할까 고민하던 중 점·선·면을 이용한 그리기 활동에서, 갑자기 몇몇 아이들이 더 재밌는 활동이 있다며 나에게 역제안을 했다. 제안한 아이들에게 활동 방법을 직접 설명하게 하고 친구들의 동의를 얻어 진행하였다. 아이들은 자기들이 제안해서 그런지 활동에 더 몰입했고 그림에 자신의 이야기들을 담아내기 시작했다. 거기엔 즐거운 모습도, 어둡고 힘든 모습도 있었다. 그림으로 시작한 이야기는 자연스레 발표로 이어졌고, 이를 통해 회복적 서클을 시작할 수 있었다. 아이들은 허심탄회하게 모든 이야기를 쏟아냈다. 당장 해결된 건 없지만 말을 한 아이도, 듣는 아이도 모두 느끼는 바가 있었을 것이다. 선생님이 억지로 화해시킬 수 없다면 서로 이야기를 나눌 기회를 자주 만들어 줄 수밖에…

# 나 사용설명서

# 자기관리    # 정교성    # 의사소통    # 공감    # 진로개발

활동장소 교실          활동시간 80분          활동대상 5학년

활동재료 도화지, 연필, 사인펜, 색연필, 실뭉치, 의자, 만다라트 활동지

## 💡 활동 소개   나, 이런 사람이야!

흔히 사람들은 겉으로 드러나는 행동만 보고 누군가의 성격을 판단한다. 하지만 사람들은 때때로 자신의 감정과 다르게 행동하기도 한다. 그래서 평소 모습만으로는 사람들이 나에 대해 정확히 안다고 할 수 없다. 이에 내 생각과 감정을 드러내는 놀이를 함께 하고, '나 사용설명서'를 그림으로 표현해 만들어보았다. 이 활동을 통해 학생들은 자신이 어떤 사람인지 친구들에게 알리고, 그와 더불어 '나'를 되돌아보게 될 것이다.

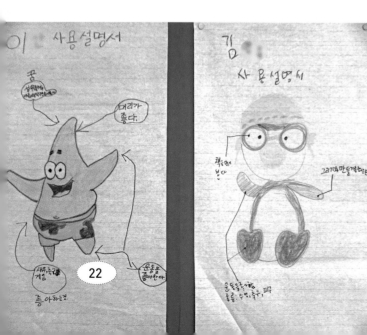

아이들이 완성한 나 사용설명서. 학년 초 친구들에게 자신을 소개하면서 서로를 이해할 수 있는 자료가 된다. 또 평소에 잘 생각해보지 않았던 스스로를 돌아볼 기회가 된다.

22

## 활동 순서 알아보기

1 만다라트 활동지를 활용해서 자기소개서를 만든다(예: 가족, 음식, 운동, 동물, 취미, 가고 싶은 곳, 아끼는 물건, 장래희망).

2 활동지를 가지고 의자에 둥글게 앉는다. 여덟 가지 항목에서 하나를 골라 자신을 소개한다(예: 내 취미는 컴퓨터 게임이다 / 나는 웹툰 작가가 되고 싶다 / 나는 수영을 좋아하지만 잘하지는 못한다 등).

3 공통점이 있는 친구들이 손을 들면 그중 한 명에게 실뭉치를 던진다. 실뭉치를 받으면 왼손 엄지손가락에 두르고 같은 방식으로 다른 친구에게 전달한다. 실은 한 번만 걸 수 있다. 중간에 엄지손가락에서 실을 놓치면 안 된다. 마지막 친구까지 엄지손가락에 실을 걸면 그 아이부터 거꾸로 실을 푼다. 이때 꼬인 줄을 건드리지 않고 자기에게 실뭉치를 준 친구에게 계속 전달해 맨 처음 친구에게 돌아가도록 한다.

4 자리로 돌아와서 자신을 대신할 캐릭터를 인터넷에서 찾는다.

5 종이에 캐릭터를 그리고 아까 게임에서 사용한 문장을 활용해서 부위별로 '나 사용설명서'를 작성하여 교실 벽에 붙이고 친구들과 함께 설명서를 둘러본다. 이때 자기 차례가 되면 '나 사용설명서'를 소개하고 친구의 질문에 대답해준다.

### 앗, 잠깐만!

- 만다라트는 굳이 다 채우지 않아도 된다.
- 다른 친구가 실수로 잡아당겨서 다칠 수도 있으므로 엄지손가락에 실을 칭칭 감지 않는다.
- 실을 건드렸는지 애매할 때는 반 전체가 오른손으로 투표를 해서 결정한다.
- 캐릭터를 정할 때 친구들의 의견이 아니라 내가 하고 싶은 캐릭터로 한다.
- '나 사용설명서'를 쓰면서 친구의 설명서를 볼 시간을 주면 내용이 더 풍성해진다.

학기 초 선생님들은 제일 먼저 반 아이들의 성향을 파악한다. 겉으로 보이는 모습뿐만 아니라 그 아이의 생각, 습관도 관찰한다. 그런데 아쉽게도 그런 조사 활동은 온전히 선생님이었던 나만을 위한 것이었다. 그래서 이번에는 나 혼자가 아닌 우리 반 모두가 서로에게 관심을 가질 수 있도록 정보를 공유하고 싶었다. 나를 뒤집어 보여주는 것! 그것이 친구들을 서로 이해하기 위한 첫걸음이라 생각한다.

| 성취기준 | 학습 및 평가요소 | 학년 - 학기 - 단원 |
|---|---|---|
| •[6국01-01] 듣기 · 말하기 | - 구어 의사소통의 특성을 바탕으로 하여 듣기 · 말하기 활동을 한다.<br>- 구어로 의사소통하기 | 5-1-1 |
| •[6실01-01] 인간 발달과 가족 | - 아동기의 신체적, 인지적, 정서적, 사회적 발달의 특징 및 발달의 개인차를 알아 자신을 이해하고, 건강하게 발달하기 위해 필요한 조건을 설명한다.<br>- 아동의 발달 특징 알아보기 | |

### 배움을 확장하는 생생 현장 스케치

좌 3학년 학생이 그린 나의 미래 사용설명서. 자신의 미래 모습이 전문직이나 공무원이 아닌 농부라는 말에 괜히 기특해 보였다.

우 친구의 사진에 제목을 지어준 아이들의 작명 실력! 자기 작품을 바라보는 관객의 시선을 알 수 있고, 여러 가지 의견 중에서 자신이 원하는 제목을 고를 수도 있어서 혼자 제목 짓기 어려워하는 아이들에게 큰 도움이 되었다.

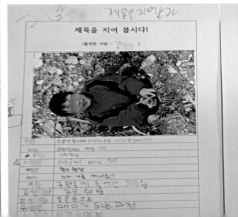

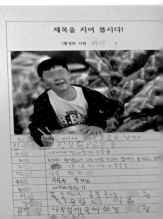

- **도덕** 자신의 장래희망과 연관지어 '나의 미래 사용설명서'를 제작했다.

- **창체** 자신이 찍은 배경 사진과 친구가 찍어준 자신의 사진을 합쳐 하나의 장면을 완성하여 종이에 붙이면 다른 친구들이 사진을 보고 제목을 지어주었다. 사진의 주인은 그중 제일 마음에 드는 제목을 골라서 사진 전시회 제목으로 사용했다.

- **음악** 각자 지금 상황이나 마음이 담긴 나만의 노래를 찾아서 친구들에게 들려주었다. 노래를 듣고 해주고 싶은 말을 비밀쪽지를 적어서 친구의 책상에 두라고 했다. 누군지 몰라도 이 교실 안에 나를 지지해주는 사람이 있다는 것만으로도 아이들에게는 큰 위안이 되었을 것이다.

### 응용 및 심화 활동

- 1년 안에 이루고 싶은 일 10가지를 종이에 적고 교실에 게시한다. 적은 일을 이룰 때마다 날짜를 표시하고, 모든 목표를 다 이루면 학급에서 작은 잔치를 열어준다.
- 신문지와 잡지를 활용하여 나의 과거, 현재, 미래를 표현할 수 있는 콜라주를 만들고 제일 인기가 많은 콜라주를 골라 학급에서 연극으로 만든다.

### 스토리가 있는 껄껄쌤의 수업 나눔

3월 2일의 설레는 첫만남! 그런데 분교 특성상 아이들이 친구는 물론 선생님에 대한 것도 너무 많이 알고 있다. 그래서 우리는 자기소개 말고 좀 더 내밀한 자기 모습을 공유해보기로 했다. 나도 같이 만다라트를 채워 넣었다. 해보니 의외로 서로에 대해 모르는 것이 많다. 늘 함께하니까 어련히 안다고 생각했던 걸까? 공통점 찾기 활동은 아예 연상분교, 연하분교 전교생 18명이 모인 레크리에이션 시간에 했다. 하나로 이어진 실뭉치 속에서 새삼 서로의 공통점을 느끼며 뭔가 든든함이 느껴지지 않았을까? 몸을 쓰면서 나를 알게 된 아이들은 나 사용설명서도 어렵지 않게 만들었다. 굳이 만화 캐릭터로 한 이유는 자기 모습을 그리기 어려워하는 아이들이 있었기 때문이다. 캐릭터로 자신을 대신하고 싶다는 의견도 아이들이 낸 것이었다. 수업하다 보면 이렇게 타협할 일이 종종 생긴다. 이 또한 아이들의 속마음을 들여다볼 좋은 기회라고 생각한다.

# 이모티콘은 감정을 싣고~

대주제 ▶ 나와 타인과의 관계    소주제 ▶ 감정을 담은 이모티콘을 창작해보자

# 창의적사고    # 표현력    # 자기관리

활동장소 교실          활동시간 120분          활동대상 5학년

활동재료 연필, 지우개, 색연필이나 사인펜, 1층 건물 기준 A3 크기의 도화지(또는 스케치북) 2장, 보드마커, 화이트보드(또는 칠판), 학급 번호표

## 💡활동 소개 생생한 학교생활이 담긴 이모티콘의 탄생

문자에 익숙한 나와 달리 아이들은 이모티콘과 같은 이미지에 더 익숙하다. 하지만 정작 학생들이 사용할 만한 이모티콘은 그다지 많지 않다. 학생으로서 느끼는 감정을 표현할 수 있는 이모티콘이 있다면 어른들이 사용하는 이모티콘보다 더 정확하게 자신의 감정을 드러낼 수 있을 것이다. 또 평소에 그림을 잘 그리지 못하던 아이도 표현력만 뛰어나다면 그리기 공포에서 벗어날 수 있는 계기가 될 것이다. 학교에서 생활하면서 느낄 수 있는 감정을 바탕으로 이모티콘을 제작하기 때문에 자연스럽게 상담으로 이어질 수 있는 활동이다.

학교생활에서 느낄 수 있는 감정을 바탕으로 만든 이모티콘 모음. 시시때때로 변하는 감정을 종이로 간단하게 제작할 수 있어서 굳이 SNS가 아니더라도 자신의 감정을 선생님이나 친구에게 전달할 수 있는 자료이다.

## 활동 순서 알아보기

1 종이에 구분선을 긋고 얼굴, 눈, 코, 입, 귀, 헤어스타일, 액세서리 등을 적고 각 부위별로 4가지를 그려 캐릭터 메뉴를 완성한다.

2 선생님이 학급 번호표에서 한 명을 뽑는다. 뽑힌 학생은 자기가 그린 캐릭터 메뉴를 들고 칠판 앞으로 나와서 학급 번호표에서 도우미를 한 명 더 뽑는다. 도우미는 친구의 캐릭터 메뉴에서 부위별로 번호를 하나씩 고른다. 단, 도우미는 친구의 캐릭터 메뉴를 볼 수 없다. 도우미가 불러주는 대로 캐릭터메뉴를 보고 칠판에 그리면서 자신만의 캐릭터를 완성한다. 캐릭터 이름을 지어주고 그 이유도 함께 발표한다. 도우미는 다음 차례의 그림 그릴 사람이 되므로 새로운 도우미를 뽑아야 한다. 학급 전원의 캐릭터가 완성될 때까지 이 활동을 계속한다.

3 자신만의 캐릭터를 활용하여 학교생활에서 느끼는 감정을 담은 이모티콘 12개를 도화지에 그린다. 도화지에 그린 이모티콘을 그린 이유를 친구들 앞에서 발표한다. 단, 원하지 않는 아이는 굳이 발표하지 않아도 된다.

### 앗, 잠깐만!

- 다른 친구의 이모티콘을 놀리거나 폄하하지 않도록 약속한다.
- 이모티콘을 12개가 제작해야 하기 때문에 복잡한 그림이나 긴 문장을 넣지 않도록 한다.
- 얼굴, 눈, 코, 입, 귀, 헤어스타일, 액세서리 외에도 상의, 하의, 손, 발 등을 추가해도 된다.
- 상업적 이모티콘처럼 비속어나 폭력적인 내용을 따라하지 않도록 주의한다.

인원이 적은 학교나 분교에서는 모든 아이들과 매일 수십 번씩 대화를 나눌 기회가 있다. 그래서 아이가 무슨 일이 있었는지 어떤 감정인지 세세하게 그 변화를 알아챌 수 있다. 하지만 도시의 큰 학교에서는 하루에 한 마디도 못 해보고 지나가는 날도 많다 보니 모든 아이들의 감정을 알아차린다는 것은 엄두도 못 낼 일이다. 그래서 아이들이 좋아하는 SNS이모티콘을 응용하여 감정 이모티콘을 제작해보면 좋겠다고 생각했다. 하지만 이모티콘을 제작한다는 말에 아이들은 오히려 부담을 느꼈다. 그래서 누구나 이모티콘을 제작할 수 있다는 자신감을 심어주기 위해 어릴 때 친구들과 장난으로 했던 캐릭터 만들기 활동을 가져왔다.

| 성취기준 | 학습 및 평가요소 | 학년 - 학기 - 단원 |
|---|---|---|
| •[6미01-04] 체험 | - 이미지를 활용하여 자신의 느낌과 생각을 전달할 수 있다.<br>- 이미지를 통해 자신의 느낌과 생각 전달하기 | |
| •[6미02-01] 표현 | - 표현 주제를 잘 나태낼 수 있는 다양한 소재를 탐색할 수 있다.<br>- 표현 주제를 나타내는 다양한 소재 탐색하기 | |
| •[6도01-01] 자신과의 관계 | - 감정과 욕구를 조절하지 못해 나타날 수 있는 결과를 도덕적으로 상상해 보고, 올바르게 자신의 감정을 조절하고 표현할 수 있다.<br>- 자신의 감정 조절 습관화하기 | |

### 배움을 확장하는 생생 현장 스케치

좌 독수리 이모티콘을 제작하기 위해 페이퍼 크래프트로 독수리 탈을 만들고 포즈를 취하는 모델. 표정과 몸짓을 다르게 해서 학교에서 생길 수 있는 감정 12가지를 표현해야 한다.

우 점심시간 전 배고픔을 상징하는 사진 이모티콘. 주변의 모든 것을 다 흡입할 정도로 배가 고프다는 것을 의미하는 이모티콘이란다. 가끔은 아이들의 아이디어가 너무 기발해서 깜짝깜짝 놀랄 때가 있다.

• 체육　휴대폰으로 다양한 포즈를 촬영하고 사진별로 감정을 담을 수 있게 적절한 효과나 글자를 넣어서 사진 이모티콘을 제작했다. 감정을 몸으로 표현하는 건 상당한 시간과 노력이 필요하다.

• 실과　휴대폰에 있는 여러 가지 기능을 활용해서 자신의 감정이 드러나도록 촬영해서 학급 이모티콘을 제작했다.

• 음악　휴대폰으로 영상을 촬영한 후, 어울리는 음악을 배경음악으로 넣어보는 영상 이모티콘을 만들어보았다.

## 응용 및 심화 활동

• 컴퓨터 프로그램으로 이모티콘을 제작하여 SNS에서 사용한다.
• 지역 축제 이모티콘을 제작하여 지역 단체에 기부한다.

## 스토리가 있는 껄껄쌤의 수업 나눔

2학기에 갑자기 본교로 발령이 났다. 한 반에 25명이나 되어, 어떤 학생과는 말 한마디 나눠보지도 못하고 집으로 돌려보내는 날이 허다했다. 그때 아이들이 학교생활에서 느끼는 속마음이 궁금해서 생각해낸 것이 바로 감정 이모티콘 그리기다. 상업적 이모티콘 말고 학교생활에서의 감정을 담은 그런 이모티콘 말이다. 그런데 막상 많은 아이들이 선뜻 그리지 못하고 주저하는 것 같아서 물어보니 자신만의 캐릭터를 생각해내기 너무 어렵다는 게 아닌가? 그래서 캐릭터를 만들기 쉽도록 어릴 때 했던 놀이를 적용해보기로 했다. 종이에 그림을 그리고 눈을 감은 상태에서 친구가 '멈춰!' 하면 그 부위를 그리는 것이었는데 수업에서는 친구가 그림을 보지 못하는 상태에서 번호를 고르는 방식으로 변형했다. 칠판에 우연히 그려진 캐릭터를 보고 앉아있던 친구들도, 칠판에 캐릭터를 그리는 아이도 깔깔 웃으며 즐거워했다. 각자의 캐릭터가 완성되자 이제 감정을 담는 과정이 필요했다. 모두 12가지 감정이었는데, 아이들은 또다시 고민에 빠졌다. SNS에서 보아온 이모티콘은 학교생활에서 느끼는 감정과 달라 창작의 고통이 뒤따랐다. 이번에는 학기말에 이 활동을 해서 직접 SNS에서 사용해보지 못했다는 점이 못내 아쉬웠다. 미리 했더라면 아이들과 더 많은 이야기를 나누고 보듬어줄 수 있었을 텐데… 내년에는 꼭 학기 초에 도전해서 아이들의 감정을 더 세심하게 읽어내는 선생님이 되어야지!

# 너는 나, 나는 너

대주제 ◀ 나와 타인과의 관계    소주제 ◀ 나는 네가 궁금해

# 협업    # 지식정보처리    # 공감    # 자기관리

활동장소 교실        활동시간 120분        활동대상 2학년

활동재료 전지 1인당 2장, 접착식 테이프, 연필, 매직, 색연필, 크레파스, 천(가로 1~1.5m, 세로 1.5~3m), 가위

## 활동 소개 시크릿 가든

2010년에 방영한 드라마 〈시크릿 가든〉은 무술감독을 꿈꾸는 스턴트 우먼 길라임과 까칠한 백만장자 백화점 사장 김주원의 영혼이 바뀌면서 벌어지는 일을 다룬 로맨스 판타지 드라마이다. 드라마에서 두 주인공은 몸이 바뀌면서 서로에게 관심을 가지게 된다. 아이들도 서로의 몸을 그리고 옷을 만들어주면서 친구에게 관심을 기울이는 동안 몰랐던 특징을 알아가는 기회가 되었으면 한다.

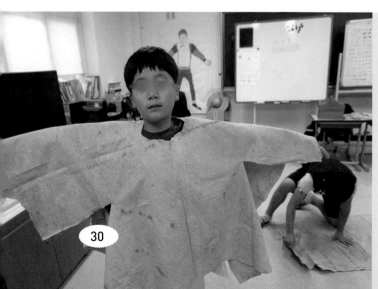

아이들이 만든 옷. 사이즈는 물론 친구가 원하는 디자인으로 제작해야 하므로 이 과정에서 제일 중요한 것은 친구와의 의사소통이다. 또 혼자 하기 어려운 활동이기 때문에 친구와의 협동도 필요하다.

30

# 활동 순서 알아보기

1 접착식 테이프로 전지 두 장을 잇는다.

2 모둠원 한 명이 전지 위에 누우면 다른 모둠원들이 연필로 친구의 몸을 따라 형태를 그린다.

3 형태를 다 그리면 바로 옆에 다시 눕힌 상태에서 친구를 관찰하여 얼굴, 옷, 양말 등을 자세하게 그린다. 연필로 그린 선을 매직으로 덧그린다.

4 가위로 천을 잘라서 친구의 옷을 만들어준다(만약 고학년인 5, 6학년 아이 들과 함께 활동하는 경우에는 바느질이 가능하므로 좀 더 다양한 스타일로 옷을 만들어볼 수 있다).

5 모둠별로 의상 디자인에 어울리는 노래를 선정하여 패션쇼를 연다.

### 앗, 잠깐만!

- 친구의 몸을 그리면서 놀리는 일이 없도록 약속한다.
- 옷을 그리면서 너무 어려운 문양이나 문자는 생략하거나 간략하게 그린다.
- 누워있는 상태에서 움직이면 종이가 찢어질 수 있으니 미리 말해둔다.
- 그리는 것도 중요하지만 관리가 더 중요하다. 수업 시간 외에 추가할 내용은 선생 님의 허락을 받고 진행하도록 한다.
- 단순히 얼굴만 그리지 말고 쌍꺼풀, 보조개, 속눈썹, 귓불 등 대상의 특징이 잘 드 러나게 그린다.
- 천(가로 1~1.5m, 세로 1.5~3m)은 바느질 없이 가위만을 이용해서 만들 수 있는 판 초(poncho)의 형태의 디자인이나 조끼 형태의 디자인으로 한다.

어른들도 그렇지만 아이들도 친구의 몸을 내 몸처럼 존중하기란 쉽지 않다. 그래서 이번 활동을 통해 장애가 있는 친구나 키가 작은 친구, 키가 큰 친구, 마른 친구, 뚱뚱한 친구를 관찰하고 그리면서 있는 그대로 편견 없이 친구를 바라볼 수 있는 시간을 갖고 싶었다. 그리고 그 친구에게 알맞은 디자인의 옷을 만들면서 소통의 시간도 마련해보고 싶었다. 친구를 사귀는 첫 매듭의 시간을 말이다!

| 성취기준 | 학습 및 평가요소 | 학년 - 학기 - 단원 |
|---|---|---|
| •[2슬01-03] 학교 | - 나의 몸을 살펴보고 몸의 여러 부분의 이름과 하는 일을 관련 짓는다.<br>- 몸의 각 부분 알기 | 봄2-1-1 |
| •[2즐01-03] 학교 | - 나의 몸을 창의적으로 표현하고, 활발하게 움직일 수 있는 놀이를 한다.<br>- 나의 몸 표현하기 | 봄2-1-1 |
| •[2수03-05] 측정 | - 길이를 나타내는 표준단위의 필요성을 인식하고, 1cm와 1m의 단위를 알며, 상황에 따라 적절한 단위를 사용하여 길이를 측정할 수 있다.<br>- 표준단위의 필요성 인식하기 | 2-2-3 |

### 배움을 확장하는 생생 현장 스케치

좌  황토로 염색을 하는 천연염색 작가님과 아이들 모습. 영월은 작은 고을이지만 학교에 애정을 갖고 적극적으로 도와주려는 지역 예술가, 마을 선생님들이 많은 행복교육지구라서 덕분에 수업이 한층 더 풍성해졌다.

우  시킨 것도 아닌데, 수업이 끝나고 쉬는 시간까지 죽 이어진 '몸으로 말해요' 놀이

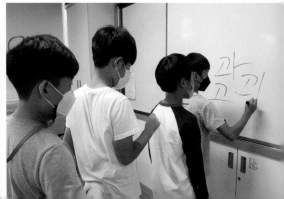

32

• **미술** 여러 가지 색깔(노랑: 강황가루, 파랑: 청석가루, 빨강: 소목가루, 보라: 소목가루+숯)로 천연염색을 해보았다.

• **과학** 모둠별로 A4용지를 나눠주고 8장으로 잘라 신체 부위 8군데를 적는다. 종이를 모아 다른 모둠의 모둠장에게 준다. 모둠별로 칠판 앞에 한 줄로 서고 종이를 가진 모둠장은 제일 끝에 선다. 모둠장이 친구의 등에 종이에 적힌 신체 부위를 쓰면 그 친구는 바로 앞 친구의 등에 같은 글씨를 쓴다. 칠판 앞에 선 친구가 등에 전달된 글씨를 칠판에 적는다.

• **영어** 'color'나 'body'와 관련된 단어나 문장으로 질문을 주고받으며 알맞은 신체 부위에 색칠을 해보았다.

### 응용 및 심화 활동

• 저학년과 달리 고학년의 경우 바느질이 가능하기 때문에 더 다양한 형태의 의상 디자인에 도전해볼 수 있다.
• '친구와 함께라면'을 부르며 친구와 해보고 싶은 활동을 종이에 적는다. 그중 몇 가지를 뽑아 반 친구들과 함께하는 시간을 갖는다.

### 스토리가 있는 껄껄쌤의 수업 나눔

8절지도 채우기 힘들어하는 아이들인데, 16배나 큰 전지 두 장은 솔직히 내게도 모험이었다. 아니나 다를까 곳곳에서 울려 퍼지는 다급한 구조요청! 30분째 윤곽선만 그렸다 지웠다 반복하는 모습에 걱정했지만, 차근차근 그려나가는 아이들. 다행히 윤곽선을 그린 후에는 조금씩 손이 빨라졌다. 이어진 활동은 친구에게 알맞은 옷 만들어주기. 곧바로 긴 천을 잘라서 옷을 만들라고 하면 그대로 얼어붙을 것 같아서 색종이나 A4용지로 미리 샘플을 만들었다. 처음엔 주저하더니 나중에는 서로 자르겠다고 난리다. 이후 바느질까지 해서 드디어 의상 완성! 패션쇼도 열었는데, 날카로운 시선으로 상대방의 의상을 분석 중인 미래의 패션 디자이너들이 여럿 보인다. 그런데 평소 냉소적이던 여자아이가 적극적으로 관심을 보이며 열심히 참여하는 게 아닌가? 곰곰 생각해보니 이 녀석의 관심사조차 몰랐던 나, 얼마나 무심한 선생님이었나!

# 너의 뇌를 먹고 싶어

**대주제** 나와 타인과의 관계      **소주제** 넌 무슨 생각을 하고 있니?

**#협업      #공감      #자기관리      #표현력**

활동장소 교실                     활동시간 80분                  활동대상 3학년

활동재료 인물 사진 출력물(A4용지), 도화지, 연필, 사인펜, 색연필, 풀, 원자석

## 💡 활동 소개   알쏭달쏭 친구 속마음 그리기

다소 엽기적인 활동명은 사실 〈너의 췌장을 먹고 싶어〉라는 일본 애니메이션에서 떠올린 것이다. 췌장에 병을 앓고 있는 소녀를 닮고 싶었던 소년이 둘만 아는 표현을 편지에 적으면서 유명해진 대사이다. 주인공들처럼 친구를 닮고 싶다면 평소 친구가 어떤 생각을 하고 있는지 주의깊게 파악하는 눈이 필요하다. 과연 친구에게 물어보지 않고도 친구의 속마음을 알 수 있을까?

자신의 사진 위에 친구들은 어떤 그림을 그렸을까? 또 어떤 친구가 그렸을까? 그 궁금증은 뒷면으로 이어진다. 친구에 대해 더 자세히 파악해볼 수 있는 활동이다.

34

## 활동 순서 알아보기

1 4절지 도화지를 접어 20칸을 만든다.

2 A4용지 앞면에는 아이들의 실제 사진을, 뒷면에는 '그린 사람', '그림', '그린 이유', 'OX'를 표로 만들어 출력한다. 사진이 보이게 칠판에 붙인 후, 그 친구가 어떤 것을 생각하고 있을지 접어둔 도화지에 그리고 잘라서 친구 사진 옆에 붙인다.

3 사진 옆에 그림을 붙인 후, A4용지 뒷면에 '그린 사람', '그림', '그린 이유'를 쓴다.

4 친구들 이유를 보면서 OX칸에 표시를 하고, 내가 지금 생각하고 있는 것을 그림으로 그려 친구들 의견 제일 아래에 붙이고 그 이유를 적는다.

### 🔔 앗, 잠깐만!

- A4용지는 그림을 그릴 공간이 충분히 나오지 않기 때문에 A4용지보다는 큰 도화지를 사용하되, A4용지밖에 없는 경우 2장을 사용한다. 단, 10명 이하의 작은 학급에서는 A용지만으로도 충분하다.
- 빠진 친구가 없는지 번호를 체크해가며 그린 사람, 그림, 이유를 기록한다.
- 그림을 친구의 얼굴 위에 붙이면 다른 친구들이 알아볼 수 없기 때문에 얼굴을 피해서 붙이도록 한다.
- 칸을 나누기 어려운 저학년이면 그냥 종이에 그림을 그려서 오려 붙이도록 한다.
- 친구들이 쓴 내용이 많아서 내 그림을 붙일 공간이 부족하면 표 아래쪽이나 옆쪽으로 붙인다.

새 학년을 시작하면서 아이들이 제일 멋쩍어하는 활동이 자기소개이다. 선생님을 제외하면 반 친구들은 예전에 같은 반이었거나 학원에서 또는 동네에서 이미 만난 친구들이기 때문이었다. 그래서 앞으로 나와서 하는 발표 형식 대신에 그림을 통해 자연스럽게 친구에게 접근하는 방식으로 바꾸어보았다. 이미 알고 있는 친구라도 뭔가 새로운 면모를 알게 되는 계기가 되지 않을까 기대하면서…

| 성취기준 | 학습 및 평가요소 | 학년 - 학기 - 단원 |
|---|---|---|
| •[4도02-02]<br>타인과의 관계 | - 친구의 소중함을 알고 친구와 사이좋게 지내며, 서로의 입장을 이해하고 인정한다.<br>- 서로의 입장 이해하기 | 3-1 |
| •[4미03-03]<br>감상 | - 미술작품에 대한 자신의 느낌과 생각을 발표하고, 그 이유를 설명할 수 있다.<br>- 작품에 대한 자신의 느낌과 생각을 이유와 함께 설명하기 | |

### 배움을 확장하는 생생 현장 스케치

좌  가치 게임을 하면서 카드를 한 장씩 버리는 모습! 아이들이 마지막까지 쥐고 있던 물건카드는 휴대폰이었고, 인물카드는 엄마였다.

우  같은 그림의 카드를 찾아서 영어로 감정표현을 하는 모습

- 도덕　나에게 중요한 것 9가지를 써서 가치 게임을 했다. 물건만으로 해도 되고, 인물을 넣어서 해도 된다. 사전에 미리 규칙을 정하고 시작하는 게 좋다. '가족들'이라고 하면 고민 없이 거의 마지막까지 남기기 때문에 엄마, 아빠, 누나, 오빠, 형, 언니, 동생 등 개별로 적는 게 좋다. 이 활동을 통해 친구가 어떤 물건을 아끼는지 알 수 있었고, 가족 이야기까지 들을 수 있었다.

- 영어　감정을 나타내는 낱말 카드를 활용하여 친구와 카드 짝맞추기 게임을 했다. 같은 그림의 카드를 찾았어도 그 감정을 문장으로 이야기할 수 있어야 카드를 가져갈 수 있다.

### 응용 및 심화 활동

- 실제로 이모티콘을 만들어 SNS에서 사용해본다.
- 마니또 게임을 하며 일주일 동안 비밀친구가 되어 어려운 일을 도와준다.

## 스토리가 있는 껄껄쌤의 수업 나눔

처음으로 한 학년이 여러 학급인 3학년 담임을 맡았을 때다. 여러 가지 자기소개 활동을 의욕적으로 준비했는데, 정작 준비한 활동 중 하나밖에 하지 못했다. 전체 5반까지 있어서 서로 모르는 친구도 있을 거라 생각했는데, 오산이었다. 어린이집과 유치원 그리고 학교를 다니면서 같은 반이 되어 알고 지내던 친구도 있었고, 학원이나 공부방, 센터, 교회에서 이미 알고 지내던 사이들이라 담임인 나만 빼고 아이들끼리 잘 아는 눈치였다. 그래서 외형적인 것보다 그 친구의 속마음을 알아볼 수 있는 것들로만 활동을 구성해보았다. 잘 안다고 생각해도 정작 친구의 속마음을 들을 기회는 별로 없었을 테니까! 아이들 사진을 출력해서 칠판에 붙이고 친구들이 지금 어떤 것을 생각하고 있을지 그림으로 그려보라고 했다. 아이들 버전의 뇌구조 그림이라고 할 수 있다. 뒷면에는 그린 사람, 그림, 그린 이유를 쓰라고 했다. '잘해서', '좋아해서'라고 간단하게 쓴 글도 있지만, 친한 친구라서 좀 더 웃기는 내용이나 재치 있는 글도 있어서 그런지 더 재미있게 참여했다. 그래서 그런가? 친구의 그림과 그린 이유를 보고 O X를 표시하는 활동에서 O보다 X에 더 눈길이 가는 활동이었다.

# 추적, 최애 캐릭터!

**대주제** 나와 타인과의 관계     **소주제** 네가 뭘 좋아하는지 궁금해

#표현력     #공감     #정교성

활동장소 교실          활동시간 80분          활동대상 3학년

활동재료 A4용지, 연필, 사인펜, 색연필, 휴대폰

## 🔦 활동 소개  내 마음속에 저장

뭔가를 마음속에 간직하고 싶을 만큼 좋아하거나 아낀 경험은 누구에게나 있을 것이다. 나도 어릴 때 어른들은 왜 그렇게 만화를 못 보게 했는지 이해할 수 없었다. 어른이 되면 뉴스 대신 만화만 볼 거라 다짐하며 〈드래곤볼〉, 〈날아라 슈퍼보드〉의 주인공들을 따라 그렸다. 친구들이 내 그림을 갖고 싶다고 해서 그려주니 다른 캐릭터도 그려줄 수 있냐고 했던 게 아직도 기억이 난다. 다만 친구와 왜 그 캐릭터를 좋아하는지 좀 더 깊은 대화를 나누지 못한 점은 아쉽다. 이 활동을 통해 최애 캐릭터를 시작으로 서로에 대해 더 깊은 대화를 나누었으면…

내성적인 3학년 여자아이가 그린 그림이라고 누가 생각이나 할까? 좋아하는 캐릭터를 그리고 그 캐릭터 이름과 그 캐릭터를 고른 이유를 쓰라고 했는데 선생님이 모를까 봐 친절하게 설명까지 써준 아이의 마음이 느껴지는 작품!

## 활동 순서 알아보기

이름 : 루돌이
이유 : 귀여워서 , 크리스마스와 잘 어울려서

1 각자 자신이 좋아하는 캐릭터가 무엇인지 충분히 생각해본다. 이후 휴대폰이나 인터넷을 이용하여 자신이 원하는 캐릭터의 이미지를 검색한다.

2 자신이 원하는 이미지를 검색하고 나면 원하는 이미지를 고른다. 고른 이미지를 따라 그린다. 그리고 나면 캐릭터의 이름을 적고, 그 캐릭터를 왜 좋아하는지 이유도 함께 적는다.

### 앗, 잠깐만!

- 좋아하는 캐릭터를 생각할 시간을 충분히 주는 것이 중요하다.
- 캐릭터를 정했더라도 원하는 이미지를 찾을 때까지 검색시간도 필요하다.
- 캐릭터 이름과 그 캐릭터를 좋아하는 이유를 쓰도록 한다.
- 휴대폰 검색이 불가능한 경우 미리 집에서 자료를 찾아오거나, 친구의 휴대폰을 빌려서 검색을 해야 한다. 또 선생님 컴퓨터로 검색해서 출력하는 방법도 있다.

# 교육과정-수업-평가 일체화의 기록

#캐릭터 그리기  #인터넷 검색  #휴대폰 사용  #금단의 벽

생활 규정에 굳이 적혀있지 않더라도 휴대폰 사용, 인터넷 검색, 그림 그리기 등 수업 시간에 아이들에게 금지된 몇 가지가 있다. 하지만 하지 말라고 하면 왠지 자꾸 더 하고 싶은 게 인간의 심리! 마침 미술 시간에 캐릭터 그리기 활동이 있어서 아이들에게 이 금단의 벽을 잠시 넘을 수 있게 해주고 싶었다.

| 성취기준 | 학습 및 평가요소 | 학년 - 학기 - 단원 |
|---|---|---|
| • [4미03-03] 감상 | - 미술작품에 대한 자신의 느낌과 생각을 발표하고, 그 이유를 설명할 수 있다.<br>- 작품에 대한 자신의 느낌과 생각을 이유와 함께 설명하기 | |
| • [4도02-02] 타인과의 관계 | - 친구의 소중함을 알고 친구와 사이좋게 지내며, 서로의 입장을 이해하고 인정한다.<br>- 서로의 입장 이해하기 | 3-1 |

### 배움을 확장하는 생생 현장 스케치

1 학교에 있는 스마트패드로 내가 좋아하는 캐릭터를 검색하고 마음에 드는 포즈를 고르고 있는 아이들. 집중해서 자료를 찾느라 그 어느 때보다 조용해진 교실

2 아이들은 할로윈데이 하면 떠오르는 캐릭터로 조커, 가오나시, 마녀, 삐에로, 호박 캐릭터 등을 그렸다.

3 삼각형, 사각형 색종이를 활용해서 만든 나만의 캐릭터! 단순한 도형만으로 만화 캐릭터는 물론 독창적인 캐릭터도 뚝딱 만들어내는 아이들의 말랑말랑한 뇌가 부러웠던 하루

4 아이들이 직접 고르고 색칠한 종이를 들고 증강현실 어플로 촬영했다. 직접 색칠한 캐릭터가 3D로 변하는 모습이 신기했던지 아이들은 집에 가서도 부모님과 함께 다시 해봤단다.

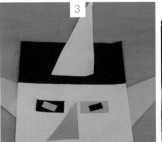

## 다른 교과와의 연계와 배움의 확장 "이렇게도 해보아요!"

• 영어   할로윈데이인 10월 31일, 아이들과 함께 할로윈데이 하면 떠오르는 캐릭터를 그려보았다.

• 수학   삼각형, 사각형 색종이를 활용하여 내가 좋아하는 캐릭터를 꾸며보았다.

• 수학   'http://www.quivervision.com/coloring-packs/' 사이트에서 각자 원하는 그림을 출력하여 색칠한 후, colAR Mix 어플로 보면 증강현실 캐릭터가 실감나게 살아났다.

### 응용 및 심화 활동

• 3D 프린터를 사용하여 나만의 캐릭터를 디자인하고 제작해본다.
• 내가 좋아하는 캐릭터 인형을 만들어 그 특징이 드러나게 인형극을 한다.

## 스토리가 있는 껄껄쌤의 수업 나눔

겨울방학을 코앞에 둔 12월 29일! 진도를 다 나가고 보니 평소 진도 나가는 데 급급해서 아이들에게 많은 것을 일방적으로 요구하기만 했던 내 모습이 떠올랐다. 정작 나 자신도 잘 지키지 못하는 수많은 규칙을 정하고, 엄격하게 통제만 하려 했구나! 혹시 미술 시간에 해보고 싶었던 활동이 있었냐고 아이들에게 물어보니 휴대폰으로 게임 캐릭터를 검색해서 그리고 싶다는 의견이 많았다. 게임 캐릭터를 잘 모른다는 아이들도 있어서 게임, 만화책, 웹툰 등 분야를 정하지 않고 내가 좋아하는 캐릭터라면 어떤 것이든 그려도 된다고 했다. 학교에서 휴대폰을 사용한다는 것만으로도 신난 아이들은 원하는 이미지 찾는 데만 한 시간 정도 투자했다. 휴대폰이 없는 아이들은 집에서 이미지를 찾아오거나, 선생님 컴퓨터로 검색해서 출력한 후 따라 그렸다. 캐릭터를 다 그린 후에 선생님과 친구들에게 자기가 좋아하는 캐릭터와 좋아하는 이유를 발표시키려고 했는데 너무 신난 나머지 아이들의 입에서는 이미 온갖 스포일러가 쏟아지고 있는 중! 그래 지금 무슨 발표가 중요하겠니! 3학년 끝나기 전에 친구들과 수업 시간에 수다나 한번 진하게 떨고, 4학년 올라가서도 지금처럼 수다스럽게 사이 좋게 지내길 바라!

# 편지는 사랑을 싣고

**대주제** ▶ 상호 존중과 배려의 태도　**소주제** ▶ 사랑과 감사의 마음을 표현해요

# 표현력　# 공감　# 사회정서

| | | |
|---|---|---|
| 활동장소 교실 | 활동시간 80분 | 활동대상 5학년 |

활동재료 32절지, 사인펜, 색연필, 색종이, 풀, 가위, 글루건, 리본, 컴퓨터, 프린터

## 💡활동 소개 사랑하는 OO에게…

대한민국에는 「각종 기념일 등에 관한 규정」(개정 2020.12.15.)에 따른 기념일만 해도 〈2·28 민주운동 기념일〉부터 〈원자력 안전 및 진흥의 날〉까지 53개에 이른다. 기념일이 너무 많다 보니 모르고 지나가는 경우도 많지만, 어버이날이나 스승의 날처럼 평소에 표현을 잘하지 못했던 분들에게 1년에 한 번이라도 편지를 써서 마음을 표현하기도 한다. 어떻게 하면 작은 편지 한 장에 사랑하는 마음을 듬뿍 담아낼 수 있을까?

완성 작품은 그저 평범한 편지 봉투 한 장이지만, 그 안에는 아이들의 글, 그림, 사진, 종이 접기 작품이 정성스레 담겨있다. 편지봉투에 붙일 스티커 하나를 고르는 데에만 한참을 고민했다는 걸 받는 분들은 알고 계실까?

## 활동 순서 알아보기

1 카드 만들 재료를 책상 위에 미리 배치한다.

2 32절지를 반으로 접어 한쪽에 사진이나 편지글을 쓴다.

3 아이디어를 사용해서 추가 내용을 적는다. 글과 어울리는 사진이나 그림을 찾아 출력하고 오려 붙인다.

4 32절지를 반으로 접고 앞면이 될 부분에 색종이로 카네이션을 접거나 만들어서 리본과 함께 글루건으로 붙인다. 글루건이 식은 후에 봉투에 넣고 스티커를 붙이면 완성!

 **앗, 잠깐만!**

- 인물사진이 없으면 그림으로 그린다.
- 형식적으로 감사하다는 인사보다 '우리 선생님은 ○○○이다. ~하시기 때문이다.', '선생님이 좋은 3가지 이유!', '선생님과의 추억 베스트 5' 등 보내는 사람도 받는 사람도 즐겁게 추억을 회상할 수 있도록 여러 가지 아이디어를 활용한다.
- 편지를 글로만 채울 게 아니라 글과 어울리는 그림이나 사진을 출력해서 붙인다.

기념일이면 의례적으로 쓰는 편지는 받는 사람에게 큰 감동을 주지 못한다. 쓰기 싫은 편지글을 억지로 늘려 쓰기보다 자신만의 스타일로 재치 있게 꾸민 정성이 받는 사람에게 더 큰 울림으로 남기 때문에 아이들과 함께 편지에 어떤 것들을 넣으면 좋을까 함께 이야기해보았다. 주는 사람은 자신의 감정을 충분히 표현하고, 받는 사람은 기분이 좋아질 수 있도록 글, 그림, 사진, 종이접기 등 모든 방법을 총동원해보자!

| 성취기준 | 학습 및 평가요소 | 학년 - 학기 - 단원 |
|---|---|---|
| • [6국03-06] 쓰기 | - 독자를 존중하고 배려하며 글을 쓰는 태도를 지닌다.<br>- 독자를 존중 · 배려하는 태도 가지기 | 5-2-4 |
| • [6미02-05] 표현 | - 다양한 표현 방법의 특징과 과정을 탐색하여 활용할 수 있다.<br>- 표현 방법의 특징과 과정 탐색 및 활용하기 | |

### 배움을 확장하는 생생 현장 스케치

좌   편지지에 가족 그림도 그리고 카네이션도 접어서 만든 작품! 글을 읽기 전부터 노력과 정성에 감동하실 듯!

중   할머니께 드린다고 직접 편지지와 봉투까지 만든 아이의 작품! 읽으려고 한 건 아닌데 얼핏 보이는 녀석의 글에 나도 모르게 갑자기 뭉클해졌다.

우   원어민 선생님께 답장을 받아서 기뻐하는 아이들! 그러나 그 기쁨도 잠시 편지를 열어본 아이들의 눈동자가 점점 커지며, 요동친다. 왜 그러냐고 물으니 편지가 온통 영어로만 되어 있어서 알아볼 수가 없단다. 도움을 요청하는 간절한 눈빛이 보였으나 그냥 해석해주는 건 원어민 선생님께서 원하는 바가 아닐 것 같아 아이들 손에 스마트패드와 사전을 건네주었다.

44

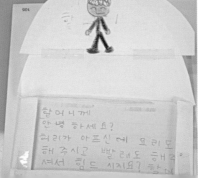

## 다른 교과와의 연계와 배움의 확장 "이렇게도 해보아요!"

•미술   직접 그림을 그리거나 종이접기를 해서 붙인 '나만의 편지지'를 만들어서 고마운 사람에게
편지를 썼다.

•영어   원어민 선생님께 영어단어나 문장이 쓰인 그림카드를 만들어서 선물로 드렸다.

### 응용 및 심화 활동

• 컴퓨터 프로그램으로 편지지를 디자인해서 문자나 SNS로 보내본다.
• 영상 편지를 만들고 편집하여 학교 방송으로 방영한다.

### 스토리가 있는 껄껄쌤의 수업 나눔

처음으로 6학년 아이들 졸업시킬 때였다. 반 아이들에게 책을 한 권씩 사서 일일이 편지를 써주었다. 모든 아이들에게 일일이 편지를 쓰느라 졸업식 한 달 전부터 바빴던 기억이 난다. 개구쟁이나 말썽꾸러기에게는 써줄 말이 많았는데, 정작 조용하고 성실한 친구들에게는 써줄 말이 많지 않아서 미안했다. 사실 정확히 말하면 담임으로서 1년간 그 아이와 많은 이야기를 나누지 못했던 게 미안한 거였다. 그래서 몇몇 아이들 책에는 고마웠던 마음을 글과 함께 그림을 전했다. 그렇게 글과 그림을 담고 나서야 졸업식 전날 모든 편지를 완성할 수 있었다. 아이들도 마찬가지다. 고마운 마음은 있는데 편지를 어떻게 시작하고, 어떤 내용을 써야 할지 정말 막막해한다. 나도 어쩔 수 없는 선생님인지라 아이들에게 일단 편지의 형식을 강조하는데 아마 그때부터 아이들은 감사고 뭐고 숨이 턱턱 막혔을 것이다. 그래서 그림, 사진, 종이접기 작품 등이 포함된 나만의 편지를 만들어보라고 했다. 편지를 쓴 아이들에게 '선생님은 OOO이다. 왜냐하면 ~하시기 때문이다.'를 생각해보라고 했다. 그리고 그에 어울리는 사진과 그림을 컴퓨터로 찾아서 출력해주었다. 글밥은 많지 않아도 선생님을 도서관, 놀이동산에 비유한 아이들의 문장과 사진이 어쩌면 더 감동적으로 다가오지 않았을까?

# 부치지 못한 편지

#표현력    #공감    #사회정서    #지식정보처리

활동장소 교실          활동시간 80분          활동대상 3학년

활동재료 A4용지, 사인펜, 색연필, 연필, 색종이, 풀, 가위, 접착식 테이프

## 💡활동 소개 비록 다신 볼 순 없어도…

10살밖에 안 된 아이들에게도 사무치는 그리움이 있을까? 부치지 못한 편지는 더 이상 볼 수 없는 분이나 동물 또는 물건 등에게 보내는 글이다. 따라서 편지를 받을 대상은 비록 지금 없지만, 편지를 통해 그와의 소중한 추억을 떠올리며 편지지라는 공간에 자기 자신의 감정을 쏟아내는 방법을 알게 된다.

누구도 볼 수 없게 테이프로 꼭꼭 밀봉한 10살 아이의 편지! 편지를 받는 분은 하늘에 계신 할아버지란다. 굳이 꺼내서 확인하지 않아도 할아버지를 그리워하는 마음이 고스란히 담겨 있다는 걸 알 수 있다.

하늘에 계신 할아버지께

# 활동 순서 알아보기

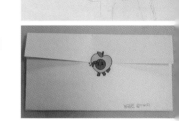

[활동 전 전달사항]

학생들에게 편지를 보내고 싶은 추억의 사람이나 대상을 생각하고, 추억
하고 싶은 사람이나 대상과 관련된 사진을 찾아서 가져오도록 전달한다.

1 편지를 받을 사람(또는 대상)과 관련된 추억의 사진을 보면서 A4용지에
  따라 그린다. 만약 추억이 담긴 사진이 없거나, 미처 사진을 가져오지
  못한 경우에는 비슷한 이미지를 검색하여 찾아 그릴 수 있도록 한다.
2 뒷면에 보낼 수 없는 편지를 써서 밀봉한다. 편지는 자신만의 공간이나
  상자에 넣어 보관한다.

## 앗, 잠깐만!

- 추억이 담긴 사진은 집에서 미리 준비해 오도록 한다.
- 친구의 글이나 그림을 보고 장난치지 않도록 한다.
- 편지 공개를 원하지 않는 학생이라면 내용을 읽지 않고 돌려준다.

"든 자리는 몰라도 난 자리는 안다."는 속담이 있다. 곁에 있을 때보다 없을 때 새삼 그 가치를 깨닫게 된다는 뜻이다. 만약 영영 볼 수 없는 사람이나 동물, 물건이라면 빈자리가 더 크고 허전하게 느껴지지 않을까? 더 이상 볼 수 없는 뭔가에 대한 그리움을 통해 현재 곁에 있는 가족, 친구들, 애완동물, 물건 등의 소중함을 느끼게 하고 싶다.

| 성취기준 | 학습 및 평가요소 | 학년 - 학기 - 단원 |
|---|---|---|
| •[4미02-01] 표현 | - 미술의 다양한 표현 주제에 관심을 가질 수 있다.<br>- 다양한 표현 주제에 관심 갖기 | |
| •[4국04-04] 문법 | - 높임법을 알고 언어 예절에 맞게 사용한다.<br>- 높임법 바르게 사용하기 | 3-1-3 |

### 배움을 확장하는 생생 현장 스케치

1 기르던 병아리 삐삐에게 쓴 학생의 편지! 아이의 편지를 읽으며 어린 시절에 교문 앞에서 팔던 병아리를 사왔다가 며칠 만에 허망하게 떠나보낸 기억이 갑자기 떠올랐다.

2 그림 대신 종이접기로 편지를 꾸민 아이도 있었다.

3 무덤까지 만들어주었지만, 찾아가지 못해 미안하다는 말이 어른들을 부끄럽게 만든다.

4 방학하기 며칠 전 처음으로 달걀을 낳은 암탉에게 편지를 써서 닭장 앞에 붙이고 있다.

5 닭장 앞에 붙은 편지를 보고 주무관님께서 감동을 받으셔서 아이 마음씨가 너무 곱다며 직접 교실까지 찾아오셔서 칭찬을 듬뿍 해주고 가셨다.

6 수업 끝나고 교실에 남아있던 여자아이의 손에 하트가 그려진 편지가 들려있었다. 누구 줄 편지냐고 물었더니 알려줄 수 없단다. 부끄러워하며 정말 줄 수 없는 편지라고 하는 걸 보니 짝사랑하는 첫사랑이 생긴 듯!

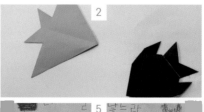
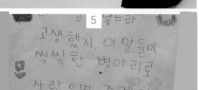
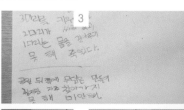

- 미술  키우던 애완동물이나 예전에 사용했던 물건을 종이접기로 만들어서 편지 뒷면에 붙였다.

- 도덕  학교 닭장에서 키우는 암탉이 푸르스름한 청란을 낳아서 격려의 편지를 썼다.

### 응용 및 심화 활동

- 마니또 기간에 컴퓨터로 편지를 써서 보낸다.
- 보낼 수 없는 편지를 영상으로 촬영 · 편집하여 추억을 함께할 수 있는 사람에게 보낸다.

## 스토리가 있는 껄껄쌤의 수업 나눔

반에서 활발하기로 유명한 여자아이가 갑자기 수업 시간에 울고 있다. 1학기에도 눈물 한 번 보이지 않던 이 씩씩한 아이 앞에 멋쩍어하는 남자아이가 내 눈치를 살핀다. 굳이 물어보지 않아도 대충 어떤 상황인지 견적이 나왔다. 왜 놀렸냐고 물었더니 자기는 그냥 뭐 그리냐고 물어봤는데 하늘에 계신 할아버지를 그린다고 해서 '패드립'이냐고 했단다. 3학년 아이 입에서 나올 만한 말이 아니라서 뜻을 아냐고 했더니 부모님이나 할아버지, 할머니 욕하는 거란다. 그래서 지금 하늘에 계신 친구의 할아버지를 화나게 하는 건 누구의 말일까 물었더니 선뜻 대답하지 못한다. 한바탕 소동이 끝나고 둘러본 아이들의 편지는 예상 외로 진지했다. 고작 10년 인생에 나올 거리가 있을까 걱정했는데 돌아가신 분께 쓴 편지부터 기르던 애완동물이나 전에 사용했던 물건과 장난감에게 쓴 편지까지 각자 나름대로 추억을 더듬으며 최선을 다해 쓰고 있었다. 몇몇 아이들은 자기 편지를 읽지 말아 달라고 부탁했다. 걱정 마, 얘들아. 너희들이 글자로 쓴 걸 아무리 읽어도 그 속에 담긴 애틋함은 선생님도 읽어낼 수 없으니 검사는 생략할게. 대신 그 추억들 마음속에 오래도록 소중하게 잘 간직하렴!

# 내 마음속의 노란 리본

**대주제** 일상의 경험, 감정 나누기    **소주제** 공동체의 아픔 공감하기

# 표현력    # 공감    # 사회정서

활동장소 교실            활동시간 120분            활동대상 5학년

활동재료 A4 용지(120g), 목공용 풀, 딱풀, 이쑤시개, 커팅 매트, 칼, 가위

## 💡 활동 소개 시민의식 상징물 만들기

세월호 사건이 있은 지 벌써 수년이 지났다. 당시 초등학교에 입학했던 아이들은 벌써 졸업했다. 우리 모두에게 아픈 기억을 굳이 아이들에게 다시 상기시키는 이유는 미래를 살아갈 아이들이 타인의 아픔을 공유하고 공감하는 공동체의 일원으로 자랐으면 하는 내 개인적인 바람이 컸다. 재회, 무사 귀환을 의미하는 노란 리본만큼 세월호 유가족의 마음을 대변하는 상징물이 또 있을까?

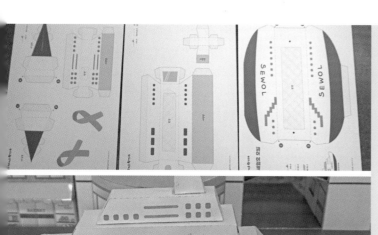

4월 16일부터 아이들과 상의해서 함께 페이퍼 크래프트로 만든 세월호와 제주항의 모습. 세월호 뉴스를 본 아이들의 경험을 바탕으로 〈천 개의 바람이 되어〉의 가사를 바꾼 〈그날 바다의 기억〉 노래 가사도 출력해서 함께 붙였다.

50

## 활동 순서 알아보기

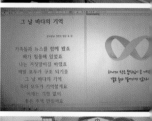

1 인터넷에서 '세월호모빌'을 검색하여 한국협동학습연구회 블로그(현재는 검색되지 않음)에 올라온 자료 3장을 A3나 A4용지에 출력한 다음에 이를 먼저 가위로 오리고, 세밀한 부분은 커팅 매트 위에 두고 칼로 자른다.

2 접는 선을 따라 먼저 한 번 접은 후 풀칠을 한다. 세밀한 부분은 이쑤시개에 목공용 풀을 발라서 붙인다. 인터넷으로 '캐논 크리에이티브 파크'를 검색하여 사이트로 들어간다. 메뉴 항목에서 Papercraft - Toys - craftown을 차례대로 누르면 여러 가지 직육면체 건물(병원, 소방서, 경찰서, 항구, 가게, 역, 공항 등)이 나온다. 여기서 몇 가지 건물을 선택하여 제작하면 된다.

3 경험을 시로, 시를 다시 노래로 만드는 활동이다. 세월호 사고 뉴스를 본 경험을 바탕으로 시를 짓고, 그 시를 기반으로 세월호 추모곡 〈천 개의 바람이 되어〉의 가사를 바꾼다.

4 세월호, 제주항, 노래 가사를 모아 전시회를 하고, 세월호 유가족에게 보낸다.

### 앗, 잠깐만!

- 80g짜리 얇은 종이는 내구성이 없어, 최소 120g 이상의 용지를 사용한다.
- 세밀한 부분은 칼로 자르고 이쑤시개나 면봉에 목공용 풀을 발라서 붙여야 깔끔하게 마무리할 수 있다.
- 〈천 개의 바람이 되어〉의 가사를 고칠 때 가능한 글자 수를 맞추도록 한다.

세월호 계기교육 자료를 찾아보다가 페이퍼 크래프트로 세월호를 만들 수 있는 사이트를 알게 되었다. 만들기만 하면 의미가 없을 것 같아 뉴스 영상을 함께 찾아보고 성취기준에 맞춰 추모곡 가사를 바꿔 부르면 세월호에 대해 아이들과 더 많은 이야기를 나눌 수 있을 것 같아서 프로젝트로 기획해보았다.

| 성취기준 | 학습 및 평가요소 | 학년 - 학기 - 단원 |
|---|---|---|
| •[6국05-04] 문학 | - 일상생활의 경험을 이야기나 극의 형식으로 표현한다.<br>- 이야기나 극으로 경험 표현하기 | 5-1-10 |
| •[6미02-03] 표현 | - 다양한 자료를 활용하여 아이디어와 관련된 표현 내용을 구체화할 수 있다.<br>- 자료를 활용하여 표현 내용 구체화하기 | |

### 배움을 확장하는 생생 현장 스케치

좌  사회 시간, 직접 제작한 지도 위에 세월호가 침몰한 위치를 찾아 표시한 활동

우  영월미디어기자박물관을 방문해서 기자 생활 40년 경력의 관장님으로부터 기자의 삶과 역할에 대한 설명을 듣고, 세월호 사건 뉴스 영상을 만드는 장면

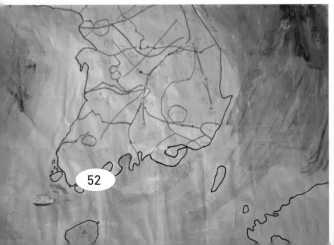

• **사회**  뉴스 영상을 보고 그 지역에 관련된 그림을 그려 색칠한 후 오려서 지도 위에 붙여서 표시를 했다(예: 평창 - 동계올림픽, 파주 - 남북정상회담, 진도 - 세월호 등).

• **국어**  페이퍼 크래프트 모형을 활용한 뉴스 영상을 제작해보는 활동이다. 관련된 기사를 쓰고 촬영한 후 편집을 거쳐 학교 홈페이지나 개인 블로그에 올려서 서로 피드백을 해줄 수 있었다.

### 응용 및 심화 활동

• 추모 공연 형식으로 발표회를 열어본다.
• 지도 위에 내가 다녀온 곳을 표시하고, 그 지역과 관련된 정보지를 만들어 반 친구들과 정보를 공유한다.

## 스토리가 있는 껄껄쌤의 수업 나눔

참사가 있던 날 아침, 전원 구조라는 오보만 접한 채 평소와 다름없이 오전 수업을 마쳤다. 점심시간에서야 들은 충격적 소식에 숟가락을 팽개치고 교실로 달려와 기사를 찾아본 기억이 난다. 뉴스 화면을 보면서도 도무지 믿기지 않았고, 오후 수업도 제대로 할 수 없었다. 다음날 아이들과 함께 무사히 돌아오라는 편지를 썼지만 안타깝게도 더 이상의 구조 인원은 없었다. 4월만 되면 여전히 가슴이 먹먹해진다. 사고 당시 너무 어렸던 아이들은 세월호 이야기도 잘 몰랐다. 그래서 미술 시간에 페이퍼 크래프트로 세월호 만들기를 했다. 혹시 또 만들고 싶은 게 있는지 아이들에게 물어보니 놀랍게도 '제주항'이라는 대답이 돌아왔다. 이유를 물으니 형, 누나들이 무사히 제주항에 도착했으면 좋았을 것 같다며 꼭 만들어주고 싶다고 했다. 그리고 이어진 국어 시간, 아이들은 팝페라 가수 임형주의 〈천 개의 바람이 되어〉 노래 가사를 바꿔 함께 부르고 싶다고 했다. 이미 아이들 스스로 프로젝트 수업을 만들어나가고 있었다. 녀석들도 세월호와 제주항 그리고 직접 바꾼 가사 등을 보며 뿌듯해했다. 훗날 이 시간을 추억하며 타인의 아픔을 공감하고, 기꺼이 도움의 손길을 내밀 수 있는 따뜻한 어른으로 성장하기를…

# 별별 감정 부채

대주제 ◂ 나의 감정과 생각 표현하기    소주제 ◂ 있는 그대로의 속마음 들여다보기

#표현력    #공감    #자기관리

활동장소 교실          활동시간 80분          활동대상 3학년

활동재료 부채, A4용지, 연필, 사인펜, 색연필, 풀, 테이프

## 💡 활동 소개  인사이드 아웃

종종 아이들에게는 큰소리로 화를 내거나 기분 나쁜 말투로 말하지 말라고 이야
기한다. 그런데 오히려 그런 말이 필요한 사람은 정작 내가 아닐까? 선생님인 나
는 그래도 되면서 왜 아이들에게는 항상 즐겁고 행복한 모습만 보이라고 강요했
던 걸까? 그래서 오늘은 별별 감정이 서로 뒤섞인 아이들의 속마음을 들여다보
려고 한다. 아이들끼리도 그러다 보면 서로 통하는 게 있겠지?

닫혔던 친구의 마음이 활짝 열
리길 바라며 한 면에는 자신의
감정, 다른 면에는 친구를 보면
생각나는 감정을 그린 부채를
제작했다. 친구에게 보내는 편
지도 함께 건네면서 부채의 시
원한 바람을 타고 둘 사이의 관
계도 시원하게 통하길 바란다.

54

## 활동 순서 알아보기

1 부채의 한쪽 면에 지금 자신의 감정이 드러나게 그림을 그린다.

2 부채의 다른 한쪽에는 추첨으로 뽑은 친구를 보면 드는 생각을 그림으로 표현하고, 편지지에 편지를 쓴다. 한 명씩 나와서 자신의 부채에 그려진 그림을 설명하고, 친구에게 쓴 편지를 읽는다. 편지의 주인공은 다음 발표 차례가 된다.

### 앗, 잠깐만!

- 부채는 내가 주고싶은 친구에게 주는 것이 아니라, 추첨으로 뽑아서 모든 아이가 받을 수 있도록 한다.
- 친하지 않아서 그려줄 내용이 없다면 앞으로 어떻게 지내고 싶은지 미래의 모습을 그리게 한다.
- 편지 내용을 친구들 앞에서 공개하기 어렵다면 공개적으로 읽지 않고 바로 추첨으로 뽑은 친구에게 전달하도록 한다.

# 교육과정-수업-평가 일체화의 기록

# 감정 그리기    # 내 감정 표현하기    # 친구의 감정 알기    # 편지 쓰기    # 부채 만들기

슬픔도 화남도 인간의 자연스런 감정 중 하나인데, 혹시 아이들에게 슬프고 화내는 것은 무조건 나쁜 것이라고 가르쳐온 것은 아닐까? 슬플 때 울 수 있고, 억울할 때 화 낼 수 있는 것도 인간이라면 당연한 건데, 내 몸 어딘가엔 아직도 감정표현에 인색한 낡은 교육방식이 견고하게 자리하고 있나 보다.

| 성취기준 | 학습 및 평가요소 | 학년 - 학기 - 단원 |
|---|---|---|
| •[4미01-02]<br>체험 | - 주변 대상을 탐색하여 자신의 느낌과 생각을 다양한 방법으로 나타낼 수 있다.<br>- 주변 대상을 탐색한 느낌과 생각 표현하기 | |
| •[4국03-04]<br>쓰기 | - 읽는 이를 고려하며 자신의 마음을 표현하는 글을 쓴다.<br>- 마음을 표현하는 글쓰기 | 3-1-4 |

## 배움을 확장하는 생생 현장 스케치

좌  정말 일기를 쓰기 싫었던 한 아이가 쓴 그림일기! 그림과 내용에서 일기 쓰기 싫어하는 처절함이 느껴진다.

우  감정카드와 말&행동카드를 사용해서 게임하는 모습! 감정카드와 말카드를 뽑으면 행동 없이 대사만 하고, 감정카드와 행동카드를 뽑으면 대사 없이 행동으로만 자기 팀에게 표현한다. 감정카드와 말+행동카드를 뽑으면 말과 행동을 섞어서 자기 팀에 힌트를 줄 수 있다.

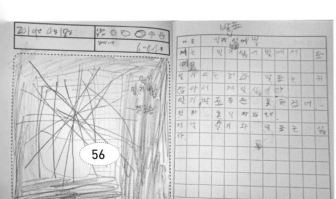

- 국어  그림책 《다다다 다른 별 학교》를 읽어주고, 자신만의 별을 그림일기로 표현하기 활동을 했다.

- 국어  여러 가지 감정이 적힌 감정카드를 활용해서 '몸으로 말해요' 놀이를 했다.

### 응용 및 심화 활동

- 자기만의 간판 감정카드를 만들어 책상 앞에 두고 활용한다.
- 다이어리에 붙일 수 있는 감정 붙임딱지를 만든다.

## 스토리가 있는 껄껄쌤의 수업 나눔

남들은 황금학년이라는 3학년이 나에게는 유독 어려웠다. 처음에는 마냥 어린아이들로 대할 순 없다는 생각에 걸핏하면 야단쳤던 게 아직도 부끄럽고 미안하다. 아이들의 속내를 들여다보고 싶은 마음에 감정부채를 만들기로 했다. 부채는 양면이 있어서 한 면에는 자신의 감정, 다른 면에는 친구를 보면 드는 생각을 그림으로 그렸다. 아이들은 친한 친구에게 부채를 보내고 싶어했으나, 오늘은 무작위로 번호를 뽑아 그 친구에게 쓰기로 했다. 왜냐하면 친한 친구에게만 보내면 좋은 내용만 보낼 게 뻔하고, 부채를 받지 못하는 아이들도 생겨나기 때문이다. 이런 결정에 아이들의 반발이 생각보다 강했다. 친하지 않으면 딱히 쓸 내용이 없다는 게 주된 이유였다. 그래서 그런 아이들에게는 앞으로 그 친구와 어떻게 지내고 싶은지 표현해보라고 했다. 양면에 그림을 다 그렸으면 짤막한 편지글도 적기로 했다. 그런데 워낙 그림을 꽉 채운 아이들이 많아서 편지지에 따로 쓰기로 했다. 여자아이 몇몇이 눈치를 보길래 공개하지 않을 테니 맘껏 쓰라고 했다. 그제야 안심하고 글을 쓰는 녀석들! 편지 내용은 "앞으로 더 친하게 지내자!", "다음부터 친하게 지내자!", "이런 것만 고쳐주면 더 좋겠어!"라는 세 가지 유형이 대부분이었다. 제일 눈에 띄는 유형은 역시 단점을 이야기하는 편지였다. 3학년 아이들은 화난 감정을 솔직하면서도 담담하게 전달했다. 어쩌면 녀석들이 툭하면 화를 냈던 나보다 훨씬 더 인내심이 강한지도 모르겠다!

# 파란만장 인생그래프

**대주제** ▶ 나의 감정과 생각 표현하기    **소주제** ▶ 그래프로 돌아보는 아홉 살 내 인생의 길흉화복

# 자기관리    # 지식정보처리    # 표현력    # 정교성

활동장소 교실              활동시간 80분              활동대상 3학년

활동재료 4절지, 모눈종이, 연필, 컬러펜, 검은펜, 30cm자, 방안지, 어릴 때 사진, 지우개

## 💡 활동 소개 아홉 살 내 인생

어른들은 흔히 "아직 10살도 안 된 애들이 뭘 알겠어?"라고 말한다. 하지만 10살이 채 되지 않은 아이도 꽤 많은 사실을 알고 있으며, 들려주고 싶은 인생 이야기도 많다. 다만 어른들이 자신들의 10살 이전의 세상을 까맣게 잊은 채 살아온 것뿐! 아홉 살 아이들에게도 나름대로 굴곡진 인생그래프가 있고, 들려주고 싶은 이야기도 풍성하다. 오늘 그 이야기에 귀를 기울여보자!

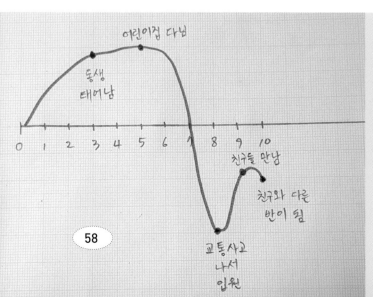

아직 수직선을 그리기 어려워하는 아이들을 위해 모눈종이 위에 인생그래프를 그렸다. 까만 펜으로 가로축, 세로축을 그리고 컬러펜으로 그래프를 그리는 활동이다. 좋은 일은 위쪽, 나쁜 일은 아래쪽에 배치해서 아홉 살 인생의 길흉화복을 한눈에 알아볼 수 있는 그래프이다.

## 활동 순서 알아보기

1 4절지에 화살표를 그리고 칸을 나누어 나이를 적는다. 나누어진 칸에 나이를 적고 그때의 사진을 오려서 붙인 후, 간단히 설명하는 글을 적는다.

2 모눈종이에 세로선을 긋고 그 가운데 가로선을 긋는다. 칸마다 나이를 표시하고 점을 찍은 후 어떤 일이 있었는지 간단히 적는다. 점들을 연필로 이어서 연결하고 컬러펜으로 따라 그린 후 지우개로 연필선을 지운다.

### 앗, 잠깐만!

• 성장흐름표에 있는 사진이 제한적이므로 인생그래프가 꼭 성장흐름표와 일치할 필요는 없다.
• 인생그래프를 그릴 때 연필로 먼저 그리고 나서 컬러펜으로 덧그린 후 연필선을 지운다.
• 인생그래프 위의 점에 사건을 간단히 적어서 아홉 살 인생을 설명할 때 도움이 되도록 한다.

인생그래프 그리기 활동은 3학년 2학기 8단원 〈실감나게 말해요〉 부분에 나온다. 분교라서 2학년 아이들도 같은 교실에서 수업을 하는데 마침 2학년 아이들도 성장흐름표를 만들 때가 되어서 3학년 아이는 성장흐름표와 인생그래프를 둘 다 만들어서 후배들에게 자신의 아홉 살 인생을 설명하는 자료로 사용하면 좋겠다는 생각이 들었다. 마침 3학년 학생이 혼자라서 들어줄 사람이 선생님인 나밖에 없었기 때문이다. 나보다는 매일 어울려 노는 동생들이 형의 인생 이야기를 들어주면 좋겠다고 생각해서 두 활동을 하나로 엮어보았다.

| 성취기준 | 학습 및 평가요소 | 학년 - 학기 - 단원 |
|---|---|---|
| •[4국03-02] 쓰기 | - 시간의 흐름에 따라 사건이나 행동이 드러나게 글을 쓴다.<br>- 시간의 흐름에 따라 글쓰기 | 3-2-8 |
| •[4미02-02] 표현 | - 주제를 자유롭게 떠올릴 수 있다.<br>- 자유롭게 주제 떠올리기 | |

### 배움을 확장하는 생생 현장 스케치

좌 아이들은 여가 시간을 어떻게 보내고 있을까? 멋진 막대그래프 스카이라인의 마천루를 차지한 건 다름 아닌 휴대폰! 압도적이군!

우 객관적인 자료가 될 수 있게 자신은 연필로 선을 그리고, 짝은 빨간 펜으로 선을 그린 후 비교한다. 친구와 다툴 때, 친구와 대화를 할 때 내가 느끼는 것과 친구가 느끼는 것의 차이가 크구나!

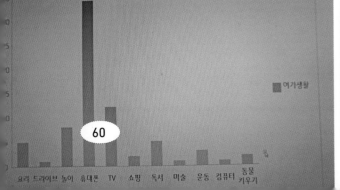

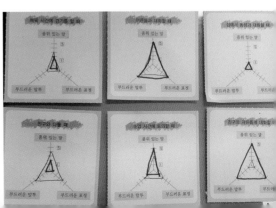

## 다른 교과와의 연계와 배움의 확장 "이렇게도 해보아요!"

• 사회  숙제로 가족들의 여가생활을 조사하고 한눈에 비교하기 편리하게 한글표에 넣어 그래
프로 만들었다.

• 국어  체육 시간에 경기를 할 때, 어른들과 대화할 때, 집에서 동생과 대화할 때, 친구와 다툴 때,
수업 시간에 토의할 때, 친구와 자유롭게 대화할 때 이렇게 6가지 상황에서 나의 언어 예절 점수
를 1~5점까지 표시해서 점을 연결하여 삼각형을 만든다.

### 응용 및 심화 활동

• 그래프 여러 개를 겹쳐 스트링 아트 작품을 만든다.
• 음표 · 쉼표 주사위와 음의 높이 주사위를 만들어 그래프에 나타내고 우연히 만들어진 악보를
연주한다.

### 스토리가 있는 껄껄쌤의 수업 나눔

복식학급에서는 엄연히 다른 학년군이라도 같은 공간에서 수업은 물론 급식도 먹고, 방과후수업도 함께하다
보니 친형제처럼 가까워진다. 때론 수업 시간에 서로 참견하는 일도 생긴다. 3학년 아이가 국어 수업 후 다
음 시간에 인생그래프를 그릴 거라며 자랑하자, 2학년 아이들이 우리도 교과서에 인생그래프 그리기가 있다
며 같이 그리겠다고 했다. 그러자 3학년 아이는 그건 자기가 이미 2학년 때 했던 성장흐름표라고 맞섰고, 2
학년 아이들은 절박한 눈빛으로 내게 같이 할 수 없는 게냐고 물었다. 형과 함께하고픈 2학년 아이들의 간절
함이 느껴져서 3학년 아이에게 동생들을 위해 성장흐름표를 한 번 더 만들어보고 인생그래프를 그리자고 제
안하니 동생들과 함께하는 수업이 싫지 않았던지 흔쾌히 수락! 형이 성장흐름표를 다시 만들게 된 대신 후배
들은 형의 아홉 살 인생그래프 이야기를 들어주기로 했다. 성장흐름표의 사진과 연표 그리고 인생그래프 덕분
에 이야깃거리는 훨씬 더 풍성해졌다. 수업을 마치려는데 2학년 아이들이 자기들도 여덟 살 인생그래프를 발
표해야 한단다. 이상하다. 왜 내가 녀석들의 꼬임에 넘어간 기분이지?

# 아낌없이 주는 물고기

**대주제** 나와 타인과의 관계　**소주제** 내 소중한 친구에게 무엇을 해줄 수 있을까?

**# 표현력**　　**# 공감**　　**# 의사소통**

활동장소 교실　　　　　활동시간 80분　　　　　활동대상 3학년

활동재료 A3 도화지, 포스트잇, 볼펜, 마커펜

## 활동 소개　무지개 물고기의 소중한 나눔

무지개 물고기는 반짝거리는 예쁜 비늘을 가진 물고기이다. 하지만 예쁜 비늘을 뽐내기만 할 땐 친구들이 모두 떠나버려서 외로웠는데, 반짝이 비늘을 친구들에게 하나씩 나눠주면서 모두 함께 행복해졌다. 무지개 물고기가 자기의 아름다운 비늘을 친구들에게 나누어주듯 내가 친구에게 해줄 수 있는 일을 쪽지에 적어서 나누어주자! 나는 친구를 위해 어떤 일들을 할 수 있을까?

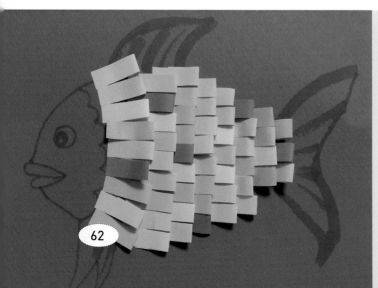

우리 반 전체 마니또 활동을 위해 제작한 나만의 마니또 북을 만들어보았다. 각각의 포스트잇에는 내가 친구들에게 해줄 수 있는 봉사활동 내용이 적혀있다. 서로의 비늘을 주고받으며 무지개 물고기처럼 아름다운 마음을 가진 친구가 되어보자!

62

## 활동 순서 알아보기

1 A3 도화지를 반으로 접어 앞면에 자기 이름을 적는다.

2 앞면 한 장을 넘겨서 물고기를 그린다.

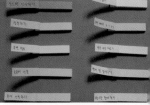

3 포스트잇에 내가 친구에게 해줄 수 있는 봉사 내용을 적는다. 이때 글을 쓰는 면은 끈적이는 부분이 있는 면이어야 한다. 그래야 종이를 말았을 때 글씨가 보이지 않는다.

4 포스트잇을 말아서 끈적이는 부분에 절반 정도만 붙이고, 나머지 절반 부분을 이용하여 물고기 몸통에 포스트잇을 붙인다. 포스트잇을 붙일 때는 꼬리 쪽부터 붙이기 시작해 머리 쪽으로 이동해가며 붙인다.

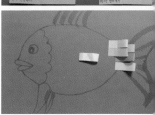

### 앗, 잠깐만!

- 포스트잇이 금방 떨어질 수도 있으므로 처음에 붙일 때 꼭꼭 누른다.
- 포스트잇에 적을 내용이 별로 없으면 같은 내용을 여러 번 적는다.
- 물고기 모양 외에 비늘이 있는 파충류를 그려도 좋다.
- 친구에게 받은 비늘은 버리지 말고 자기 비늘의 빈자리에 끼워 넣는다.

1 · 2학년을 거치면서 벌써 무리를 형성한 3학년은 새로 전학을 오거나 1 · 2학년 때 친구가 없던 아이들을 잘 끼워주지 않으려는 경향을 보인다. 그래서 학년 초 아이들의 경계를 최대한 허물어주기 위해 어떤 활동을 할까 고민하는데 아이들이 먼저 와서 1 · 2학년 때에도 했다며 마니또 활동을 하고 싶다고 했다. 단순히 번호를 뽑고 막연히 도와주기보다 어떻게 도움을 줄 수 있는지가 더 중요하다고 생각해서 그 목록을 아이들이 직접 고민하고 만들었으면 했다. 그래서 그림책으로 읽은 《무지개 물고기》에서 아이디어를 얻어 각자의 비늘을 떼어주는 활동으로 만들어보았다.

| 성취기준 | 학습 및 평가요소 | 학년 - 학기 - 단원 |
|---|---|---|
| • [4도02-02] 타인과의 관계 | - 친구의 소중함을 알고 친구와 사이좋게 지내며, 서로의 입장을 이해하고 인정한다.<br>- 친구의 소중함 알기 | |
| • [4미02-05] 표현 | - 조형요소(점, 선, 면, 형 · 형태, 색, 질감, 양감 등)의 특징을 탐색하고, 표현 의도에 적합하게 적용할 수 있다.<br>- 조형요소 적용하기 | |

### 배움을 확장하는 생생 현장 스케치

좌 아이들에게 보여줄 예시 작품을 만들었다. 마침 폭염이라 더위를 물리쳐야 하니까 약간 서늘한 분위기가 좋겠지? 나름 심혈을 기울여 만들었는데 보자마자 징그럽다는 아이들!

우 오랜만에 나온 친구를 위해 반 친구들이 알려준 따끈따끈한 2학기 뉴스! 1번은 나도 처음 알게 된 내용이다. 근데 왜 내가 달수쌤이니? 뭐? 《마당을 나온 암탉》에 나온 달수 씨를 닮았다고?

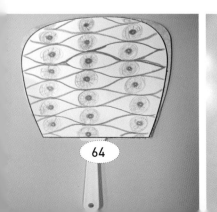

1. TV가 바뀌고 더체기? 생겼다 ^_^
2. 선생님이 바뀌었다.
3. 학예회 (다음주 화1일 1:30~3:00)
4. 알뜰시장 (11월2일 1:30~3:00)
5. 달수쌤이 급식먹을때 밥을 허나고 남김없이 먹어야한다. ''
6. 공사를 해서 저~쪽으로 돌아서 가야한다.
7. 영어 자격? 바꿨어요
8. ?요일 스포츠클럽

- **사회**  사회 시간, 세시풍속을 배우면서 단오선을 만들었다. 단오선은 조선시대 단옷날 공조에서 만들어 임금에게 진상하던 부채였는데 재상과 신하들에게도 나누어주었다. 오늘은 재상과 신하들 대신 친구들에게 단오선을 선물해보자!

- **창체(자율)**  몸이 아파서 오랫동안 학교에 나오지 못했던 친구가 다시 학교에 나온 날! 아이들은 그 친구를 위해 '친구에게 들려주는 우리 반 10대 뉴스'를 선정하여 알려주었다.

### 응용 및 심화 활동

- 칭찬 노트를 만들어 친구에게 고마운 마음을 표현하고, 칭찬을 받은 사람은 댓글을 적는다.
- 친구 고민 상담일지를 만들어 친구들의 어려움을 들어보고 해결 방법을 제시한다.

## 스토리가 있는 껄껄쌤의 수업 나눔

3학년쯤 되면 아무와 쉽게 친해지지 않다 보니, 종종 무리에 끼지 못해 소외되는 아이들도 생겼다. 마침 부끄럼 많은 여자아이 한 명이 전학을 왔는데, 역시나 친구들과 쉽게 어울리지 못했다. 그때 한 아이가 도덕 시간에 마니또를 제안했다. 마니또라는 말을 어떻게 알았냐고 하니 아는 언니들도 하고 있고, 1·2학년 때 벌써 해봤단다. 막상 시작해보니 마니또의 핵심인 친구 돕기는 뒷전인 채 매주 이번엔 어떤 친구의 번호를 뽑을지에만 아이들의 관심이 쏠렸다. 왜 마니또를 돕지 않냐고 물으니 어떻게 도와야 할지 모르겠고, 도와줘도 고마워하지 않는다고 했다. 생각해보니 돕는다는 게 말은 쉬워도 실천은 어려운 단어였다. 그래서 구체적으로 마니또가 어떤 도움을 줄 수 있고, 또 자기 마니또에게 어떤 도움을 받았는지 알아야 감사도 할 것 같아서 포스트잇으로 봉사목록을 만들었다. 수업에 앞서 《무지개 물고기》를 읽어주고 마니또의 어원, 마니또를 하는 이유도 다시 설명했다. 아이들을 모두 책상에 엎드리게 한 후, 한 명씩 나와 친구의 번호를 뽑고 자신의 마니또 북에서 무작위로 고른 목록 한 장을 그 번호표에 붙여주었다. 제비뽑기 후, 자신의 번호에 붙은 포스트잇 내역을 보고, 마니또가 일주일간 어떤 도움을 줄지 파악했다. 일주일 후, 다시 마니또를 뽑는 날! 뽑기 전에 도움을 준 마니또에게 포스트잇에 감사쪽지를 썼다. 감사쪽지 또한 마니또 북에 차곡차곡 쌓여갔다!

# 염색 커플룩

# 표현력     # 자기관리     # 창의적 사고     # 문제해결

활동장소 교실          활동시간 120분          활동대상 5학년

활동재료 흰색 티셔츠, 염색용 물감, 비닐장갑, 고무줄, 신문지, 접시, 스펀지, 두꺼운 도화지, 칼, 연필

## 💡활동 소개  연상연하 커플룩

연상연하는 흔히 말하는 연상연하의 연인 관계가 아니라 영월초를 본교로 둔 연상분교와 연하분교를 합쳐서 부르는 말이다. 두 분교 학생을 모두 합쳐도 20명 남짓인데, 한 달에 한 번 이상 모여서 함께 활동도 하고, 현장체험학습도 함께 가면서 마치 커플처럼 가까워졌다. 아이들의 톡톡 튀는 아이디어가 돋보이는 다양한 염색 커플룩 탄생!

직접 염색한 학예회 티셔츠를 입고 학예회를 준비하고 있는 연상분교, 연하분교 아이들! 앞면에는 연상연하라는 레터링만 넣고, 뒷면에는 학교 구분 없이 학년 구분만 숫자로 표시했다.

## 활동 순서 알아보기

**1** 두꺼운 도화지에 연필로 디자인을 하고 연필선을 따라 칼로 자른다.

**2** 비닐장갑을 끼고 고무줄로 손목을 감는다. 각각의 접시에 여러 가지 색깔의 염색용 물감을 담고 스펀지에 물감을 충분히 묻힌다.

**3** 티셔츠 안에 신문지를 여러 겹 두껍게 넣는다. 틀이 흔들리지 않게 두 사람이 두꺼운 도화지를 잡고, 한 명이 물감을 찍어 글자 위에 여러 차례 두드린다.

**4** 앞면이 마를 때까지 바람이 잘 통하는 곳에 말렸다가 뒤로 돌린다.

**5** 뒷면으로 돌려서 등쪽 디자인 틀을 대고 염색한다.

**6** 학년에 맞는 숫자판을 중간에 맞추고 검은색으로 염색한다.

**7** 뒤쪽이 다 말랐더라도 바로 세탁하면 번지거나 지워지기 때문에 안 된다. 보름 정도 잘 말렸다가 빨면 염색한 부분이 흐려지거나 흰 부분까지 염색되는 것을 막을 수 있다.

### 앗, 잠깐만!

- 'ㅁ, ㅂ, ㅇ, ㅍ, ㅃ'처럼 중앙에 갇힌 공간이 있는 글자는 그 부분이 떨어지지 않게 보조선을 넣어 떨어지지 않게 해야 한다.
- 티셔츠에 바로 염색하지 말고 종이에 먼저 연습한 후에 염색을 시작한다.
- 티셔츠 위에 염색용 물감을 바로 찍으면 뒷면에 묻어날 수 있어 티셔츠 안에 신문지를 충분히 넣고 염색용 물감을 찍는다.
- 티셔츠 앞면이 충분히 마를 수 있도록 바람이 잘 통하는 곳에 15~20분 정도 두었다가 뒷면에 염색한다.

# 교육과정-수업-평가 일체화의 기록

#단체티 #티셔츠염색 #레터링티셔츠 #티셔츠디자인

학예회를 앞둔 어느 날, 연하분교 부장님께서 연상분교 아이들과 함께 입을 수 있는 티셔츠를 직접 염색해보려고 한다며 디자인을 부탁하셨다. 그래서 기왕이면 아이들의 생각을 반영한 티셔츠를 제작해보고 싶었다. 학예회도 중요하지만 학예회를 준비하는 시간도 아이들과 의미 있게 보내고 싶었기 때문이다.

| 성취기준 | 학습 및 평가요소 | 학년 - 학기 - 단원 |
|---|---|---|
| • [6미01-04]<br>체험 | - 이미지를 활용하여 자신의 느낌과 생각을 전달할 수 있다.<br>- 이미지를 통해 자신의 느낌과 생각 전달하기 | |
| • [6실02-05]<br>가정생활과<br>안전 | - 바느질의 기초를 익혀 간단한 수선에 활용한다.<br>- 기초 바느질 익히기 | |
| • [6실02-06]<br>가정생활과<br>안전 | - 간단한 생활소품을 창의적으로 제작하여 활용한다.<br>- 생활소품 제작하기 | |

### 배움을 확장하는 생생 현장 스케치

좌  천연염색으로 만든 천주머니! 실내화 주머니와 도시락 주머니가 사라진 요즘, 아이들은 이 천주머니를 어떤 용도로 사용할까?

우  염색한 천을 활용한 조끼로 패션쇼를 열었다. 쑥스러워하며 주저주저하던 녀석들이 옷 하나로 변신하는 순간, 스스럼없이 자신만의 포즈를 취하기 시작했다.

68

• **실과**  천연염색으로 가방 만들기. 시침질, 홈질, 박음질에 단추 달기까지, 실과 교과서의 모든 바느질을 익힐 수 있는 장점이 있지만, 개인차가 있어서 수업 중 완성하지 못하면 친구의 도움을 받거나 집에서 바느질을 해왔다. 바느질에 천부적 재능을 발견한 어느 말썽꾸러기 녀석!

• **체육**  제법 머리가 굵은 녀석들에게 표현 활동을 이끌어내기란 솔직히 쉽지 않다. 그런 녀석들의 긴장을 풀어주고, 표현 활동을 북돋는 것이 바로 소품이다. 소품을 활용하여 자신을 직접 드러내지 않고 관심을 자신이 아닌 소품으로 돌릴 수 있다. 특히 의류 소품은 따로 여러 행동을 하지 않더라도 움직이는 것만으로도 표현 활동이 가능하므로 좋은 표현 활동 재료가 된다.

## 응용 및 심화 활동
• 연극 단원 의상을 직접 제작하여 활용한다.
• 재봉틀을 사용하여 무대 배경을 만든다.
• 인화지를 사용하여 티셔츠에 사진을 넣은 나만의 옷을 만든다.

## 스토리가 있는 껄껄쌤의 수업 나눔

내 맘대로 염색 디자인을 할 수도 있지만, 아이들의 의견을 반영하고 싶었다. 그래서 쉬는 시간에 의견을 받아보니, 티셔츠 앞면에 연상연하라는 글자가 들어가면 좋겠다는 의견, 뒷면에는 학교 구분 없이 학년만 넣자는 의견이 많았다. 아이들과 염색용 글자 틀부터 만들기 시작했다. 'ㅇ'은 칼로 오리면 글자 가운데가 그대로 분리되어 뚝 떨어지므로 틀과 이어진 얇은 선도 그렸다. 칼로 곡선 부분을 자를 때가 고비였지만, 그래도 열심히 2개의 똑같은 틀을 만들었다. 드디어 염색 돌입! 실수로 글자가 번질까 봐 아이들은 숨소리까지 참으며 집중했다. 앞면 염색 후 뒷면을 염색하기 전에 잠시 휴식하며, 앞면을 충분히 말렸다. 한 번 해봤다고 뒷면은 꽤 빠른 속도로 진행되었다. 다만 학년 숫자가 들어가면서 다른 틀을 사용하다 보니 번지지 않게 충분히 말리고 숫자를 찍었다. 학예회 리허설에 단체로 커플티를 입은 아이들의 모습이 너무 귀여웠다. 같은 옷을 입어 그런가? 왠지 모르게 두 분교 사이가 더 끈끈해진 느낌이다.

# 방랑식객? 방학식객!

# 표현력     # 의사소통     # 유창성     # 사회정서

활동장소 교실                 활동시간 80분                 활동대상 5학년

활동재료 A3 도화지(또는 스케치북), 수채물감, 수채붓, 팔레트, 물통, 걸레, 색도화지, 네임펜, 연필, 지우개

💡**활동 소개** 먹거리로 공유하는 방학생활

아이들에게 방학 때 먹은 음식 중에서 가장 기억에 남는 음식을 생각해보라고 한다. 그 음식이 가장 기억에 남는 이유와 음식에 얽힌 에피소드를 나누며 자연스럽게 방학 이야기를 나누는 활동이다. 음식은 부담 없이 이야기를 나눌 수 있는 소재이기 때문에 모두에게 발표 기회를 줄 수 있다.

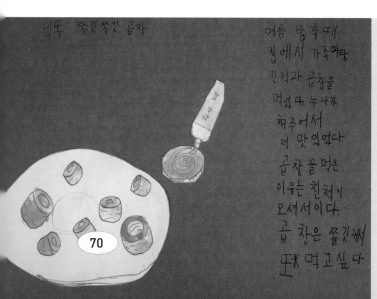

방학 때 먹었던 음식을 주제로 수채화를 그리고 오려서 도화지에 붙였다. 제목을 쓰고 육하원칙에 맞게 음식과 관련된 이야기를 쓴 후 발표 자료로 활용한다.

70

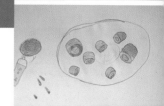

1 A3 도화지를 반으로 접어 양쪽에 앉아 방학 중에 먹었던 음식을 주제로 밑그림을 그린다.

2 수채물감을 팔레트에 짜서 옅은 색부터 짙은 색 순서로 칠한다. 칠이 완전히 마른 후에 덧칠하여 명암을 살린다.

3 그림을 오려서 색 도화지에 붙이고 제목을 쓴다.

4 방학 중 먹었던 음식 이야기를 육하원칙에 맞게 쓰고 발표한다.

시원한 비빔냉면

이번 여름방학에 가족들과 비빔냉면을 먹었다. 왜냐하면 날 씨가 더웠기 때문에 읍 내에 있는 냉면집에서 먹었다. 나는 시원한 육수를 넣어 먹었다. 또 먹고 싶다.

 **앗, 잠깐만!**

- 주제는 방학 중 먹었던 비싼 음식이 아니라 추억이 깃든 음식이다.
- 밑반찬과 먹은 가정식이라도 경험을 나눌 수 있다면 좋은 소재가 된다.
- 수채화가 어려운 학생은 사인펜이나 크레파스 등 다른 재료로 그릴 수 있게 한다.
- 선생님이 일방적으로 음식의 크기, 배치 등을 정하지 말고 학생에게 맡긴다.
- 바탕색과 같은 비슷한 색의 음식이나 글씨는 잘 보이지 않기 때문에 되도록 보색 관계에 있는 색지를 고를 수 있도록 미리 안내한다.

# 교육과정-수업-평가 일체화의 기록

예전처럼 방학숙제로 일기쓰기를 내주지 않기 때문에 개학 후 아이들이 방학 동안 어떻게 지냈는지 궁금할 때가 있다. 어떤 아이는 가족과 함께 여행도 다녀오고 할 말이 많은데, 또 어떤 아이들은 별로 기억나는 게 없다고 말한다. 그래서 말할 거리가 많은 아이나 적은 아이 모두 자신의 이야기를 자연스럽게 꺼낼 수 있도록 그 간극을 줄이고 싶었다. 아이들이 매일 접하는 음식 이야기로 시작하면 누구든지 부담 없이 자신의 이야기를 꺼낼 수 있을 것 같았다.

| 성취기준 | 학습 및 평가요소 | 학년 - 학기 - 단원 |
|---|---|---|
| •[4미02-02]<br>표현 | - 주제를 자유롭게 떠올릴 수 있다.<br>- 자유롭게 주제 떠올리기 | |
| •[4국01-04]<br>듣기 · 말하기 | - 적절한 표정, 몸짓, 말투로 말한다.<br>- 적절한 표정, 몸짓, 말투로 말하기 | 3-2-1 |

### 배움을 확장하는 생생 현장 스케치

좌　여름방학에 가족과 맛있게 먹었다며 한 아이가 추천한 냉면을 직접 만들어 친구들, 선생님, 조리사님과 나눠 먹었다.

우　지도 위에 자신이 먹었던 음식을 표시하고 포스트잇으로 기록을 남기고 있다.

## 다른 교과와의 연계와 배움의 확장 "이렇게도 해보아요!"

• **실과**  음식 경험 나누기를 넘어 그 음식들 중 학교에서 만들 수 있는 것들을 직접 골라서 만들어보았다. 각 모둠에서 고른 음식을 만들기 위해 인터넷으로 재료와 조리법을 찾아보고 모둠별로 준비물을 나눠서 가져왔다. 칼, 버너 등을 사용하므로 실습 전에 미리 안전교육을 하고, 실습 중에는 안전과 관련된 일이 아니라면 아이들 스스로 답을 찾을 수 있게 기다려주었다. 시간이 오래 걸리긴 했지만 스스로 만들면서 해당 음식과 관련된 아이들의 추억을 또 하나 만들수 있었다. 이런 추억이 쌓이고 쌓여 다른 수업에도 연결고리가 되었으면…

• **사회**  자신이 경험한 일을 지도 위에 표시하며 각 지역의 특산물을 알아보았다.

### 응용 및 심화 활동

• 아이들의 고민 사연을 받아 모둠별로 맞춤형 푸드테라피 레시피를 제작하고, 직접 요리를 만들어 반 아이들이 함께 나눠 먹어본다.
• 학급회의를 열어 학교 축제에서 간식코너를 만들어 운영한다. 수익금은 결식아동후원금으로 기부한다.
• 끼니를 걸렀을 때의 경험을 네 컷 만화로 공유하고 '클린테이블 캠페인'에 참여하여 꼭 물질이 아니라도 기부할 수 있는 방법들을 알아본다.

### 스토리가 있는 껄껄쌤의 수업 나눔

방학 때 어떻게 지냈는지 그리기 어려워하던 아이들에게 방학 때 먹었던 음식을 그려보라고 했더니 신나서 그리기 시작했다. 한 명은 무더위로 기운이 빠졌던 어느 날 온 가족이 함께 읍내로 냉면 먹으러 간 것을 그렸고, 또 한 아이는 친척들이 놀러 와서 함께 구워 먹었던 곱창을 그렸다. 온통 가족과 함께한 추억 이야기였다. 아이들이 그리는 동안 내 인생의 음식을 그려봐도 재밌겠다는 생각이 들었다. 내 인생의 음식은 뭐였을까? 생각해보면 외국에서 근사하게 대접받았던 음식이나 비싼 음식이 아니라 어머님께서 손수 만들어주시던 부침개가 더 기억에 남는다. 오늘 아이들이 그린 그림 중에도 그런 따뜻한 추억으로 남을 수 있는 음식이 있었으면 한다.

# 종이 봉지 공주님

| 대주제 | 상호 존중과 배려의 태도 | 소주제 | 겉모습보다 내면의 아름다움 들여다보기 |

**# 공감     # 의사소통     # 표현력**

활동장소 교실       활동시간 80분       활동대상 2학년

활동재료 비닐장갑, 가위, 편지 봉투, 양면테이프, 볼펜

## 💡 활동 소개   종이 봉지 속에 감춰진 내면의 아름다움

온갖 역경을 극복하고 드디어 왕자를 찾아간 종이 봉지 공주! 그런 공주에게 감사하기는커녕 진짜 공주처럼 챙겨 입고 오라고 하는 얄미운 왕자. 혹시 우리도 누군가의 겉모습만 보고 판단하지는 않았을까? 겉모습보다 그 안에 숨겨진 아름다운 마음속 보물을 들여다볼 수 있는 혜안을 한번 키워볼까?

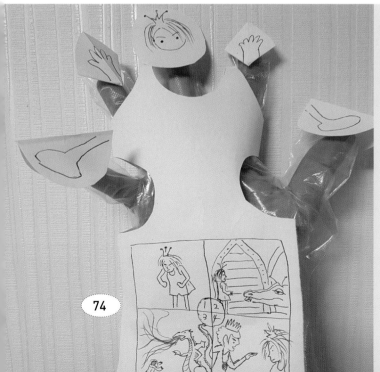

비닐장갑과 편지봉투로 완성한 종이 봉지 공주! 내가 공주였다면 왕자의 말에 어떻게 대답했을까? 봉투 앞면에는 왕자를 만나기 전까지의 일을 담은 네 컷 만화를 그렸다.

## 활동 순서 알아보기

**1** 종이 봉투에 머리, 두 팔, 두 다리가 들어갈 곳을 연필로 표시한 후에 가위로 오린다.

**2** 종이 봉투 앞면에 공주와 왕자를 만나기 전까지 있었던 일을 네 컷 만화로 그린다.

**3** 뒷면에는 어떤 이야기가 이어질 것인지 상상해서 그림을 그린다.

**4** 종이 봉투에서 자른 부분에 얼굴, 손, 발을 그린다. 비닐장갑 다섯 개 손가락에 모두 양면테이프를 붙이고 봉투에 넣는다. 양면테이프에 붙일 수 있도록 한 겹 벗기고 알맞은 위치에 얼굴, 손, 발을 붙인다. 완성하면 앞으로 나와서 왕자의 말을 들은 공주가 어떤 말이나 행동을 했는지 직접 보여주면서 이어질 내용까지 발표한다.

 **앗, 잠깐만!**

- 봉투는 종류가 여러 가지이므로 자기 손 크기를 고려해서 종류를 결정한다.
- 봉투가 너무 크면 한쪽을 잘라서 다시 풀로 붙여서 작게 만든다. 반대로 봉투가 작으면 양옆을 터서 만들면 된다.

# 교육과정-수업-평가 일체화의 기록

# 종이 봉지 공주    # 편지 봉투 인형 만들기    # 일이 일어난 순서    # 뒤에 이어질 이야기 예상하기

2학년 2학기 국어 교과서에는 〈종이 봉지 공주〉 이야기가 나온다. 그냥 읽기만 해도 재미있지만, 직접 커다란 옷을 만들어 입거나 손인형을 만들어도 재미있을 것 같았다. 특히 적반하장 왕자의 말을 듣고 어떤 일이 펼쳐질지 아이들의 생각이 너무 궁금했다. 종이 봉지 공주를 직접 만들어서 아이들의 속마음을 한 번 들어보고 싶었다.

| 성취기준 | 학습 및 평가요소 | 학년 - 학기 - 단원 |
|---|---|---|
| •[2국01-02] 듣기·말하기 | - 일이 일어난 순서를 고려하며 듣고 말한다. | 2-2-7 |
| •[2바08-01] 겨울 | - 상대방을 배려하며 서로 돕고 나누는 생활을 한다. | 겨울 1-2-2 |

### 배움을 확장하는 생생 현장 스케치

좌  공룡 화석 만들 때 사용하는 방법을 활용해서 손 모양 석고상을 만들었다. 찰흙이 석고에 묻어서 자연스럽게 피부처럼 되었다. 잠깐, 근데 이 반지와 매니큐어는 뭐니? 손 모양 석고상을 만들라고 했지, 희망사항 손 모양을 만들라는 게 아니다!

우  아이들 보여주려고 만든 예시 작품이건만, 너무 징그럽단다. 실은 〈판의 미로 - 오필리아와 세 개의 열쇠〉에 손바닥에 눈이 있었던 괴물 'pale man'을 떠올리며 만든 건데 동심 파괴라나? 얘들아, 언제는 할로윈이니까 무서운 것 보고 싶다며…

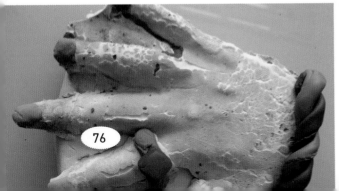

- 봄  찰흙으로 손을 덮어 모양을 내고, 물에 섞은 석고 가루를 부어 내 손 석고상을 만들었다.

- 가을  할로윈데이를 앞두고 낙엽들을 모아서 무시무시한 할로윈데이 캐릭터를 만들었다.

### 응용 및 심화 활동

- 전지로 봉투옷과 캐릭터 의상을 만들어서 연극을 한다.

## 스토리가 있는 껄껄쌤의 수업 나눔

개인적으로 좋아하는 그림책 중 하나라서 아이들과 그냥 교과서만 읽고 문제 몇 개로 끝내기엔 아쉬웠다. 그래서 진짜로 '종이 봉지 공주'를 만들어보기로 했다. 우선 편지 봉투에 구멍 다섯 개를 만들어서 구멍을 내고, 잘라낸 다섯 장의 종이에 공주의 얼굴과 양손 그리고 양발을 그렸다. 공주가 왕자를 만나기 전까지 네 컷 만화로 봉투 앞면에 그리고, 뒷면에는 앞으로 이어질 내용을 상상해서 그리도록 했다. 그리고 뒷면에는 왕자의 말을 들은 공주가 어떤 말이나 행동을 했을지 생각해보고 이어질 내용까지 그리라고 했는데 그 어느 때보다 열기가 뜨거웠다. 단, 비속어를 쓰면 왕자와 똑같은 사람밖에 되지 않으니 상대방을 배려하는 차원에서 정중한 표현을 써달라고 부탁했다. 한 명씩 앞으로 나와서 왕자의 어이없는 말을 들은 후 공주가 어떤 말과 행동을 했을지 보여주고 뒤에 이어질 내용까지 발표하는 시간을 가졌다. 늘 해오던 발표 활동인데 아이들은 그 어느 때보다 집중하는 모습이었다. "당신에게 어울리는 외모만 번지르르한 공주를 찾아보세요!", "어? 제가 찾던 왕자님이 아니셨네요! 죄송합니다.", "그럼 용이랑 다시 체인지하고 올게요!" 등의 대답이 있었고, 이어질 내용으로는 "왕자가 용에게 잡아먹힌다.", "공주가 이쁘게 입고 다시 와서 왕자를 차버리고 간다.", "종이 봉지 왕자를 데려와서 소개시켜준다." 등이 있었다. 와! 이 정도면 〈종이 봉지 공주〉 패러디 그림책도 몇 권은 거뜬히 나오겠는데?

살벌하고 치열한 경쟁 속에서 사회 전반에 나만 잘살면 그만이라는 이기주의마저 팽배해 있다. 경쟁은 때론 인간을 성장시키는 원동력이 되기도 한다. 하지만 누군가를 반드시 밟고 올라서야 하는 서열화된 경쟁보다는 화합과 협업 속에서 함께 성장할 때 훨씬 더 의미 있는 성과를 이룰 수 있지 않을까? 바야흐로 집단지성과 상생의 미덕이 주목받는 시대이다. 우리 아이들이 일상에서 자연스럽게 협력하며 학교와 지역사회에 대한 애정을 키우고, 나아가 우리 전통문화에 대한 자긍심도 함께 느낄 수 있기를 바라며 활동들을 디자인해보았다.

함께 키우는 공동체의식과 문화사랑

# 우리 마을,
# 우리 문화 지킴이

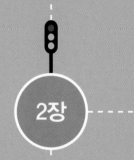

2장

#공동체 #지역사회 #우리나라 #협동 #전통문화

# 인터뷰로 완성하는 마을 지도

**대주제** 우리 동네 바로 알기     **소주제** 지역사회에 대한 애착 키우기

#표현력     #지식정보처리     #협업     #문제해결

활동장소 교실          활동시간 120분          활동대상 2학년

활동재료 구글 어스(Google Earth map) 항공 사진 자료, 마을 지도, 수첩, 연필, 자, 지우개, 색연필이나 사인펜, 전지 1장, 사진기, 마을 지도

## 💡활동 소개 전원일기

대한민국 최장수 드라마로 꼽히는 〈전원일기〉는 옆집 수저 수까지 속속들이 알고 지냈던 과거 우리 농촌마을의 정겨운 모습을 그려냈다. 이웃 간에 정이 넘치던 시절의 향수를 불러일으키며, 오랜 시간 시청자들의 큰 사랑을 받았다. 요즘은 예전보다 경제도 훨씬 성장하고 생활도 편리해졌지만, 정작 우리는 배고프고 불편했던 옛날을 그리워하곤 한다. 비록 물질적으로 좀 부족했어도 서로에 대한 관심과 끈끈한 관계가 있었기 때문이다. 그래서 이번 단원에서는 마을 사람들의 삶을 녹여낸 마을 지도를 만들어보려 한다. 이 지도를 그리는 아이들은 먼 훗날 일용이, 응삼이, 용식이처럼 고향을 사랑하는 어른으로 자라길 바라며…

관공서에서 하는 일도 파악하고, 인터뷰 활동을 통해 직업 관련 정보도 얻을 수 있었다. 우리 동네 어른들의 이야기가 담긴 세상 단 하나뿐인 '우리 마을 이야기 지도'

## 활동 순서 알아보기

1 구글 어스(Google Earth map)를 활용하여 하늘에서 내려다 본 마을의 모습을 살펴보며 모둠별로 방문할 곳을 정한다.

2 날짜와 시간을 정해서 방문할 곳에 미리 연락을 한다. 이때 방문 가능 여부 그리고 촬영과 인터뷰도 가능한지 여쭤본다.

3 방문할 곳이 정해졌으면 그곳에서 인터뷰 활동을 할 때 사용할 질문지를 만든다. 질문할 사람, 받아 적을 사람, 촬영할 사람, 그림 그릴 사람으로 역할을 나눈다.

4 모둠별로 시간을 지켜 약속한 장소에 방문하고 질문지를 보며 인터뷰를 진행한다.

5 전지에 큰 도로를 먼저 그리고 방문한 건물을 그려서 붙인다. 지도 아래에는 그 건물에서 인터뷰 한 사람과 인터뷰 내용을 붙여서 완성한다. 지도가 완성되면 모둠별로 발표한다.

### 앗, 잠깐만!

- 인터뷰 며칠 전에 미리 연락해서 방문 허락을 받아야 한다.
- 문자나 메일 또는 사진으로 질문지를 먼저 보내주면 인터뷰 시간을 단축할 수 있다.
- 인터뷰가 짧으면 그림 그리는 아이가 건물이나 인물을 미처 다 그리지 못하기도 한다. 이럴 땐 다 그릴 때까지 기다리지 말고 사진을 찍은 후 학교에 돌아와서 완성한다.
- 도심에 있는 학교의 경우 모든 곳을 다 조사할 수 없기 때문에 학교 주변으로 구역을 정해서 조사한다.

지도 한 장에는 지리 정보 외에도 역사 정보, 인물 정보 등 셀 수 없이 많은 이야기를 담을 수 있다. 정보가 추가될수록 활용 가치는 더욱 높아진다. 이번에 아이들이 만들 지도는 지역 사람들의 이런저런 정보가 담긴 지도이다. 이번 활동을 기획하면서 나 자신도 '지인 찬스'를 이용했다. 아이들도 이렇게 지역 사람들과 자연스럽게 관계를 맺어주고 싶었다. 다른 사람의 말에 경청하고 관심도 기울일 수 있는 아이들로 자라 길 바라는 마음으로 마을 인터뷰 지도를 함께 만들어보았다.

| 성취기준 | 학습 및 평가요소 | 학년 - 학기 - 단원 |
|---|---|---|
| •[2슬05-03] 마을 | - 동네의 모습을 관찰하고, 그림으로 그려 설명한다.<br>- 동네 모습 관찰하고, 설명하기 | 가을2-2-1 |
| •[2슬05-04] 마을 | - 동네 사람들이 하는 일, 직업 등을 조사하여 발표한다.<br>- 하는 일, 직업 등 조사하여 발표하기 | 가을2-2-1 |
| •[2국01-04] 듣기 · 말하기 | - 듣는 이를 바라보며 바른 자세로 자신 있게 말한다.<br>- 바른 자세로 자신 있게 말하기 | 2-1-2 |

### 배움을 확장하는 생생 현장 스케치

좌  우리 집을 설명하기 위해 만든 '성장흐름표' 작품

중  아이들이 구글어스(Google Earth)를 보고 힘을 합쳐 그린 마을 지도

우  마을 지도에 담을 산업 정보를 조사하기 위해 학교 근처 연탄공장을 방문한 아이들

•봄  근처에 관공서나 가게가 없는 학교는 아이들의 집 위주로 마을 지도를 제작한다. 2학년 교과서에 나오는 '성장흐름표 만들기' 활동을 통해 각 가정의 정보를 교류하는 시간도 가졌다.

•가을  지도를 만들다 보면 자연스레 우리 지역의 산업에 대해서도 알게 된다. 인터뷰 활동을 통해 지리와 산업의 관계에 대해 알아보고, 우리 지역의 산업지도를 만들었다. 그런데 우리가 읍내에 인터뷰 다녀온 사이에 근처에서 촬영 중이던 '비'가 학교에서 점심을 먹고 갔단다. 아뿔사! 가는 날이 장날이라더니…

•창체  아이들이라고 해서 마냥 도움만 받는 건 아니다. 아이들의 도움이 필요한 곳(경로당, 노인요양병원)을 마을 지도에서 찾아보고 봉사활동 계획을 짜서 실천하는 시간을 가진다.

## 응용 및 심화 활동

• 등하교 안전지도를 만들어 위험 요소가 많은 구간을 찾아낸 후, 지역 관공서에 개선을 요구하는 글을 써본다.
• 우리 마을 지도를 만들면서 알게 된 자료를 영상으로 만든다. 동영상을 편집하고 텍스트를 삽입하여 마을 홍보 동영상을 만들고 인터넷 사이트에 올려서 홍보 활동을 한다.

## 스토리가 있는 껄껄쌤의 수업 나눔

우리 학교 근처에는 가게나 관공서가 없어서 생각한 것만큼 많은 정보를 얻을 수 없었다. 그래서 아이들이 원하는 대로 건물과 직업군이 다양한 읍내에서 열심히 조사 활동을 했다. 2학년 아이들이 관공서에 전화하는 것을 어려워해서 내가 해주는 대신 아이들은 읍내에서 인터뷰를 할 수 있는 가족이나 친척을 섭외했다. 마을 지도를 얻을 수 있는 군청부터 방문해서 위치를 표시하고 인터뷰를 진행했다. 이어서 군의회, 상점, 관광안내소, 약국에서도 같은 활동을 한 후 학교로 돌아왔다. 활동을 하며 마을 분들께 이런저런 선물을 많이 받아서 그런지 아이들은 또 하고 싶다며 즐거워했다.

# 참 아름다운 우리 동네

**대주제** ▶ 우리 동네 바로 알기    **소주제** ▶ 우리 마을의 자랑거리를 지켜라!

# 유창성    # 지식정보처리    # 협업    # 문제해결

활동장소  교실, 컴퓨터실        활동시간  80분          활동대상  5학년

활동재료  전지, 가위, 풀, 사인펜, 네임펜, 접착식 테이프, 컴퓨터, 프린터

## 💡 활동 소개  라디오 스타

인구 4만의 폐광지역 영월은 강원도에서도 작은 고을에 속한다. 영화 〈라디오 스타〉는 쇠락한 폐광촌의 모습을 정감 있게 담아냈고, 그 흔적은 지금까지 영월 곳곳에 남아있다. 영화에서 영월 구석구석의 풍광과 이야기를 담았듯 우리도 영월의 관광지 정보를 담아서 지역 홍보 자료를 만들어보았다. 내가 사는 고장의 행정구역과 관광지를 살펴보며 지리 정보, 관광 정보는 물론 지역의 이야기도 접할 수 있기 때문에 우리 지역을 이해하고 사랑하는 마음을 키우는 기회가 될 것이다. 나아가 이러한 아름다움을 다음 세대로 계속 전달할 수 있도록 아끼고 보호하고픈 마음이 샘솟지 않을까?

아이들이 만든 우리 지역의 행정구역별 관광지 분류표. 친구들에게 지역 관광지 정보를 알리는 것도 하나의 목적이므로, 인터넷에 있는 자료를 그대로 옮기는 대신 직접 경험한 내용을 한 줄만 적어서 가독성을 높였다.

84

## 활동 순서 알아보기

**1** 인터넷으로 지역 관공서 누리집에 들어가서 행정구역을 조사한다.

**2** 전지를 3등분으로 접었다 편다. 그리고 행정구역을 적을 수 있게 3등분한 전지 위에 50cm 자를 대고 네임펜으로 선을 긋는다.

**3** 3등분으로 접은 선 위에 자를 대고 네임펜으로 선을 긋는다.

**4** 지역의 관광지 중 아이들이 갔던 곳은 선생님이 촬영한 사진을, 가보지 못한 곳은 인터넷으로 찾아서 표에 넣은 후 출력한다.

**5** 칼과 가위로 출력한 사진을 자른다.

**6** 인터넷으로 정보를 찾아서 사진을 붙이고 간단한 설명을 적는다. 인터넷에 있는 그대로 쓰지 말고, 짧더라도 아이들이 알고 있는 내용이나 간추린 내용을 적도록 한다.

**7** 여러 사람이 잘 볼 수 있는 장소에 만든 자료를 전시한다.

### 앗, 잠깐만!

- 지역이 넓거나 학급 인원이 많으면 행정구역을 나누어 모둠별로 조사한다.
- 아이들 사진이 적은 학기 초보다 사진을 넉넉하게 준비할 수 있는 학기 중이나 학기말에 한다.
- 관광지 설명은 인터넷에 있는 그대로 쓰지 말고 자신의 경험을 바탕으로 쓰거나 인터넷에 있는 내용을 최대한 줄여서 간단하게 적는다.
- 관광지가 많은 지역이라도 관광지가 적은 지역의 구분선을 침범하지 않는다. 만약 관광지 사진을 붙이거나 설명할 공간이 부족하면 전지를 추가하여 만든다.

# 교육과정-수업-평가 일체화의 기록

#분류하기    #지역 관광지    #행정구역    #사진활용 수업

아이들은 자기가 사는 지역을 얼마나 알고 있을까? 안타깝게도 학교에서 현장체험을 다녀온 장소조차 제대로 기억하지 못하는 경우가 많다. 그래서 국어시간 영월의 관광지를 행정구역별로 분류해보는 활동을 계획했다. 분류 활동을 하면서 내가 생활하는 지역에 대한 정보도 함께 습득하길 바랐다. 아이들이 활동에 더 몰입할 수 있도록 현장체험으로 다녀온 곳은 아이들 사진을 활용하고, 그렇지 않은 곳만 인터넷으로 찾기로 했다. 과연 아이들의 기억력은 되살아날 것인가?

| 성취기준 | 학습 및 평가요소 | 학년 - 학기 - 단원 |
|---|---|---|
| •[6미02-02]<br>표현 | - 다양한 발상 방법으로 아이디어를 발전시킬 수 있다.<br>- 발상 방법을 통한 아이디어 발전하기 | |
| •[6사01-06]<br>인문환경과<br>인간 생활 | - 우리나라의 산업 구조의 변화와 교통 발달 과정에서 나타난 특징을 탐구한다.<br>- 산업 구조의 변화와 교통 발달 과정 특징 탐구하기 | 5-1-1 |

### 배움을 확장하는 생생 현장 스케치

좌  영월 삼굿마을에 현장체험을 갔을 때 떡메치기를 하는 후배의 모습을 촬영하고 이를 천둥의 신 토르와 연관지어 동강국제사진제 학생부문 콘테스트에 출품하여 대상을 받은 작품이다.

우  포켓몬 도감을 타입별로 분류해놓은 모습. 이렇게 분류하는 건 나보다 개구쟁이 녀석들이 더 잘한다.

## 다른 교과와의 연계와 배움의 확장 "이렇게도 해보아요!"

- 창체 　지역 관광지에서 촬영한 사진을 활용하여 지역 사진 콘테스트에 출품했다.

- 미술 　포켓몬 색칠하기 활동을 하고 공책에 타입별(노말, 불꽃, 물, 풀, 전기, 얼음, 격투, 독, 땅, 비행, 에스퍼, 벌레, 바위, 고스트, 드래곤, 악, 강철, 페어리)로 분류해서 포켓몬 도감을 만들었다.

### 응용 및 심화 활동

- 고민을 적은 쪽지를 모아 종류별(학업, 신체, 또래, 가족, 이성, 진로, 학교, 기타)로 분류하고, 집단 상담을 통해 해결 방법을 찾아본다.
- 플라스틱, 유리, 알루미늄, 종이 등 학교생활에서 발생하는 쓰레기를 모아 분류표를 만들고 각각의 부품이 어디에 속하는지 파악하여 재활용 분류하기 활동을 실천한다.

### 스토리가 있는 껄껄쌤의 수업 나눔

대부분 이 지역에서 나고 자란 아이들이라 지역 내 관광지에 대해서 잘 알고 있을 줄 알았는데, 의외로 장릉, 청령포 등 아주 유명한 곳을 제외하면 현장체험 다녀온 곳의 이름조차 모르겠다고 해서 큰 충격을 받았다. 3년째 아이들과 함께 다녀온 곳도 꽤 있건만, 기억조차 못하다니… 허탈한 마음에 그동안 아이들과 함께 다녀온 곳 사진을 찾아 보여주었더니 그제야 "아~ 거기", "엥? 거기도 영월이었어요?" 한다. 그래서 국어 시간 분류하기 활동을 통해 영월의 관광지를 행정구역별로 구별해봐야겠다고 생각했다. 마침 사회 시간에 행정구역에 관해 공부하고 있던 터라 시간을 넉넉하게 잡고 분류표를 만들어볼 수 있었다. 전지를 4장이나 사용해 만든 영월지역 관광지 분류표를 보고 아이들은 그곳에서 자신들이 했던 일들을 떠올리며 그 옆에 간단히 적었다. 아이들은 활동 전까지 영월이 촌이라 할 수 있는 게 많이 없다고 생각했는데 이렇게 만들고 보니 가볼 만한 곳이 꽤 많다고 했다. 또 가보고 싶은 곳도 생겼단다. 분류하기를 공부하기 위한 활동이었지만 지역에 대한 관심, 지역에 관한 애착, 지역에 대한 자긍심도 함께 성장했으면 하는 바람이다.

# 우리는 광고 천재

# 표현력    # 지식정보처리    # 공동체    # 문제해결

활동장소 급식실, 교실        활동시간 80분        활동대상 3학년

활동재료 우드락(폼보드), 자, 칼, 학종이, 글루건, 풀, 게시판에 붙일 그림, 장구핀, 양면테이프

## 💡 활동 소개  썰렁했던 우리 학교 급식 게시판의 변신!

학교에서 아이들의 손으로 직접 변화시킬 수 있는 곳을 찾아보고, 간단한 재료와 누구나 쉽게 할 수 있는 방석접기를 활용한 게시판 만들기 활동이다. 아이들 손으로 만든 작품을 학교에서 실제로 사용하기 때문에 성취감에 뿌듯해하는 아이들의 진심 어린 표정을 볼 수 있는 활동이다.

아이들이 찾아낸 학교의 빈틈은 바로 급식실 게시판! 작은 학교 급식실이라 오랫동안 사람들이 관심을 기울이지 않은 듯… 폼보드 한 장 초라하게 붙어있던 소외된 공간을 아이들의 아이디어로 직접 바꾸었다.

88

## 활동 순서 알아보기

1 커팅매트나 유리 위에 우드락을 놓는다. 원하는 크기가 되도록 자를 대고 연필로 선을 그은 후, 칼로 연필선을 따라 자른다.

2 학종이로 방석접기를 하여 우드락을 두를 수 있게 충분히 만든다.

3 우드락 상단에 그림이나 글씨를 풀로 붙인다.

4 글루건을 사용하여 방석접기 했던 학종이를 우드락 테두리에 붙인다.

5 우드락 뒷면에 양면테이프를 붙여 급식실 현관에 고정한다.

### 앗, 잠깐만!

- 우드락이 두껍다고 칼에 힘을 너무 많이 주면 자칫 안전사고로 이어질 수 있기 때문에 약하게 여러 번 긋도록 한다. 우드락이 울퉁불퉁해도 테두리는 학종이로 덮이기 때문에 크게 연연하지 않도록 한다.
- 학종이에 글루건을 바르고 우드락에 바로 붙이면 화상의 위험이 있기 때문에 2~3초 쉬었다가 붙이도록 한다.
- 그림은 직접 그리거나, 인터넷에서 알맞은 그림을 찾아 출력한다.
- 게시판 붙일 장소를 관리하는 사람과 사전에 협의하여 진행한다.
- 게시판 뒷면에 양면테이프를 붙이고 문에 한 번 고정하면 이동이 어렵기 때문에 붙이기 전에 미리 대어보고 위치를 잡은 후 그대로 눌러서 고정한다.

# 교육과정-수업-평가 일체화의 기록

# 안내판　# 우드락 꾸미기　# 방석접기　# 급식실 안내판　# 내 손으로 꾸미기　# 학교 환경 바꾸기

아이들에게 학교는 어떤 공간일까? 학교의 주인은 학생이라는데 전혀 주인이란 느낌이 들지 않는다면? 아직도 학교의 주인을 교장선생님이라고 하는 아이들이 있는 이유는 아이들이 직접 고민하고 결정할 수 있는 공간이 학교에는 거의 없기 때문이다. 또 학교의 문제는 교장실, 교무실, 행정실에서 해결되는데 굳이 학생이 나설 필요가 없다고 생각하기 때문이다. 이런 생각을 뒤집기 위해 아이들 스스로 학교 안에서 문제가 있는 곳을 찾아 직접 바꿔보기로 했다. 성격 급한 어른들이 빨리 고치려고 해서 그렇지 그 일을 아이들에게 양보하면 재미있는 활동으로 변한다.

| 성취기준 | 학습 및 평가요소 | 학년 - 학기 - 단원 |
|---|---|---|
| • [4도03-01]<br>사회 · 공동체<br>와의 관계 | - 공공장소에서 지켜야 할 규칙과 공익의 중요성을 알고, 공익에 기여하고자 하는 실천의지를 기른다.<br>- 공익에 기여할 실천의지 기르기 | 3-5 |
| • [4미01-03]<br>체험 | - 생활 속에서 다양하게 활용되고 있는 미술을 발견할 수 있다.<br>- 생활 속 미술 발견하기 | |

### 배움을 확장하는 생생 현장 스케치

좌  선생님들과 학생들이 함께 꾸민 복도 도서관. "구슬이 서말이라도 꿰어야 보배다."라는 말은 이럴 때 쓰는 것이다.

우  학급 알뜰시장을 홍보하기 위해 POP글씨로 제작한 홍보 알림판! 너희 손재주가 선생님보다 낫구나!

90

## 다른 교과와의 연계와 배움의 확장 "이렇게도 해보아요!"

• 창체  화재예방교육은 대피훈련이 제일 중요하다. 특히 일회성 행사가 아닌 정기적인 훈련이 필요하다. 근처 소방서와 연계하여 모둠별로 교실에서 운동장으로 대피하는 훈련을 했다. 먼저 탈출한 모둠부터 소방관 아저씨들과 함께 소화기 체험 후 마지막 모둠까지 탈출하고 나서 안전 OX퀴즈대회를 열었다.

• 도덕  학급에서 보관하던 도서를 복도로 옮겨 복도 도서관을 만들고, 선생님은 아이들이 편하게 앉거나 누워서 읽을 수 있도록 소파와 매트도 들여놓았다. 그러자 책의 양도 늘어나고 아침이나 쉬는 시간에 자유롭게 독서를 즐기는 아이들의 모습도 자주 보인다.

• 미술  알뜰시장을 홍보할 대자보에 POP글씨로 여러 사람의 이목이 집중되도록 했다.

### 응용 및 심화 활동

• 교가를 그림으로 그려 동영상으로 만들고, SNS나 동영상 공유 플랫폼에 올려 학교를 홍보한다.
• 학교행사 홍보 현수막을 제작하여 학교 담장에 게시한다.

### 스토리가 있는 껄껄쌤의 수업 나눔

학교의 주인은 누구인지 아이들에게 물어보고 주인의식을 갖고 변화시킬 수 있는 것을 함께 찾아보았다. 아이들 눈에 들어온 것은 너무 구멍이 많아서 압정을 더 이상 꽃을 수 없게 된 너덜너덜한 급식실 게시판이었다. 조리사님께 양해를 구했더니 너무 좋아하시는 게 아닌가? 그래서 바로 교실로 돌아와 급식실 게시판을 만들었다. 3학년 학생이 한 명이라 나도 같이 앉아서 방석접기를 도왔다. 모든 과정을 마치고 급식실로 향하는 녀석의 발걸음이 어찌나 당당하던지… 조리사님께서 활짝 웃으시며 고맙다고 해주시니 만든 아이도 연신 웃으며 쑥스러워한다. 나는 간혹 이렇게 아이들이 생활에서 직접 사람들과 만날 수 있는 활동을 꾸민다. 배움은 비단 수업 시간 내에만 이루어지는 것이 아니다. 우리 모두의 이익을 위한 수업, 남을 돕는 기쁨을 알게 되는 수업이 더 필요하다고 생각한다. 나 또한 교과서보다 삶으로 아이들을 만나는 교사로 남고 싶다.

# 홍보가 기가 막혀

#표현력    #공동체    #협업    #문제해결

활동장소 교실          활동시간 120분          활동대상 2학년

활동재료 연필, 지우개, 색연필, 사인펜, 포스터물감, 수채물감, 신문지, 팔레트(또는 플라스틱 접시), 학교 현수막
게시대에 걸 수 있는 길이의 천, A4용지, 수채화 붓, 물통, 각목 2개(현수막 세로 길이), 현수막 로프

## 💡활동 소개 우리 학교 홍보 현수막 만들기

아이들은 생각보다 능력이 많지만, 스스로 능력이 부족하다며 지레 포기할 때가
있다. 특히 현수막처럼 특정 분야의 일은 꼭 어른들만의 영역으로 여기고 직접
할 수 없다고 생각한다. 하지만 판만 잘 깔아주면 아이들은 어른들이 흉내 낼 수
없는 그들만의 작품을 완성해낸다. 현수막을 함께 만들면서 이것을 왜 직접 만
들어야 하는지 생각해볼 기회가 되었다. 또 맡은 부분을 완성하기 위해 책임감
있게 임하고, 자신의 작업을 마친 후에도 미처 다하지 못한 친구를 도와주며 공
동체의 문제를 함께 해결하는 아이들의 기특한 모습도 볼 수 있었다.

아이들의 손으로 직접 제작한
'학교 방문의 날' 홍보 현수막!
아이들이 만든 작품은 교문 위
게시대에 걸렸다.

## 활동 순서 알아보기

### · 글자 꾸미기 연습 ·

1 연필로 새를 그리고 머리와 꼬리만 사인펜으로 덧그린다.

2 사인펜과 색연필로 새 모양 안쪽을 꾸미고 지우개로 연필선을 지운다. 이렇게 새를 꾸민 것과 같은 방식으로 현수막의 글자를 꾸미면 된다.

### · 현수막 그리기 ·

1 교실 바닥에 신문지를 깔고 그 위에 현수막 천을 놓는다. 현수막에 연필로 큰 글씨를 미리 쓴다.

2 매직펜으로 연필선을 따라 그려서 글씨를 완성한다.

3 팔레트에 물감을 덜고 A4용지에 연습

했던 문양을 글씨 안에 채워 넣는다. 물감 사용이 익숙하지 않은 아이라면 사인펜을 사용한다.

4 현수막 중간중간 바람 구멍을 뚫는다. 현수막 양끝에 각목을 대고 로프로 묶어 정문에 매단다.

 **앗, 잠깐만!**

- 물감을 사용하기 때문에 바닥에 신문지를 3장 이상 깔고, 만일의 사태를 대비해 걸레도 준비한다.
- 글자 안쪽만 아니라 바깥쪽도 자유롭게 꾸밀 수 있도록 한다.
- 현수막에 구멍을 뚫지 않으면 바람 때문에 찢어질 수 있다. 칼로 가로·세로 10cm 정도를 '+'모양으로 그은 후, 가위로 동그랗게 자른다.
- 학교마다 게시대에 달 수 있는 현수막의 길이가 다르다. 제작 전 미리 알아보고 알맞은 크기의 천을 준비한다.
- 각목에 천을 말아서 게시하는 형식의 현수막이라면 양쪽에 50cm 정도 여분을 확보하고 활동하도록 한다.

# 교육과정-수업-평가 일체화의 기록

#홍보　#현수막　#학교행사 안내　#학교홍보　#공동체

현수막이라는 용어를 모르는 아이들이 생각 외로 많다. 아이들을 대상으로 거는 현수막이 거의 없으며, 있다고 해도 실제로는 아이들이 아닌 부모들의 관심을 끌기 위한 내용이기 때문이다. 학교를 홍보하는 것은 선생님인가, 학생인가? 결과물이 어떤 형태이든 학생의 손을 거쳐야 의미 있는 학교 홍보가 되지 않을까? 자기PR시대를 살아갈 우리 아이들에게 자신이 속한 공동체를 홍보하는 활동은 필수요소가 아닐까?

| 성취기준 | 학습 및 평가요소 | 학년 - 학기 - 단원 |
|---|---|---|
| •[2바05-02] 마을 | - 동네를 위해 할 수 있는 일을 찾아 실천하면서 일의 소중함을 안다.<br>- 동네를 위해 할 수 있는 일 실천하기 | 가을 2-1-2 |
| •[2즐02-01] 봄 | - 봄의 모습과 느낌을 창의적으로 표현한다.<br>- 봄 느낌 표현하기 | 봄 2-1-2 |

### 배움을 확장하는 생생 현장 스케치

1. 아나운서를 맡은 아이가 직접 만든 대본을 들고 마을 축제인 '동강할미꽃 축제' 어른들을 대상으로 인터뷰를 하기 전 리허설 하는 장면

2. 동네 어른들 인터뷰를 하러 나왔다가 촬영 나온 방송국 분들에게 거꾸로 인터뷰를 해주고 있는 6학년 학생

3. 겨울방학 중에 있었던 마을축제를 위해 잠시 마을회관으로 모인 아이들! 그동안 학교에서 배운 연주 실력을 뽐내자 어디에서도 볼 수 없었던 뜨거운 박수와 환호 소리가 마을회관을 가득 채웠다. 미처 못 보신 분들을 위해 점심까지 얻어먹고 다시 시작된 앵콜 공연! 겨우 공연 두 번에 점심은 물론 장학금까지 쐈주신 통 큰 마을 어르신들

4. 학교에서 가까운 노인요양병원을 찾아 마당극 공연도 하고, 거동이 불편하신 어른들과 가면 만들기 봉사활동도 한 아이들의 늠름한 모습

94

## 다른 교과와의 연계와 배움의 확장 "이렇게도 해보아요!"

• 창체  대본팀, 리포터팀, 촬영팀, 편집팀으로 나누어 마을축제 홍보 동영상을 만들었다. 대본팀은 인터넷으로 마을축제에 대해 간단히 소개하는 글을 찾아보고 인터뷰 질문지를 만들었다. 리포터팀은 축제 관계자들을 만나 인터뷰를 진행했고, 촬영팀은 사진과 영상을 촬영했다. 편집팀은 동영상에 넣을 자막을 정해서 선생님과 함께 영상을 만들어 인터넷에 영상 자료를 올렸다.

• 창체  크리스마스 이브, 학교 근처에 있는 요양병원을 찾아 연주회와 마당극 공연을 발표했다. 공연을 마친 후 몸이 편찮으신 어르신들과 함께 가면 만들기 봉사활동도 했다.

### 응용 및 심화 활동

• 아이들이 직접 연출하고 제작한 지역축제 홍보 동영상을 인터넷에 올린다.
• 자치회나 자율동아리 사업을 설명하는 웹툰을 제작하여 학교 게시판에 홍보한다.

### 스토리가 있는 껄껄쌤의 수업 나눔

'학교 방문의 날' 행사를 앞두고 부장님께서 현수막을 직접 제작해보자고 하셨다. 원래 전문 업체에 맡기려 했지만, 부장님께서는 이것도 수업의 하나로 활용하고 싶으셨나 보다. 사실 '학교 방문의 날'은 아이들이 주인공인데 정작 그 주인공들은 전혀 손님 맞을 준비가 되어 있지 않았다. 그래서 부장님 의견에 따라 전교생이 함께 손님맞이용 현수막을 만들기로 했다. 그런데 생각보다 일이 꽤 많았다. 천도 따로 사서 준비하고, 물감이나 사인펜이 묻지 않게 교실 바닥에 신문지를 깔았다. 글씨가 너무 크거나 한쪽으로 몰리면 안 되어 글자 쓸 공간도 나누었다. 각자 한 글자씩 맡아서 색칠했는데, 색칠을 마친 아이들이 심심해했다. 그래서 여백에 그리고 싶은 것을 더 그리라고 했다. 겨우 완성된 현수막! 주무관님의 도움으로 정문 위에 간신히 걸자마자, 바람이 너무 강해서 현수막이 곧 찢어질 것 같았다. 더구나 학교 방문의 날인 내일은 하필 강풍주의보! 힘들게 매단 현수막을 다시 떼어 중간중간 구멍을 뚫어서 바람길을 만들어주었다. 드디어 학교 방문의 날, 아이들이 직접 만든 현 수막이 정문 위에 걸린 것을 보고 부모님과 마을 어르신들이 기특하다고 칭찬해주셨다. 덕분에 녀석들 어깨가 최소 5cm는 쑥 올라간 듯!

# 아랫집 윗집 사이에…

대주제 | 사회, 공동체와의 관계
소주제 | 남북한의 언어, 생활, 문화 비교

# 문제해결    # 지식정보처리    # 공동체    # 비판적사고

활동장소 교실, 컴퓨터실          활동시간 80분          활동대상 5학년

활동재료 전지, 컴퓨터, 컬러 프린터, 가위, 풀, A4용지, 사인펜, 색연필

## 활동 소개 남북한 비교&대조 설명서

아랫집(남한)과 윗집(북한)을 비교·대조하는 활동이다. 흔히 비교와 대조를 혼동하여 비교가 차이점을 찾는 일이라 생각하고 사용한다. 비교는 둘 이상의 사물을 견주어 공통점 등을 찾는 일이고, 대조는 둘 이상의 대상을 서로 맞대어 차이점을 찾는 일이다. 비교와 대조의 개념을 정확하게 알려주기 위해 남북한의 언어, 생활, 문화를 비교하는 활동을 해보았다.

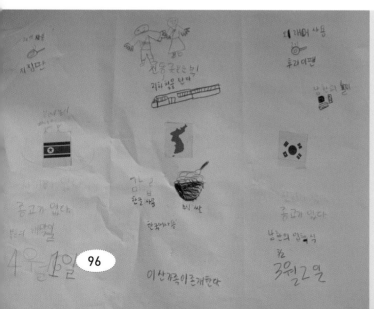

전지를 삼등분으로 접어서 각각 태극기, 한반도기, 인공기를 붙인 설명서. 태극기와 인공기가 붙은 곳에는 남북한을 대조하는 내용, 한반도기에는 남북한을 비교하는 내용을 적어서 한눈에 비교와 대조를 파악할 수 있도록 했다.

## 활동 순서 알아보기

1 인터넷으로 남북한의 공통점과 차이점을 조사해서 공책에 적는다.

2 전지를 3등분으로 접었다 편다.

3 태극기, 한반도기, 인공기를 출력해서 가위로 자른다. 태극기, 한반도
   기, 인공기를 3등분한 칸의 중심에 오도록 풀로 붙인다.

4 남한과 북한의 차이점은 각각 태극기 칸과 인공기 칸에 적거나 그리고,
   공통점은 한반도기에 적거나 그린다.

### 앗, 잠깐만!

- 학급 인원이 많다면 모둠을 나누어 언어, 문화, 음식, 기념일 등으로 나누어 조사
  한다.
- 인터넷에는 가짜 정보도 워낙 많기 때문에 통일부 북한자료센터, 통일부 북한정보
  포털, 국립국어원 등의 공식사이트에서 얻은 정보만 사용하도록 한다.
- 남북한 칸에서 대조할 내용 중 그림으로 표현한 것은 다른 칸에도 같은 색 그림으
  로 표현한다.
- 아이들이 이해하지 못하는 어려운 내용을 인터넷에서 그대로 옮겨 적지 않도록 한다.

매년 통일교육을 하지만 아이들은 얼마 지나지 않아 대부분 잊어버리고 만다. 아쉽게도 많은 학교에서 통일교육은 일회성 행사로 치르고 넘어간다. 북한을 이해하고 받아들이려면 우선 북한에 대한 많은 정보를 알고 있어야 한다. 남한과 차이점이 많지만, 공통점도 꽤 많다. 마침 국어 시간에 비교와 대조를 배우는 단원이 있어서 비교와 대조를 한눈에 이해할 수 있는 표를 하나 만들면 좋겠다고 생각했다. 비교와 대조가 무엇인지도 알고 동시에 남북한의 공통점과 차이점도 알았으면 하는 마음이다.

| 성취기준 | 학습 및 평가요소 | 학년 - 학기 - 단원 |
|---|---|---|
| • [6도02-02] 타인과의 관계 | - 다양한 갈등을 평화적으로 해결하는 것의 중요성과 방법을 알고, 평화적으로 갈등을 해결하려는 의지를 기른다.<br>- 갈등해결의 중요성과 방법 알기 | 5 - 5 |
| • [6사04-06] 정치 · 문화사 | - 6 · 25 전쟁의 원인과 과정을 이해하고, 그 피해상과 영향을 탐구한다.<br>- 6 · 25 전쟁의 피해상과 영향 탐구하기 | 5-2-2 |

**배움을 확장하는 생생 현장 스케치**

좌 선생님이 보고 설명한 사진과 아이들이 선생님 설명을 듣고 그린 작품을 비교, 대조하는 중

중 형광펜으로 통일을 표현한 작품이다. 앞서 1장 활동에서 설명한 네온사인 효과를 활용했다.

우 아이들이 그린 무궁화로 덮여가는 한반도의 모습

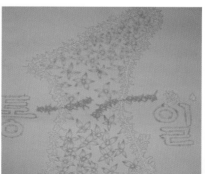

98

## 다른 교과와의 연계와 배움의 확장 "이렇게도 해보아요!"

· 영어  영어로 설명한 신체 부위별 색깔을 아이들이 그림으로 그렸다. 아이들의 그림과 선생님의 설명을 비교해보고, 아이들 작품끼리 대조하며 정답 공개! 아바타의 제이크 설리 사진을 설명했는데 아이들 그림을 보니 왠지 개구쟁이 스머프를 더 닮은 듯! 미안해요. 제이크 설리~

· 미술  통일을 나타내는 그림을 그렸다. 남북한을 가로막은 철조망을 잘라 통일을 표현했다.

· 창체  모둠별로 무궁화 20장을 색칠한 후, 북한 관련 퀴즈를 10문제씩 만든다. 모둠별로 돌아가며 문제를 내고 정답을 맞힌 팀은 무궁화 한 장을 백지도에 붙인다. 무궁화를 모두 붙이거나 문제를 가장 많이 맞힌 팀은 통일 이끄미가 되어 무궁화 지도에 제목을 붙였다.

### 응용 및 심화 활동

· 모둠별로 북한 음식을 만들어 남한의 음식과 비교 체험을 한다.
· 가요 중 한 곡을 골라 북한말로 바꾸어 휴대폰으로 촬영하고, 남북한의 언어를 대조한 자막을 넣어 학급 카페나 밴드 등의 사이트에 영상을 올린다.

### 스토리가 있는 껄껄쌤의 수업 나눔

아이들에게 북한에 대해 이것저것 물었더니 생각보다 쉽게 대답하지 못했다. 북한에 대해 들어볼 기회가 많지 않았고, 별 관심도 없었기 때문이다. 마침 국어 시간에 비교와 대조 활동이 있어서 남북한을 주제로 삼았다. 제일 쉽게 찾을 수 있는 자료는 남북한의 달라진 말이었다. 아이들은 신기한지 연신 북한 말투를 따라했다. 통일과 관련된 노래 제목을 활동명으로 붙이고 싶었는데 〈우리의 소원〉과 〈철망 앞에서〉만 떠올랐다. 통일과 관련된 노래가 이렇게 없었나? 아내에게 물었더니 생각지도 않은 〈아랫집 윗집 사이에〉를 말하는 게 아닌가! "아랫집 윗집 사이에 울타리는 있지만 기쁜 일 슬픈 일 모두 내 일처럼 여기고 서로서로 도와가며 형제처럼 지내자 우리는 한 겨레다 단군의 자손이다." 아! 통일 노래구나! 아랫집(남한)과 윗집(북한)을 비교&대조하는 데 딱 좋은 활동명이로구나. 〈아랫집 윗집 사이에〉는 층간소음에 관한 노래가 아니었어!

# 수학여행 관광안내도

대주제 ▶ 아름다운 우리나라　　　소주제 ▶ 미리 탐색하는 수학여행지

# 문제해결　　# 지식정보처리　　# 공동체　　# 표현력

활동장소　교실　　　　　　활동시간　120분　　　　　활동대상　5학년

활동재료　전지, 가위, 풀, 사인펜, 색연필, 네임펜, 이동식 자석칠판, 자석 4개, 컴퓨터, 프린터

## 💡활동 소개 연풍연가

수학여행지가 마침내 제주도로 정해졌다. 미리 수학여행지를 탐색하려다가 제주도를 배경으로 한 영화 〈연풍연가〉가 떠올랐다. 영화 속 여주인공의 직업은 제주도 여행 가이드여서 주인공들의 사랑 이야기와 함께 제주도의 멋진 경치도 함께 감상할 수 있다. 제주도의 지도와 사진을 활용해서 영화 속 가이드처럼 다른 사람들에게 여행 정보를 줄 수 있는 제주도 분석 자료를 만들기로 했다.

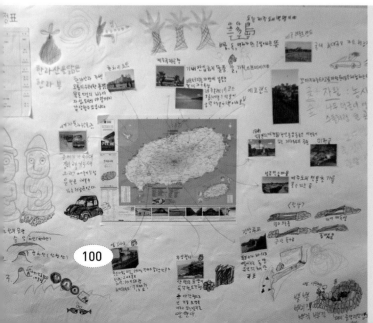

제주도 수학여행을 앞두고 아이들이 직접 만든 안내지도! 수학여행지의 위치는 물론 어떤 활동을 할 수 있는지도 한눈에 알아볼 수 있어서 만든 아이들도 뿌듯해하던 자료이다.

## 활동 순서 알아보기

1 수학여행 일정표를 출력하여 검색해야 할 정보를 탐색한다.

2 인터넷에서 필요한 정보를 찾아 공책에 기록하고 한글파일에 표를 만들어 수학여행지 사진을 한 장씩 담는다.

3 제주관광정보 누리집(VISIT JEJU)에서 지도를 내려받아 A3나 B4용지에 출력한다.

4 한글파일에 옮긴 수학여행지 사진을 출력해서 가위로 오린다.

5 전지 중앙에 지도를 붙이고, 수학여행지를 찾아 네임펜으로 표시한다. 알맞은 사진을 찾아 화살표로 연결하고, 수학여행지 명칭과 간단한 설명을 적는다.

6 수학여행 정보를 쓰고 남은 빈 공간에는 제주도의 여러 정보를 추가로 쓰거나 그려 넣는다.

7 만든 자료는 자석으로 칠판에 고정하고 여러 사람이 볼 수 있는 장소로 옮겨서 배치한다.

### 앗, 잠깐만!

- A4용지에 지도를 출력하면 글씨가 잘 보이지 않으므로 A3용지 이상의 큰 종이를 사용한다.
- 관광지가 몰린 곳은 사진을 붙이고 쓸 공간이 부족할 수 있기 때문에 미리 사진을 배치하고 나서 시작한다.
- 사진을 붙이고 설명글을 쓸 공간이 한정되어 있으므로 실제로 가는 장소의 사진만 찾아서 출력한다.
- 학급 인원이 많으면 모둠별로 수학여행지 한 곳씩을 정해서 분석틀을 활용하여 발표 자료를 만들고 토론 과정을 거쳐 수학여행지를 선정한다.

# 교육과정-수업-평가 일체화의 기록

# 분석하기    # 수학여행    # 가이드 맵    # 제주도    # 수학여행 준비

수학여행을 가면 선생님 말에 로봇처럼 영혼 없이 움직이는 아이들도 많다. 선생님이 아무리 안내책자를 열심히 만들어줘도 심지어 어디를 다녀왔는지도 모르는 경우가 허다하다. 그래서 이번 수학여행은 아이들이 직접 정보를 찾아보고 알아봤으면 하는 마음에서 이 활동을 준비했다. 국어 시간 분석하기 활동과 사회 교과서에 나온 제주도 관련 자료를 활용하여 수학여행 자료를 직접 만들어보기로 했다. 아이들은 자신의 삶과 관련된 일에 엄청난 집중력을 보이기 때문에 실제 수학여행 일정표와 수학여행지 사진을 수업 자료로 사용했다. 교사가 떠먹여준 밥보다 자신이 직접 지어 먹은 밥이 훨씬 더 오래 기억에 남겠지?

| 성취기준 | 학습 및 평가요소 | 학년 - 학기 - 단원 |
|---|---|---|
| •[6사01-02] 장소와 지역 | - 우리 국토를 구분하는 기준들을 살펴보고, 시·도 단위 행정구역 및 주요 도시들의 위치적 특성을 파악한다.<br>- 행정구역 및 도시의 위치 파악하기 | 5-1-1 |
| •[6미02-03] 표현 | - 다양한 자료를 활용하여 아이디어와 관련된 표현 내용을 구체화할 수 있다.<br>- 자료를 활용하여 표현 내용 구체화하기 | |
| •[6국01-05] 듣기·말하기 | - 매체 자료를 활용하여 내용을 효과적으로 발표한다.<br>- 매체를 활용하여 발표하기 | 6-2-4 |

## 배움을 확장하는 생생 현장 스케치

좌  아이들이 직접 만든 제주도 수학여행 안내책자

우  빈 병과 발대, 못 쓰는 빨래집게 등 재활용품을 활용하여 아이들이 만든 사슴벌레

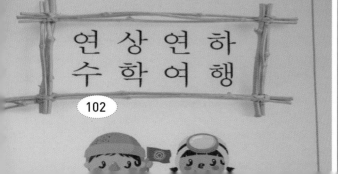

- **창체**   수학여행지 정보를 분석한 자료를 바탕으로 아이들이 수학여행 안내책자를 만들었다.

- **과학**   곤충의 생김새를 자세히 관찰하여 부위별로 분석하고 특징을 발견해서 재활용품을 활용해 관찰한 곤충을 만들었다.

### 응용 및 심화 활동

- 학급에서 조사한 직업을 산업별로 분류하고 자신의 장래희망이 어디에 속하는지 파악한 후, 관련 종사자와의 인터뷰 자료를 만들어 실제로 인터뷰 활동을 진행한다.
- 플라스틱, 유리, 알루미늄, 종이 등 학교생활에서 발생하는 쓰레기를 모아 분류표를 만들고, 각각의 부품이 어디에 속하는지 파악하여 재활용 분류하기 활동을 실천한다.

## 스토리가 있는 껄껄쌤의 수업 나눔

5학년 국어 교과서에 나오는 분석틀을 이용하여 사회 교과서에 나온 제주도 관광지 분석 자료를 만들어보았다. 제주도를 선택한 이유는 한 달 뒤 아이들의 수학여행지였기 때문이다. 수학여행 일정표를 출력해서 보여주자 아이들은 게임을 하듯 먼저 찾은 정보를 친구에게 서로 알려주기 바빴다. 그런데 전지 중앙에 제주도 지도를 붙이자 태도가 돌변하여 이 큰 공간을 어떻게 다 채우냐며 볼멘소리를 하는 녀석들. 그래서 굳이 꽉 채울 필요는 없고, 꼭 필요한 정보만 넣어보자고 했다. 아이들이 찾은 수학여행지 사진을 출력해서 나눠주고 컴퓨터로 찾은 정보를 함께 적도록 했다. 아이들은 이렇게 적으면 혹시 국어 교과서에 있는 분석틀에 적는 것보다 더 많이 쓰는 것이 아니냐며 의문을 제기했다. 눈치 빠른 녀석들 같으니라고! 그래서 모든 정보를 옮기지 말고 요약해서 한두 줄만 쓰라고 했다. 하지만 요약하려면 더 많이 생각해야 할걸? 사진과 글을 차근차근 붙이고 쓰다 보니 어느새 모든 장소의 정보를 담은 안내판을 완성했다. 그래서 약속대로 이동식 칠판에 붙여서 형, 누나, 동생들이 볼 수 있게 붙이자고 했더니 시간을 조금만 더 달란다. 아까 다 채우기 힘들다며 투덜대던 아이들 다 어디 갔지? 갑자기 의욕을 불태우며 빈 공간에 돌하르방, 한라봉, 야자수, 화산, 정낭 등을 끝없이 그려 넣는 녀석들! 근데 얘들아, 이제 그만해도 돼! 그만하자, 그만~!!

# 모두 공감, 학교 안전표지판

**# 자기관리    # 표현력    # 문제해결    # 독창성**

활동장소 교실, 복도, 운동장    활동시간 80분    활동대상 2학년

활동재료 둥근색종이, 단면 색종이, 가위, 풀, 접착식 테이프

## 💡 활동 소개 삐뽀삐뽀 119

학교는 아이들이 친구들과 어울려 하루 대부분의 시간을 보내는 곳이다. 그러다 보니 매일 다치는 학생이 생기고, 심지어 입원까지 할 정도로 크게 다치기도 한다. 학교에서 안전교육을 하지 않아서 그런 건 아닐 텐데 왜 아이들은 별로 조심하지 않을까? 우선 학교를 한 번 둘러보자! 아이들이 다칠 만한 곳은 무수히 많다. 하지만 안전표지판은 어른들이 생각한 장소와 금지표시만 되어 있을 뿐 별다른 장치가 없다. 예측 불허의 아이들에게 예측 가능한 금지와 경고만으로는 뭔가 부족하다. 이 부족한 '틈새'를 아이들이 직접 메꿔보게 하는 건 어떨까?

아이들이 학교 곳곳의 위험요소들을 알아보고, 안전표지판의 기능을 알아본 후 제작한 '계단에서 뛰기 금지 표지판'과 '손 씻기 지시 표지판'. 어쩐지 코로나19 때문에 안전표지판의 종류가 훨씬 더 늘어날 듯!

104

## 활동 순서 알아보기

**1** 교통안전사고 표지판의 네 가지 종류(주의, 규제, 지시, 보조)를 알아본다.

**2** 모둠별로 장소를 정하여 각 장소에서 안전사고가 일어날 수 있는 위치와 물건 등을 조사한다.

**3** 표지판의 종류에 맞게 색종이를 고르고 그림을 그린다.

**4** 그리거나 자른 색종이를 표지판에 풀로 붙이고 완성된 안전표지판은 조사했던 위치에 접착식 테이프로 붙인다.

### 앗, 잠깐만!

- 표지판 안에 적당한 크기로 들어갈 수 있는지 확인하면 그림을 그린다.
- 같은 장소에서도 규제표지판과 지시표지판(예를 들어 뛰지 않기, 걸어서 가기)이 각각 나올 수 있다.
- 세밀하게 표현하고 싶으면 4절 켄트지처럼 큰 종이에 제작한다.
- 모둠별로 나눠서 교실, 복도, 운동장, 급식실에서 일어날 수 있는 안전사고를 조사하고 제작하면 쏠림 현상을 막을 수 있다.
- 조사 장소가 급식실이나 특별실이면 담당 선생님의 허락을 먼저 구한 후에 붙이도록 한다.

아이가 다치거나 아프지 않고 무럭무럭 자라는 것은 모든 부모의 소망이며, 모든 선생님들의 바람이기도 하다. 하지만 아무리 조심하고 또 조심해도 늘 순식간에 찾아오는 아찔한 사고의 순간들. 안전표지판이 있는데 왜 보지 않았냐고 야단치지 말고 다시 한 번 생각해보자. 학교 곳곳에 어른들이 만든 안전표지판이 있지만, 아이들 눈높이에 맞는 표지판은 없다. 학교에서 일어날 수 있는 안전사고 유형을 알아보고 아이들 눈높이로 만든 안전표지판을 달아보면 어떨까? 어쩌면 그 투박함 때문에 훨씬 더 눈에 잘 들어오지 않을까?

| 성취기준 | 학습 및 평가요소 | 학년 - 학기 - 단원 |
|---|---|---|
| • [4체05-01] 안전 | - 신체 활동에서 자주 발생하는 안전사고의 종류와 원인을 탐색한다.<br>- 안전사고의 종류와 원인 알기 | |
| • [4미01-02] 체험 | - 주변 대상을 탐색하여 자신의 느낌과 생각을 다양한 방법으로 나타낼 수 있다.<br>- 주변 대상을 탐색한 느낌과 생각 표현하기 | |

### 배움을 확장하는 생생 현장 스케치

좌  소방관 아저씨들과 함께 화재대피훈련을 마치고 운동장에 모여 소화기로 화재를 진압하는 모습

우  태풍이 올라오고 있다는 일기예보! 태풍이 오기 전에 힘을 합쳐 운동장에 있던 골대를 안전한 곳으로 옮기고 있는 늠름한 선배들의 모습

## 다른 교과와의 연계와 배움의 확장 "이렇게도 해보아요!"

• 창체   재난안전대피훈련이 끝난 후, 소방관 아저씨와 소방차를 보고 깜짝 놀란 아이들. 이날 소방관 아저씨들은 소방 대피 훈련과 더불어 소화기로 화재 진압하는 방법도 알려주셨다.

• 창체   태풍이 북상한다는 소식을 듣고 재난안전교육을 마친 후 학교 미니 골대를 함께 옮겼다. 동생들은 교실 창문과 문을 점검했고, 형들은 학교 시설물을 안전한 곳으로 옮겼다. 역시 안전은 예방이 중요하니까!

### 응용 및 심화 활동

• 교내 안전지도를 만들면서 위험요소가 많은 곳을 찾으면 회의 시간에 안건을 올려 함께 해결 방법을 찾는다.
• 학교 안에서 아이들끼리 직접 꾸미거나 가꿀 수 있는 공간을 찾아내어 의미 있는 활동으로 공간을 채운다.

### 스토리가 있는 껄껄쌤의 수업 나눔

교통안전표지판은 주의, 규제, 지시, 보조 네 가지 종류로 분류한다. '주의' 표지는 도로 상태가 위험하거나 도로 부근에 위험물이 있을 때 예비 동작과 조치를 취할 수 있도록 미리 도로 사용자에게 알리는 역할을 한다. '규제' 표지는 각종 제한, 금지 등 규제를 하는 경우 도로 사용자에게 이를 알리는 표지이다. '지시' 표지는 도로 통행 방법, 통행 구분 등 교통안전을 위해 필요한 지시 사항에 대해 사용자에게 알려 이를 따르도록 하며, '보조' 표지는 주의 표지, 규제 표지, 지시 표지의 주기능을 보충하여 도로 사용자에게 알리는 표지이다. 표지판의 종류를 알아보고 모둠별로 흩어져서 학교에서 위험한 곳과 위험한 물건이 있는 곳을 조사하였다. 표지판의 종류는 정하지 않고 각각 상황에 맞게 그림을 그려서 제작하도록 하였다. 복도에서 뛰지 않기, 계단 하나씩 오르기 등 기존에 있었던 안전표지판도 있었지만, 똥 누고 물 내리기, 먹기 싫은 반찬 남기지 않기, 급식 먹을 때 식판으로 앞사람 치지 않기 등 전혀 생각지도 못했던 기발한 안전표지판도 나왔다. 어른들에게는 당연했던 것들이 아이들에게는 위험한 요인이 될 수 있구나! 아이들의 안전과 눈높이를 먼저 생각하며 학교 공간을 만드는 어른들이 많아지면 좋겠다.

# 아름다운 우리 한반도

# 표현력    # 지식정보처리    # 수학적사고    # 협업

활동장소 교실          활동시간 160분          활동대상 5학년

활동재료 사회과부도, 전지, 연필, 지우개, 매직(검은색, 빨간색, 녹색, 하늘색), 붓, 수채물감, 물통, 팔레트, 산경표,
마이크, 카메라

## 💡 활동 소개  21세기 고산 김정호

'고산자'는 조선 후기의 실학자 겸 지리학자로 〈청구도〉, 〈동여도〉, 〈대동여지도〉
와 〈동여도지〉, 〈여도비지〉, 〈대동지지〉를 제작했던 김정호의 호이다. 김정호처
럼 한반도 지도를 그리면서 지도 한 장에 여러 가지 정보를 담아보는 활동을 통
해 아이들은 지도가 우리의 삶과 밀접한 관련이 있다는 것을 알게 된다. 또 지도
에서 여러 가지 유용한 정보를 파악해낼 수 있게 될 것이다. 자, 다 함께 힘을 합
쳐 21세기 고산 김정호에 도전!

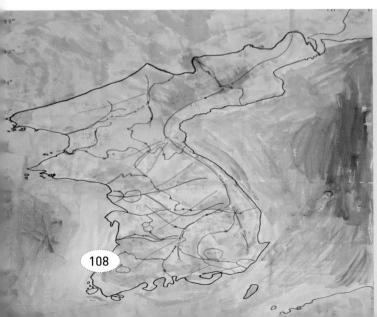

아이들이 전지에 그린 한반도 지도. 아이들이 지도를 그리면서 알게 된 것은 산과 강 이름만이 아니다. 한반도 지형, 의식주 문화, 방언, 행정구역, 한반도를 둘러싼 나라, 바다, 만과 곶, 도시와 시골, 우리 지역 등 수 많은 정보들을 함께 나누었다.

# 활동 순서 알아보기

1 사회과부도에 나온 한반도 전도를 보며 경선과 위선의 수를 센다. 전지를 세로로 길게 반을 접고, 종이를 다시 펴서 대문 접기를 하고, 그 선을 기준으로 다시 접어서 길게 4칸으로 만든다. 같은 방법으로 간격을 보아가며 접으면서 길게 8칸을 만든다.

2 7개의 줄 중 맨 끝 2줄에 맞춰 양쪽 모퉁이를 이등변삼각형으로 접는다.

3 접은 상태에서 세로선과 간격이 비슷하게 가로선을 돌돌 말아가며 10번을 접는다. 세로로 11칸, 가로로 8칸이 되었으면 사회과부도를 보며 연필로 한반도 지형을 따라 그린다. 이때 큰 도시도 함께 표시한다.

4 연필로 그린 한반도 지형을 매직으로 덧그린다. 연필로 도경계선을 그리고 빨간색 매직으로 덧그린다.

5 산경표를 보며 연필로 산과 강을 따라 그리고 산은 녹색, 강은 하늘색 매직으로 덧그린다.

6 수채물감으로 얕은 바다는 하늘색, 깊은 바다는 파란색으로, 평야지대는 연두색, 산악지대는 노랑색, 고산지대는 갈색으로 칠한다. 활동 후 지도를 그리면서 알게 된 내용을 뉴스로 만들어 발표한다.

### 앗, 잠깐만!

- 지도 위에 모든 도시, 산, 강, 섬을 표시할 수 없기 때문에 선생님과 함께 미리 표시할 것들을 정한 뒤 활동을 시작한다.
  - -산: 백두산, 묘향산, 두류산, 언진산, 낭림산, 금강산, 설악산, 태백산, 소백산, 속리산, 덕유산, 지리산, 주왕산, 토함산, 한라산 등
  - -강: 압록강, 두만강, 청천강, 대동강, 한강, 금강, 영산강, 낙동강 등
  - -섬: 마안도, 백령도, 진도, 완도, 제주도, 울릉도, 독도 등
  - -도시: 평양, 개성, 서울, 인천, 대전, 세종, 광주, 전주, 고성, 강릉, 대구, 부산, 울산, 제주, 우리 고장 등
- 지질을 기준으로 나눈 산맥은 가상의 개념이므로, 실제 한반도 지형과 비슷하게 그리고 싶다면 분수계를 기준으로 산과 강의 모습을 표현한 산경표를 참고한다.
- 사인펜은 수채물감을 사용했을 때 번질 수 있으니 유성펜이나 매직을 사용한다.

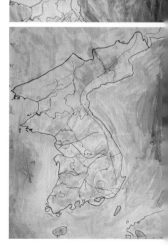

한반도 지도를 직접 그리고 칠하면서 그 지도 한 장에 담긴 많은 정보를 함께 알 수 있다. 산과 강이 도 경계선과 겹치는 것을 통해 행정구역이 자연적 요인으로 인해 나뉜다는 것을 알 수 있다. 산의 고도, 바다의 수심이 각 지역의 기후에 영향을 끼친다는 점도 함께 공부할 수 있다. 또한 강과 평야, 해안지형에 도시가 많다는 점과 지역에 따라 발달한 산업도 지형, 기후의 영향을 받는다는 것까지 한 번에 알아볼 수 있다.

| 성취기준 | 학습 및 평가요소 | 학년 - 학기 - 단원 |
|---|---|---|
| •[6사01-02]<br>장소와 지역 | - 우리 국토를 구분하는 기준들을 살펴보고, 시·도 단위 행정구역 및 주요 도시들의 위치적 특성을 파악한다.<br>- 행정구역 및 도시의 위치 파악하기 | 5-1-1 |
| •[6사01-03]<br>자연환경과<br>인간 생활 | - 우리나라의 기후 환경 및 지형 환경에서 나타나는 특성을 탐구한다.<br>- 기후 환경 및 지형 환경의 특성 탐구하기 | 5-1-1 |
| •[6미01-05]<br>체험 | - 미술 활동에 타 교과의 내용, 방법 등을 활용할 수 있다. | |
| •[6국03-03]<br>쓰기 | - 목적이나 대상에 따라 알맞은 형식과 자료를 사용하여 설명하는 글을 쓴다.<br>- 알맞은 형식과 자료를 사용하여 설명하는 글쓰기 | 5-1-3 |

### 배움을 확장하는 생생 현장 스케치

좌  4월 16일, 세월호 이야기를 나누면서 세월호가 침몰한 지점을 지도에서 찾아보고 표시한 모습

우  크기와 색깔이 다른 붙임딱지를 활용하여 인구분포도를 꾸민 모습

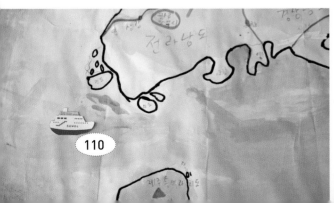

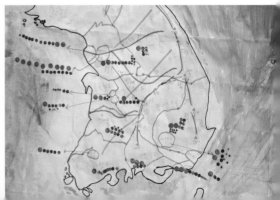

- 체육  각 지형에서 일어나기 쉬운 재해들을 알아보고, 그에 따른 대처 방법을 알아보았다.

- 사회  크기와 색깔이 다른 붙임딱지를 각각 1000만, 100만, 10만, 1만으로 정하고, 교과서에 나온 지역별 인구를 확인하며 붙임딱지를 붙여서 인구분포도를 만들었다.

- 도덕  지도를 활용하여 북한과 관련된 안내 자료를 만들고 통일 가이드북을 제작했다.

### 응용 및 심화 활동

- 지역 이름을 쓴 보드게임 판을 만들고 각자 바둑돌을 10개씩 갖는다. 주사위 수만큼 이동하는데 자신이 걸린 지역의 행정구역이 어느 도에 속하는지 맞혀야('영월'이 나오면 '강원도 영월'이라고 말해야 함) 자기 땅이 된다. 다른 사람이 자기 땅에 걸리면 바둑돌 하나를 통행세로 받는다. 모든 지역에 주인이 생기면 게임이 끝난다. 중간에 바둑돌이 떨어지면 아웃이다.
- 지도를 통해 우리 지역에 필요한 정책을 살펴보고, 군청이나 시청 누리집 게시판에 자신의 의견을 올린다.

### 스토리가 있는 껄껄쌤의 수업 나눔

아이들이 도시명은 많이 알아도 그 도시의 위치는 잘 모른다. 그래서 지형은 물론 기후, 인구, 산업, 관광, 교통, 특산물 등 여러 분야를 공부하며 활용할 커다란 지도를 함께 만들었다. 처음에는 부담스러운지 선뜻 연필을 잡지 못했다. 그래서 해안선이 복잡하고 섬이 많은 서해안과 남해안은 뒤로 미루고 압록강, 두만강, 동해안부터 그리기 시작했다. 또 모든 섬을 그릴 순 없어서 큰 섬 몇 개만 그리기로 했다. 지도 완성 후에도 도시, 산, 강, 평야 등을 표시하면서 점점 지도가 복잡해졌다. 이것 역시 모두 적는 건 무리여서 아이들과 지도를 보며 간추려 표시했다. 한 달 동안 직접 지도를 그리면서 아이들은 이름만 알던 도시가 어느 행정구역에 속하는지 알게 되었고, 그 근처에 어떤 산과 강과 평야가 있는지 척척! 시간이 갈수록 지도에 이것저것 그려 넣는 손도 빨라져 처음에 주저하던 아이들이 맞나 싶다. 이제는 오히려 지도에 어떤 정보를 더 넣을 것인지 적극적으로 의견을 말하는 아이들! 이 믿음직한 녀석들에게 통일된 한반도 지도를 물려주고 싶다!

# 청동방울 팔주령

# 표현력　　# 정교성　　# 상상력　　# 지식정보처리　　# 협응능력

활동장소 교실, 운동장　　　　활동시간 80분　　　　　활동대상 3학년

활동재료 색종이 4장, 접착식 테이프, 풀, 모래

## 💡 활동 소개　역사는 방울방울

5학년 교과서에서 한국사를 처음 다루지만, 역사라는 단어는 3학년 때 처음 등장한다. 처음부터 구석기, 신석기, 청동기, 철기 등의 딱딱한 용어를 중심으로 전달하고 설명하기보다 재미있는 활동으로 시작하여 역사도 추억도 방울방울 남겨보는 건 어떨까?

아이들이 종이와 자갈로 만든 청동방울 팔주령의 모습! 팔주령이라는 이름은 잊어버려도 청동기 시대 제사장이 가지고 있던 물건이라는 것은 잊어버리지 않을 듯!

112

· 받침 ·

1 색종이를 정사각형 네 장이 되도록 자른 다음에 자른 정사각형 색종이로 삼각주머니 접기를 한다.

2 네 모서리 중 자른 선이 있는 두 모서리만 중간 교차선까지 접는다.

3 접은 쪽은 산 접기, 접지 않은 쪽은 골짜기 접기를 해서 앞이 뾰족하고 뒤가 두개로 갈라진 모양의 유닛을 만든다. 이 과정을 반복해서 유닛 8개를 만든다.

4 색종이 날개 사이로 흰색 색종이의 뾰족한 부분을 넣고 검은색 색종이 날개 부분을 감아 마무리한다.

5 같은 방식으로 색을 교대로 사용해서 만들면 팔각형 도너츠 모양이 나온다.

6 변신할 때 걸리지 않게 바닥에 대고 꾹꾹 누른 후 종이를 옮겨가며 뾰족한 부분 여덟 개가 밖으로 나오게 한다.

7 표창 모양을 만든 후 풀칠을 하거나 접착식 테이프로 고정한다.

· 방울 ·

1 다른 색종이 한 장도 정사각형 네 장이 되도록 잘라서 삼각주머니를 접는다.

2 두 모서리를 중간선에 맞춰서 올려 접고, 뒤집어서 같은 방식으로 접는다.

3 양쪽 모서리가 중간에 올 수 있도록 접고, 뒤집어서 같은 방식으로 접는다.

4 갈라진 쪽을 아래쪽으로 오게 하고 양쪽 접은 선을 따라 90도 꺾어 접어서 주머니 안쪽으로 넣어준다.

5 입으로 풍선을 불어서 그 안에 모래를 넣고 앞서 만든 받침에 끼워 접착식 테이프로 고정한다.

 **앗, 잠깐만!**

- 받침 8장을 조립할 때 틈이 벌어지지 않게 꼭 맞춰서 접는다.
- 받침을 책상 위에 놓고 1분 정도 손바닥으로 눌러준 후에 모양을 변경한다.
- 풍선을 접고 바람을 불어넣을 때 침이 묻지 않도록 주의한다.
- 모래를 너무 많이 넣으면 소리가 나지 않을 수 있으니 조금씩 넣으면서 조절한다.
- 장난으로라도 다른 사람에게 겨누거나 던지지 않는다.
- 색종이 대신 학종이로 하면 자르는 시간과 노력을 절약할 수 있다.

5·6학년 아이들보다 역사를 더 좋아하는 3학년 아이들이 종종 있다. 5·6학년 아이들에게는 지긋지긋한 암기과목이지만, 3학년 아이들에게는 한 번도 들어보지 못한 재미있는 옛날이야기처럼 들리기 때문이다. 그렇다면 이 기회에 옛날이야기에 나오는 유물을 직접 만들면서 재미있는 역사 수업 굳히기 한 판 들어가야겠다.

| 성취기준 | 학습 및 평가요소 | 학년 - 학기 - 단원 |
|---|---|---|
| •[4사02-03] 정치·문화사 | - 옛사람들의 생활 도구나 주거 형태를 알아보고, 오늘날의 생활 모습과 비교하여 그 변화상을 탐색한다.<br>- 생활 도구 및 주거 형태 알아보기 | 3-2-2 |
| •[4미01-01] 체험 | - 자연물과 인공물을 탐색하는 데 다양한 감각을 활용할 수 있다.<br>- 다양한 감각을 활용하여 주변 탐색하기 | |

### 배움을 확장하는 생생 현장 스케치

좌  종이상자와 은박지로 만든 세형동검과 비파형동검 그리고 청동거울(다뉴경)의 모습! 다음에 다뉴경만 사용해서 원시인 얼굴 분장하기 대회를 열어도 재미있을 듯!

우  표창 사건이 있고 나서 아이들이 맘껏 던질 수 있도록 새로운 원시시대 무기를 개발해보라고 했다. 그러자 기다렸다는 듯 여러 가지 모양의 투석용품을 발명한 아이들! 근데 제발 창밖으로만 던지지 말아줄래?

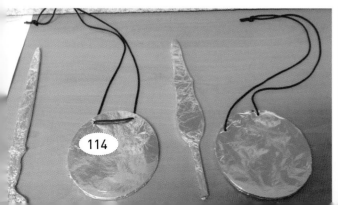

• **사회** 종이상자에 연필로 다뉴경(청동거울)과 세형동검, 비파형동검 모양을 그리고 가위로 자른 후 은박지로 감싸면 팔주령 자매품을 생산할 수 있다.

• **체육** 내가 만약 원시인이라면 어떤 무기를 만들어서 사냥을 했을까? 자유롭게 원시시대 무기를 상상하고 만든 후 던지기 활동을 했다. 창, 표창, 부메랑을 만든 아이들! 부메랑을 만든 아이들은 자기가 던진 무기에 자기가 피하느라 진땀을 흘렸다.

### 응용 및 심화 활동

• 켄트지로 주령구를 만들어서 원시시대를 주제로 게임을 한다.
• 찰흙으로 거푸집을 만들고 양초 녹인 물을 부어 비파형동검과 세형동검을 제작한다.

## 스토리가 있는 껄껄쌤의 수업 나눔

3학년이 되면 아이들은 2학년 때까지 보지 못했던 여러 종류의 교과서에 깜짝 놀란다. 그것도 잠시, 아이들은 각 교과서에 어떤 내용이 있는지 살펴보는데 글은 읽지 않고 그림이나 사진으로 수업 시간에 어떤 활동을 할 것인지 대충 훑는다. 그러다가 제미있는 내용이나 흥미로운 사진이 있으면 바로 친구들에게 알려주고 싶어서 견디지 못한다. 팔주령도 아이들이 책을 넘기다가 표창이 있다고 이야기를 꺼냈다. 아이들에게 표창은 일본 닌자들이 사용하던 것이고, 이건 무기도 아니라고 알려주며 여러 가지 모양의 청동방울을 보여주었다. 마침 아이들의 학기초 설문에서 종이접기를 많이 하고 싶다는 의견도 있고 해서 컵받침 접기과 공 접기를 활용해서 팔주령을 직접 만들어보자고 했다. 아직 손이 야물지 못한 아이들이 많아서 모둠별로 도우미를 두어 천천히 제작했다. 다른 종이접기와 달리 8장씩 접어야 하는 컵받침 접기는 아이들에게 숫자 8이 굉장히 큰 숫자라는 것을 깨닫게 해주었다. 비록 만드는 과정은 어려워했지만, 아이들은 완성한 작품을 소중히 안고 교실을 나갔다. 뿌듯한 마음으로 배움을 나갔는데 복도에 날아다니는 미확인 비행물체 발견! 얘들아, 선생님이 이거 표창 아니라고 했잖아! 어쩔 수 없이 3학년은 3학년!

# 나는 조선의 야경꾼이다!

# 자기관리    # 표현력    # 지식정보처리    # 문제해결

활동장소 교실              활동시간 80분              활동대상 3학년

활동재료 발광풍선, 포스트잇, 접착식 테이프, 노끈, 나무젓가락, 가위, 그릇

 **활동 소개** 슬기로운 야행생활

휴대폰이나 플래시가 없었던 조선시대 사람들은 칠흑처럼 어둡고 캄캄한 밤에 어떻게 다녔을까? 횃불? 촛불? 우리 생각보다 훨씬 지혜롭고 슬기로운 조상들의 일상을 지금부터 파헤쳐보자!

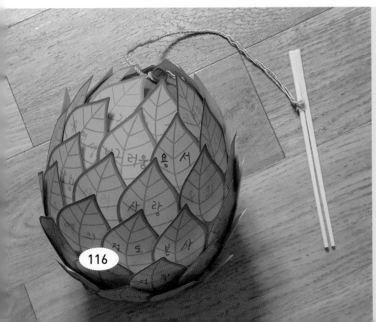

조족등은 발밑을 비추는 등이라는 뜻으로, 조선시대 귀인이 밤길을 가거나, 포도청의 순라꾼들이 야경을 돌 때 사용했다. 원래는 촛불을 사용했지만 안전 문제가 있어서 발광풍선으로 만들었다. 하지만 오히려 옛날과 오늘날의 생활 모습과 더불어 물품도 비교해볼 수 있어서 1석 2조!

116

## 활동 순서 알아보기

1 52가지 미덕이 적힌 쪽지를 교실 곳곳에 숨기고 보물찾기를 한다.

2 쪽지를 찾은 아이는 선생님께 와서 포스트잇을 받아 쪽지에 적힌 미덕을 따라 적고, 미덕에 대한 설명을 친구들에게 읽어준다.

3 발광풍선을 불어서 묶고 보물찾기 쪽지를 찾아낸 순서대로 포스트잇을 풍선에 돌려가며 붙인다. 묶은 쪽이 위로 오게 해서 6~8개가 하나의 줄이 된다.

4 아래쪽은 일부러 포스트잇을 붙이지 않고 공간을 남겨서 발광풍선이 보이도록 한다.

5 발광풍선의 묶은 부분을 노끈으로 다시 묶고 노끈의 다른 쪽 끝은 나무 젓가락 사이에 끼워 넣는다.

 **앗, 잠깐만!**

- 포스트잇이 풍선에서 자꾸 떨어진다면 한 줄을 완성하고 아래쪽을 접착식 테이프로 감아서 고정한다.
- 풍선이 너무 크거나 너무 작으면 포스트잇이 모자라거나 남기 때문에 적당한 크기로 불어야 한다.
- 샤프나 칼 등 부상 위험이 있는 뾰족한 물건은 모두 치운 후 활동을 시작한다.
- 풍선을 오목한 그릇 위에 올려두면 고정이 되어 포스트잇을 붙이기 편하다.
- 혹시 포스트잇이 남으면 중간중간 풍선이 보이는 곳에 끼워넣고, 포스트잇이 모자라면 아무것도 쓰지 않은 빈 포스트잇으로 아래쪽을 채운다.

교과서에 그림이 잘 나와 있어서 그런지 옛날과 오늘날 의식주를 비교하는 수업을 하면 아이들이 대답을 곧잘 한다. 그래서 꽤 잘 알고 있구나 생각하고 넘어가려다가 혹시나 싶어 의식주를 제외한 다른 것들을 물어보니 대답이 쉽게 돌아오지 않았다. 그래서 우리가 흔히 아는 조상들의 낮생활이 아닌 밤생활을 엿보면서 옛날과 오늘날의 생활 모습을 비교해 보자고 했다. 그런데 마침 상담선생님께서 미덕 보물찾기와 상품을 가져 오셔서 등 만들기 수업과 연계했다.

| 성취기준 | 학습 및 평가요소 | 학년 - 학기 - 단원 |
|---|---|---|
| •[4사02-03] 정치·문화사 | - 옛사람들의 생활 도구나 주거 형태를 알아보고, 오늘날의 생활 모습과 비교하여 그 변화상을 탐색한다.<br>- 오늘날의 생활 모습과 비교 후 변화상 탐색하기 | 3-2-2 |
| •[4도01-03] 자신과의 관계 | - 최선을 다하는 삶을 위해 정성과 인내가 필요한 이유를 탐구하고 생활 계획을 세워본다.<br>- 생활 계획 세우기 | |

### 배움을 확장하는 생생 현장 스케치

좌　어린이날 기념 체육대회에서 '미션 이어달리기'를 하면서 고쟁이 바지를 입고 주전자와 컵이 든 쟁반을 머리에 지고 달리는 모습! 주전자나 컵이 떨어지면 다시 출발점으로 돌아가야 하니 조심조심 운반할 것!

중·우　옛날의 이동수단을 수수깡으로 만들었는데 특이하게도 뗏목과 인력거를 만든 아이들! 뗏목은 한반도 지형을 볼 수 있는 영월군 한반도면 선암마을에 갔을 때 직접 타봐서 만들었고, 인력거는 선생님이 보여준 옛날 영화에 나와서 만들었단다. 내가 인력거 나오는 영화를 보여줬다고? 아, 박열!

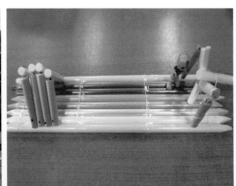

118

## 다른 교과와의 연계와 배움의 확장 "이렇게도 해보아요!"

• 체육  미션 이어달리기 코스 중 하나를 추억의 코너로 만들었다. 고쟁이 바지와 주전자와 컵이 올려진 쟁반 하나면 농촌에서 참을 들고 나르던 아낙네의 모습을 완벽히 재현할 수 있다. 단, 깔깔 웃느라 주전자를 떨어뜨릴 수 있으니 조심할 것!

• 미술  수수깡을 통나무처럼 깎아서 옛날 교통수단을 만들었다. 수수깡과 실만 제공했는데 자발적으로 종이컵과 피규어까지 찾아와서 디오라마를 만들어버리는 아이들! 조만간 단편영화 한 편 찍겠는데? 〈운수 좋은 날〉 어때?

### 응용 및 심화 활동

• 철사로 틀을 만들고 한지로 감싸서 커다란 등 작품을 만들어 복도에 전시한다.
• 작은 소원을 서로 들어주는 쪽지함을 만들어서 친구들의 소소한 소원을 듣고 해결한다. 소원을 해결한 사람은 자신의 소소한 소원을 적어서 쪽지함에 넣을 수 있다.

### 스토리가 있는 껄껄쌤의 수업 나눔

아이들은 수업을 듣기도 전에 옛날과 오늘날의 의식주를 제법 잘 파악하고 있었다. 이에 아이들에게 기습 질문을 던졌다. "옛날 사람들도 밤에 돌아다녔을까?"라는 질문에 돌아온 답은 "촛불이나 횃불을 들고 다녀요!", "달빛이 있을 때 다녀요!" 등이었다. 그래서 답을 알고 싶으면 선생님이 쉬는 시간에 숨겨놓은 미덕 쪽지 52개를 찾아보라고 했다. 미덕이 적힌 포스트잇 쪽지 하나를 찾을 때마다 선생님께 가져 와서 미덕에 해당하는 설명을 읽고 발광풍선에 붙이는 방식으로 진행했다. 보물찾기라는 말에 신이 난 녀석들은 앞에서 어떤 모양이 완성되어 가는지 전혀 눈치채지 못했다. 쪽지를 다 붙인 후 실과 젓가락을 이용해서 조족등을 완성해 보여주면서 오늘날 휴대폰을 들고 다니는 것과 달리 조선시대에는 등을 만들어서 다녔다고 알려주었다. 그러자 한 녀석이 선생님도 이런 등을 들고 다녔냐고 물어본다. 얘야! 선생님은 손전등을 들고 다녔단다. 어? 잠깐! 아이들 눈에는 내가 그 정도로 옛날 사람인 건가?

# 오방색 딱지 접기

**# 지식정보처리    # 심미적감성    # 정교성    # 협응능력**

활동장소  교실          활동시간  80분          활동대상  4학년

활동재료  색종이(빨간색 4장, 파란색 4장, 노란색 4장, 검은색 4장), A4용지 2장, 자, 연필, 가위, 네임펜

## 💡활동 소개  좌청룡, 우백호, 남주작, 북현무

우리 조상들은 5(五)라는 숫자를 참 좋아했던 것 같다. 다섯 가지 방위를 가리키는 색깔인 오방색은 물론 오곡, 오미, 오음, 오장, 오행 등 삶 곳곳에 숫자 5를 사용했다. 마침 추석을 앞두고 아이들과 다섯 가지 색깔이 어떤 의미가 담겨 있는지 함께 알아보았다!

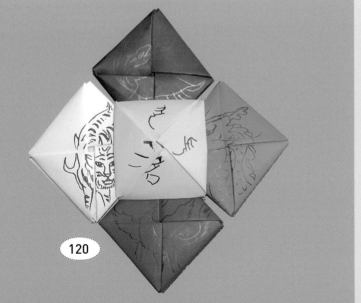

빨간색, 파란색, 흰색, 검은색, 노란색 색종이를 사용해서 방위를 나타내는 오방색 딱지를 접어서 조립했다. 모양은 딱지지만 딱지치기보다는 장식을 위한 용도로 만들었다.

## 활동 순서 알아보기

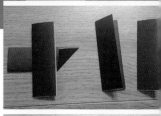

1 같은 색 색종이 4장을 모두 3등분으로 접는다.

2 색종이 한 장을 가로 방향으로 길게 놓고, 그 위에 다른 색종이 한 장을 세로 방향으로 놓고 튀어나온 부분을 삼각형으로 접는다.

3 다른 부분도 돌아가며 똑같이 접어서 딱지를 만든다.

4 딱지를 뒤로 돌려 세 번째 종이를 끼워 넣는다.

5 그 위에 네 번째 종이를 올려서 딱지 모양을 다시 한 번 접는다.

6 A4용지도 색종이 크기에 맞게 자른 후 위와 같은 방법으로 딱지를 만든다.

7 파란색 딱지에는 청룡, 흰색 딱지에는 백호, 빨간색 딱지에는 주작, 검은색 딱지에는 현무를 그리고, 노란색 딱지에는 자기 자신이나 자신의 캐릭터를 그려 넣는다. 노란 딱지의 벌어진 틈에 다른 색 딱지를 방향에 맞게 끼워 넣는다.

### 앗, 잠깐만!

- 흰색 색종이는 A4용지에 다른 색종이를 대고 잘라서 만든다.
- 딱지에 바로 네임펜으로 그려야 하기 때문에 나, 청룡, 백호, 주작, 현무를 그리지 말고 연습장에 연습한 후 딱지에 따라 그린다.
- 중앙에 자기 자신을 그리기 어렵다면 자신만의 캐릭터를 만들어서 넣는다.
- 딱지 모양을 접을 때 아래에 있는 종이부터 접는다.
- 청룡, 백호, 주작, 현무는 '◇'모양으로 놓고 그리고, 자기 자신이나 자신의 캐릭터는 'ㅁ'으로 놓고 그린다.

# 교육과정-수업-평가 일체화의 기록

# 오방색    # 딱지 접기    # 전래놀이    # 방위표

사회 시간에 방위를 배우기 시작할 무렵, 아이들은 포켓몬스터에 빠져 포켓몬 카드를 수집하고 있었다. 우리나라 고유의 캐릭터를 먼저 알면 좋으련만 미디어의 영향으로 외국 만화 캐릭터를 먼저 접한 아이들이 안타까웠다. 그래서 포켓몬보다 훨씬 오래전부터 우리나라에는 멋진 캐릭터들이 있다는 것을 알려주고 싶었다. 포켓몬 카드보다 재미있게 만들 방법을 생각하다가 조립해서 하나의 커다란 방위표가 되는 딱지 카드를 떠올렸다. 과연 아이들은 포켓몬스터의 늪에서 빠져나올 수 있을까?

| 성취기준 | 학습 및 평가요소 | 학년 - 학기 - 단원 |
|---|---|---|
| •[4사03-01] 지리인식 | - 지도의 기본요소에 대한 이해를 바탕으로 하여 우리 지역 지도에 나타난 지리 정보를 실제 생활에 활용한다.<br>- 지도의 기본요소 이해하기 | 4-1-1 |
| •[4미01-04] 체험 | - 미술을 자신의 생활과 관련지을 수 있다.<br>- 미술과 나의 생활 관련짓기 | |

### ▶ 배움을 확장하는 생생 현장 스케치

좌  이 녀석들! 공책에 기호 그리라고 하면 그렇게 질색하더니 딱지에 그리는 건 디자인이라서 재미있다냐?

우  우유갑 딱지 이후 교실에 우유가 남는 일이 사라졌다. 심지어 옆 반 친구가 마신 우유갑까지 서로 달라고 부탁하는 웃지 못할 추억까지 만들어준 활동이다.

## 다른 교과와의 연계와 배움의 확장 "이렇게도 해보아요!"

• 사회  딱지를 접어서 앞에는 명칭을 쓰고, 뒤에는 기호를 그렸다. 인원대로 딱지를 나누고 기호가 있는 지도 한 장을 골라 딱지치기를 한 후 자기가 가진 딱지의 기호대로 스티커를 붙여서 자기 영역이 많은 사람이 이긴다.

• 체육  예전에는 주로 낡은 신문이나 잡지 등 딱지를 만들 종이가 흔했는데, 요즘 학교에는 공책조차 보기 힘들다. 가장 자주 그리고 흔하게 볼 수 있는 종이 재료가 바로 우유갑! 우유갑으로 다양한 디자인의 딱지를 만들어서 딱지치기를 해보았다.

### 응용 및 심화 활동

• 여러 가지 물건으로 학교 안에서 나만의 아지트를 건설한다.
• 이야기를 활용한 보드게임을 직접 만들어 게임을 한다.

### 스토리가 있는 껄껄쌤의 수업 나눔

사회 시간에 겨우 딱지나 만든다고 요동치는 아이들! 어허, 이건 그냥 딱지가 아니니 선생님 믿고 한 번 만들어봐! 아이들이 너무 자신 있게 딱지를 접을 수 있다고 해서 내가 만든 오방색 딱지를 보여주자, 이건 왜 양쪽이 다 방석 무늬냐며 풀이나 테이프로 붙였냐고 물었다. 풀 없이 만든 딱지라고 하자 그제야 관심을 보이기 시작했다. 하지만 여전히 사회 시간에 웬 딱지냐고 줄기차게 묻는 아이들! 그 비밀은 조만간 알게 되니 조금만 참고 기다리라고 했다. 노랑, 파랑, 빨강, 하양, 검정 딱지를 접고 파랑 딱지에 용, 빨강 딱지에 호랑이를 그리라고 하자 눈치 빠른 아이들 몇몇이 오방색 딱지의 정체를 눈치챘다. 그때 좌청룡, 우백호, 남주작, 북현무, 즉 방위표에 들어갈 사신을 소개하자, 비로소 사회 시간에 딱지를 접은 이유를 알게 된 아이들. 노랑 딱지에는 자기 자신이나 자신만의 캐릭터를 그려 넣고, 딱지를 조립해서 오방신 딱지를 완성했다. 혹시 아이들이 딱지를 우리 고유의 전통놀이라 생각할까 봐 딱지는 일제강점기에 일본에서 들어온 놀이이고, 이번 시간의 목표는 방위표 문양 만들기에 있다고 강조했다. 그럼 뭐하나! 쉬는 시간에 친구의 사신을 갖겠다며 열심히 팔을 휘두르며 딱지치기에 푹 빠져버린 아이들!

# 복이 솔솔~ 복조리

# 심미적감성     # 협응능력     # 수학적사고     # 자기관리

활동장소 교실                활동시간 80분                활동대상 1학년

활동재료 색종이 다른 색으로 6장, 자, 가위, 연필, 풀, 풍선

## 💡 활동 소개  웃으면 복이 와요!

서로 다른 색의 색종이를 교차하여 알록달록하게 만든 복조리! 복은 우연히 들어
오기도 하지만, 그렇다고 우습게 여기면 어느새 쉽게 달아나기도 하는 것 알죠?
그러니까 복조리도 소중하게 다뤄주세요!

복조리는 음력 정월 초하룻날
새벽에 부엌이나 안방, 마루 따
위의 벽에 걸어놓는다. 조리는
쌀을 이는 도구로 그해의 복을
조리로 일어 얻는다는 뜻에서
걸어놓는데, 이번에 만드는 조
리는 단순한 장식용이 아니다!

124

## 활동 순서 알아보기

1 긴 직사각형 8칸이 나오도록 색종이 두 장을 접는다. 한 장은 모서리 두 개를 선에 맞춰 삼각형으로 접는다. 그 상태로 한 번 내려 접었다 펴서 자르지 말아야 할 부분이 나오도록 한다.

2 자르지 말아야 할 부분이 있는 색종이 한 장은 방금 접은 선까지만 자르고, 나머지 한 장은 접은 선대로 모두 자른다.

3 색종이의 덜 잘린 부분이 위로 가게 하고, 다 자른 색종이를 한 줄씩 교차하며 풀로 붙인다. 그 아래 들어가는 종이는 바로 전에 붙인 종이와 정반대로 교차해서 체크무늬가 나올 수 있도록 붙인다. 붙이고 남은 부분은 가위로 자른다.

4 다 붙이면 색종이 한 변의 중간에서 중심까지 가위로 자르고 색종이를 말아서 손잡이를 만들어 붙인다.

5 자른 부분을 겹쳐서 복조리를 만든다. 1-4 과정을 반복해서 복조리 두 개를 완성하여 복 옮기기 놀이를 한다.

 **앗, 잠깐만!**

- 개인별로 조금씩 변형은 가능하지만, 공정한 게임을 위해 크기가 다른 종이나 다른 재료는 사용하지 않도록 약속한다.
- 1학년이라 자로 간격을 조절하기 어렵기 때문에 색종이를 접어서 보조선을 만들어 자른다.

# 교육과정-수업-평가 일체화의 기록

#전통문양 꾸미기    #세시풍속    #전통문화    #협동

1학년 아이들은 게임은 엄청 좋아하지만, 숫자 세기처럼 기계적으로 반복하는 단조로운 활동은 싫어한다. 그래서 복조리를 활용해 이 두 가지를 하나의 프로젝트로 만들면 마치 게임하는 느낌으로 수를 셀 수 있겠다고 생각했다. 게임에서 이기는 방법은 딱 하나! 친구를 배려하는 방법뿐이다!

| 성취기준 | 학습 및 평가요소 | 학년 - 학기 - 단원 |
|---|---|---|
| •[2즐07-01]<br>나라 | - 우리나라의 상징을 여러 가지 방법으로 표현한다.<br>- 우리나라 상징 표현하기 | 겨울1-2-1 |
| •[2수01-03]<br>수와 연산 | - 네 자리 이하의 수의 범위에서 수의 계열을 이해하고, 수의 크기를 비교할 수 있다. | 1-2-1 |

### 배움을 확장하는 생생 현장 스케치

좌  분교에 홀로 입학한 1학년 학생! 혼자라서 걱정이 많았는데 똑똑한 친구라 만들기도 잘하고, 그림도 잘 그렸다. 내가 생각했던 것보다 훨씬 완성도 높은 가방 완성! 엇, 그런데 멋진 가방끈은 어디서 났을까? 알고 보니 옆자리에서 공부하는 언니가 가방끈 할 만한 재료가 어디 있는지 알려주었단다. 1학년이 한 명이라 혼자라고 생각했는데, 이제 보니 혼자가 아니었구나!

우  1학년 아이들과 탈 만드는 것은 생각보다 어렵다. 얼굴 크기를 잘 맞추지 못하거나 눈의 위치를 잘못 잡아서 한쪽이 보이지 않기도 한다. 그래서 1학년 아이들과 탈을 만들 때는 기성 탈 모형을 사용한다. 제발 가오나시만 그리지 말아다오!

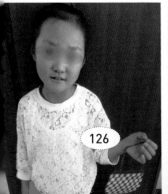

• 가을   가을의 모습과 느낌을 창의적으로 표현한 문양 가방을 만들었다. 가을과 어울리는 색깔을 찾아서 체크무늬로 만들고 가방 모양으로 잘라서 끈도 달았다.

• 가을   추석 전 여러 가지 민속놀이를 하던 중 탈춤에도 도전했다. 흰 가면에 색칠을 하고 고무줄로 머리끈을 만들어 머리에 딱 맞는 탈을 만들었다.

## 응용 및 심화 활동

• 선생님이 보여주는 재료만 가지고 어떻게 하는 놀이인지 추측해보고, 놀이 방법을 찾아서 직접 전통놀이를 한다.

## 스토리가 있는 껄껄쌤의 수업 나눔

1학년 아이들 중에는 가위질이 서툰 아이가 많아서 종이를 접어서 자를 선을 만들어주어야 한다. 그렇지 않다면 조립하기도 전에 여기저기서 선생님을 찾는 구원 요청이 들어올 것이다. 자른 다음에도 마구 놓지 말고 자른 순서대로 책상에 두어야 한다. 이런 점들을 미리 말해두고 색종이를 접어서 가위로 잘랐다. 접고, 자르고, 붙이면 되는 간단한 활동이라 생각하기 쉽지만 1학년 아이들에게는 시간과 집중력이 꽤 필요한 활동이다. 막상 붙이고 나서 모양이 이상하다고 해서 모든 색종이를 잘라서 조각을 내기도 했고, 위아래 번갈아 가며 붙이는 순서를 이해하지 못해서 모든 조각을 똑같이 붙여놓기도 했다. 이렇게 복조리 두 개를 만드는 이유는 복 옮기기(풍선 옮기기) 놀이를 할 때에도 복조리 하나로는 잘 옮기지 못하기 때문이다. 복조리를 두 개나 만드느라 게임을 많이 하지 못했다고 해서 창체 시간에 한 번 더 하자고 했더니 원성이 잦아들었다. 한 시간 내내 뛰고 쉬는 시간이 되자 아이가 자신에게 좋은 생각이 있다며 찾아왔다. 다음에는 복조리로 풍선을 들고 이어달리기도 하고, 복조리로 풍선 오래 들고 있기도 하고 싶단다. 근데 있잖아… 오늘은 운동회날이 아니란다!

# 밤을 걷는 장승들

대주제 ▶ 아름다운 우리 문화    소주제 ▶ 과학 시간에 배운 물질들을 이용한 장승 만들기

#상상력    #심미적감성    #표현력    #과학적사고

활동장소 교실    활동시간 160분    활동대상 3학년

활동재료 여러 가지 물체(클레이, 옷핀, 클립, 스펀지, 스티로폼), 안대(또는 수건이나 모자)

## 활동 소개 으악, 도깨비다!

3학년 국어 교과서에 나오는 이야기 〈으악, 도깨비다!〉를 중심으로 프로젝트를 구성하였다. 단순히 읽고 문제를 푸는 것에서 그치지 않고 이야기의 주요 등장 인물인 장승도 만들고, 신체표현 활동으로 이어질 수 있도록 하였다.

과학 시간에 아이들이 다양한 물질의 재료로 국어 교과서 〈으악, 도깨비다!〉에 나오는 장승을 만들었다. 여러 가지 물질의 성질을 파악하여 나만의 장승을 만들었다. 아이들이 만든 장승이라 그런지 무섭지 않고 오히려 귀여워 보인다.

## 활동 순서 알아보기

1 제비뽑기로 세 명을 뽑아서 〈으악, 도깨비다!〉 이야기 속 등장인물을 정한다. 친구들의 질문을 듣고 인터뷰하는 방식으로 진행한다. 제비뽑기를 여러 번 해서 질문과 답변이 충분히 오갈 수 있도록 한다.

2 학교에서 구할 수 있는 여러 가지 물질로 나만의 장승을 만든다. 장승을 만든 후에는 표에 작가, 제목, 사용한 물질을 써서 친구들의 작품과 비교할 수 있도록 한다.

3 자진모리장단에 맞추어 〈꼭꼭 숨어라〉 노래와 손뼉치기를 연습한다.

4 술래인 장승 한 명이 도둑들을 찾아다니는 활동으로, 일단 장승은 앞이 보이지 않게 안대를 한다. 선생님이 형광등을 끄면 밤이 되어 장승만 주변을 더듬어가며 움직일 수 있고, 불을 켜면 낮이 되므로 장승은 멈추고 사람들만 다시 도망가서 숨을 수 있다.

### 앗, 잠깐만!

• 칼이나 송곳 등 부상 위험이 있는 물건은 만들기 재료로 사용하지 않는다.
• 놀이할 때 안대가 없으면 수건이나 모자로 장승의 눈을 가려야 한다.

3학년 국어 교과서 첫 단원에 나온 도깨비 내용이 너무 강렬했는지 아이들은 며칠 동안 장승과 도깨비 이야기만 했다. 문제는 다른 수업 시간에도 계속 그 이야기만 한다는 것! 그래서 아이들의 관심사를 그대로 반영해서 과학 시간에 여러 가지 물질로 장난감 만들기를 아예 나만의 장승 만들기로, 체육 시간 창의적인 움직임 표현도 장승이 움직이는 것처럼 해서 술래잡기로 하면 어떨까 하는 생각이 들었다.

| 성취기준 | 학습 및 평가요소 | 학년 - 학기 - 단원 |
|---|---|---|
| •[4국02-03] 읽기 | - 글에서 낱말의 의미나 생략된 내용을 짐작한다.<br>- 낱말의 의미 짐작하기 | 3-1-9 |
| •[4과01-04] 물질의 성질 | - 여러 가지 물질을 선택하여 다양한 물체를 설계하고 장단점을 토의할 수 있다.<br>- 물체 설계하기 | 3-1-2 |
| •[4음03-02] 생활화 | - 음악을 놀이에 활용해보고 느낌을 발표한다.<br>- 음악 놀이 후 느낌 나타내기 | |
| •[4체04-02] 표현 | - 느낌이나 생각을 창의적인 움직임으로 표현하는 데 적합한 기본 동작을 다양한 표현 상황에 적용한다.<br>- 움직임 표현의 기본동작 표현 | |

### 배움을 확장하는 생생 현장 스케치

좌 종이, 나무, 플라스틱 등 아이들이 가져온 생활 속 다양한 물질은 생각보다 많지 않았다. 그렇지만 그 적은 재료만으로도 아이들은 자신만의 재미난 필통을 만들어냈다.

우 별로 재미없을 것 같았는데, 막상 해보니 3학년 아이들에게 선풍적인 인기를 끌었던 빙고 놀이. 자신의 생각을 마음껏 발표하면서 정답을 맞히는 재미도 있기 때문이다. 교과서에 있는 내용을 미리 살펴볼 때 활용하기 좋다.

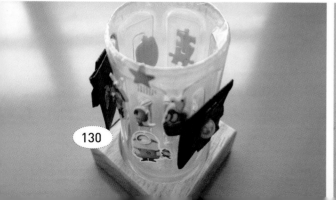

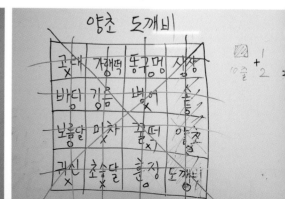

## 다른 교과와의 연계와 배움의 확장 "이렇게도 해보아요!"

• 과학  여러 가지 물질의 재료를 이용해 나만의 필통을 만들었다.


• 국어  책을 읽기 전 '낱말 빙고 놀이'로 이야기에 포함된 낱말과 그렇지 않은 낱말을 찾아보는 활
동. 아이들이 빙고판을 보고 이 낱말이 들어있을지 생각하며 각각의 단어에 O, X표시를 한다. 낱
말이 들어있는지 또는 아닌지를 맞추면 낱말 1개당 1점, 줄로는 2점이 된다. 최고점은 36점!


**응용 및 심화 활동**
• 여러 가지 물건으로 학교 안에 나만의 아지트를 건설한다.
• 이야기를 활용한 보드게임을 직접 만들어 게임을 한다.


## 스토리가 있는 껄껄쌤의 수업 나눔

3학년은 배우는 과목도 많아지고 수업 시간도 늘어나서 아이들이 힘들어하기도 하지만 그만큼 다양한 활동을 연
계할 수 있어서 좋아하기도 한다. 국어 교과서에 나온 〈으악, 도깨비다!〉를 읽고 등장인물 세 명을 제비로 뽑
아 묻고 답하기 활동을 했다. 짧은 시간에 능청맞게 대답하는 아이들의 모습에 웃음이 절로 나왔다. 국어 시간
이 끝나고 쉬는 시간 그리고 다음 수업 시간에도 아이들은 온통 도깨비 이야기만 했다. 과학 시간 여러 가지 물
질로 나만의 장난감 만들기 활동이 있었는데, 갑자기 아이들이 장난감 대신 장승을 만들면 안 되냐고 물었다.
가끔은 이렇게 아이들이 주도한 프로젝트를 진행하기도 하는데, 역시나 의욕이 하늘을 찌른다. 그 기세를 몰아
자진모리장단에 맞춰 〈꼭꼭 숨어라〉를 불렀다. 체육 시간에 숨바꼭질을 하면서 부르면 좋을 것 같았기 때문이
다. 체육시간 술래가 눈을 가리고 교실 곳곳에 숨은 친구들을 찾는 활동을 장승과 도둑놀이로 바꿔보았다. 장승
은 선생님이 교실 불을 끈 밤에만 움직일 수 있고, 불이 켜진 낮에는 도둑만 도망 다닐 수 있다. 장승은 앞이 보
이지 않게 안대를 하고 도둑들이 알아볼 수 있게 삿갓까지 쓴 채 주변을 더듬어가며 도둑을 찾는다. 장승이 도
둑을 찾으면 도둑이 술래가 되어 장승 역할을 하고 장승이었던 아이는 도둑이 된다. 자기도 장승을 해보고 싶다
는 아이들의 요구가 빗발쳐 쉬는 시간에도 하고, 점심시간에도 하고 심지어 학년 끝나기 전까지 몇 번이나 더
시간을 따로 내서 해야 할 정도였다. 얘들아! 너무 열공하는 거 아니니? 좀 쉬엄쉬엄 하렴!

# 얼쑤, 봉산탈춤 한마당

# 심미적감성   # 정교성   # 표현력   # 지식정보처리

활동장소 교실        활동시간 80분        활동대상 3학년

활동재료 풍선, 신문지, 밀가루, 냄비, 수조 2개, 아크릴물감, 붓

## 💡 활동 소개  27개 탈 중에서 나의 원픽은?

3학년 음악 교과서에 봉산탈춤이 나왔다. 바로 춤을 배우기 전에 일단 풍선을 이용해서 탈을 만들면서 서로 이야기를 들어보는 건 어떨까? 봉산탈춤에 나오는 27개의 탈 중에 아이들은 마음속으로 어떤 탈을 골랐을까? 그 이유도 한 번 들어보자!

봉산탈춤에 나오는 27개의 탈 중에 아이들에게 가장 인기가 많았던 탈의 주인공은 바로 '취발이'였다. 참 일관성 있다. 평소에도 그렇게 노는 걸 좋아하더니, 탈춤 출 때도 역시나 진정한 놀이꾼을 고르는구나!

132

## 활동 순서 알아보기

1 종이컵으로 밀가루 2컵, 물 5컵을 넣고 중불로 계속 저어서 스프처럼 점성이 생길 때까지 끓여서 식힌다. 다 식은 후에 반찬통에 넣어 냉장고에 보관한다.

2 신문지를 찢어서 물이 담긴 수조에 넣어 30분간 담근다. 신문지를 꺼내 물기를 짜서 다른 수조에 담고, 물이 있던 대야에 다시 신문지를 손바닥 크기로 잘라서 담근다.

3 자기 얼굴 크기로 풍선을 불어서 묶고 눈과 입 부분을 매직으로 표시한 후, 물이 담긴 수조에 있던 신문지로 반을 덮는다.

4 물기를 짜서 담아둔 밀가루 풀과 신문지를 섞어서 종이죽을 만든다.

5 종이죽으로 아까 신문을 붙인 위에 가면 모양을 만들고, 이틀 정도 말린다.

6 종이죽 위에 아크릴물감으로 칠하여 가면을 완성한다.

### 앗, 잠깐만!

- 밀가루 풀을 끓여서 식힌 후에 냉장고에 넣어두면 화상 위험을 예방할 수 있다.
- 밀가루 풀을 만들 때 뜨거운 물에 밀가루를 풀면 뭉치기 때문에 찬물에 밀가루를 넣어서 풀고 난 후에 끓인다.
- 밀가루 풀을 만들 때에는 중불로 가열해서 계속 저어주어야 한다. 그렇지 않으면 덩어리가 생기는데, 만약 덩어리가 생기면 숟가락으로 으깬다.
- 풍선에 종이죽을 바를 때 움직이지 않게 네모난 상자 위에 풍선을 둔다.
- 종이죽에 수채화 물감을 칠하면 신문의 어두운 색깔이 그대로 드러나기 때문에 아크릴물감을 사용한다.
- 아크릴물감은 금방 마르기 때문에 바로 가면에 짜서 칠하거나 종이컵에 물을 살짝만 타서 빨리 칠해야 한다.

시간이 많아서 봉산탈춤 영상도 다 보고, 그중에 원하는 인물을 연습해서 발표하면 좋겠지만, 실제로는 시간 문제나 역량의 문제로 그렇게까지 하기는 쉽지 않다. 탈춤은 영상으로 제공된 부분을 사용하지만, 탈 만큼은 자기가 원하는 것을 골랐으면 했다. 그래서 봉산탈춤에 등장하는 27개의 탈 중에 하나를 골라 직접 만들어보기로 했다. 밀가루풀과 신문으로 만드는 거라 얼마든지 변형할 수 있어 특징만 잘 관찰한다면 그럴듯한 작품이 탄생할 듯!

| 성취기준 | 학습 및 평가요소 | 학년 - 학기 - 단원 |
|---|---|---|
| •[4미02-05] 표현 | - 조형 요소(점, 선, 면, 형·형태, 색, 질감, 양감 등)의 특징을 탐색하고, 표현 의도에 적합하게 적용할 수 있다.<br>- 조형요소 적용하기 | |
| •[4음03-02] 생활화 | - 음악을 놀이에 활용해보고 느낌을 발표한다.<br>- 음악 놀이 후 느낌 나타내기 | |

### 배움을 확장하는 생생 현장 스케치

좌  사진 속 종이 슬리퍼 말고도 끈처럼 꼬아서 바구니를 만들기도 하고, 햇빛을 막을 수 있는 모자도 만들었다. 어? 이거 모아보니 거의 갑옷 입은 기사도 만들 수 있겠는데? 아이들도 나와 같은 생각이었는지 신문지로 만든 물건을 모아서 한 아이가 모두 착용했는데 이럴 수가…이건 기사가 아니라 왕자잖아! 봉투 왕자!

우  몸으로 표현하기를 꺼리는 아이가 있어서 신문을 소품으로 사용해도 된다고 했더니 한 녀석이 미스코리아봉을 만들었다. 표현 활동이 어려운 사람만 신문을 쓰라고 했거늘, 누가 오두방정 아이템까지 창작하라고 했더냐!

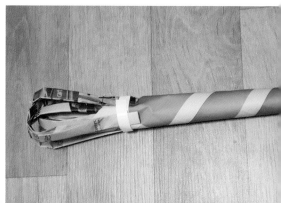

• 도덕 아껴쓰기 단원에서 '아나바다 운동'이 나올 때, 다른 건물로 이동하면서 실내화에 흙이 묻지 않도록 하는 용도로 신문지를 재활용해서 종이 슬리퍼를 만들었다.

• 체육 도구를 사용해서 표현하는 활동을 할 때 신문을 활용했다. 신문은 크기도 하고, 여러 모양으로 변형이 가능해서 머리카락은 물론, 수염, 옷, 지팡이 등 원하는 물건을 쉽게 표현할 수 있다.

### 응용 및 심화 활동

• 신문지를 이용해 교실을 방탈출카페처럼 꾸미고, 추리 활동을 한다.
• 신문지를 색종이처럼 정사각형으로 잘라서 건담처럼 대형 작품을 만들어 교내에 전시한다.

## 스토리가 있는 껄껄쌤의 수업 나눔

"선생님! 미술 시간에 뭐 할 거예요?"

주간학습안내에 써주어도 한결같이 꼭 물어보는 아이들! 미술과 음악을 같이 하는 날이 거의 없어서 이상하다고 느꼈는지 돌아가며 질문을 해서 신문으로 가면을 만든다고 했더니 벌써 떠들썩하다. 미술 시간에 가면을 만들어 음악 시간에 활용하려는 선생님의 의도는 생각하지도 않고 동물 가면 만들자고 하는 아이, 가면 만들기 어렵다면서 다른 거 하자는 아이, 신문지로 모자는 만들어봤는데 가면은 처음 본다며 믿지 못하겠다는 아이까지 넘치는 질문에 교실은 시끌벅적했다. 아침에 과학실에서 가져온 수조에 물을 받고 신문지를 잘라 담가 두었다. 신문지는 미술 시간에 꺼내서 물을 짜고 다른 수조에 넣으면 되는데 문제는 밀가루 풀! 3학년 아이들이 밀가루 풀을 직접 만드는 건 어렵고 위험하다고 생각해서 내가 집에서 미리 만들어서 식힌 후, 반찬통에 넣어 냉장실에 보관했다가 가져 왔다. 물을 짠 신문지와 밀가루 풀을 섞어서 종이죽을 완성하고 얼굴 크기만큼 풍선을 불어서 눈과 입 부분만 빼고 골고루 덮어서 기본형을 만들었다. 그 이후 눈썹, 코, 턱 등 강조할 부분에 종이죽을 더 붙여서 말렸다가 아크릴물감으로 색칠했다. 근데 얘들아, 탈춤에 들어갈 소품인데 너무 무섭게 만들진 말자! 꿈에 나올라!

# 발해를 꿈꾸며

**대주제** 아름다운 우리 문화    **소주제** 수막새를 직접 만들고 기능과 특징을 이해한다

#심미적감성    #과학적사고    #독창성    #지식정보처리

활동장소 교실            활동시간 80분            활동대상 5학년

활동재료 컴퓨터, 프린터, A4용지, 색연필 또는 사인펜, 종이접시, 풀, 가위

 **활동 소개** 수막새 꾸미기

5학년 사회 시간, 고구려와 발해의 수막새를 비교하는 활동이 있다. 수막새가 어떤 것이고, 그 기능은 무엇인지 알아본 후에 두 나라의 수막새의 특징을 담아 나만의 수막새를 만들어보자! 모양은 서로 다르지만 우리는 모두 하나!

수막새는 단순히 기능적인 측면뿐만 아니라 미적 요소도 고려해서 만들어졌다. 고구려와 발해의 수막새는 그 모양이 조금 달라도 둘 다 방사형 연꽃무늬로 만들어졌다는 공통점이 있다. 방사형 무늬를 직접 그리는 게 어렵다면 현대문명의 힘을 조금 빌려서 만들어보는 건 어떨까?

136

## 활동 순서 알아보기

1 메디방 프로그램을 깔고 브러시 창에서 제일 처음에 있는 구름 모양을 눌러 브러시 추가(클라우드)를 한다.

2 검색창에 '테두리 회전대칭'이라 쓰고 검색하면 두 가지 버전이 나온다. 둘 중에서 원하는 것으로 선택한다.

3 색깔을 선택하고 화면의 중간에서 마우스를 클릭하여 선을 그린다.

4 종이에 출력하여 각자 색칠하고, 둥근 모양으로 잘라서 종이 접시에 붙인 다음에, 자신이 좋아하는 것들을 적는다.

 **앗, 잠깐만!**

- 비슷한 효과를 낼 수 있지만 포토샵은 유료이고, 프로크리에이트는 아이패드를 사용해야 해서 컴퓨터에서 무료로 다운받아 사용할 수 있는 메디방 프로그램을 이용했다.
- 선이 너무 많으면 채워야 하는 칸이 많아져서 색칠하기 힘들기 때문에 천천히 연습한 후에 작품을 그려본다.
- 화면 밖으로 선이 나가면 출력했을 때 잘리기 때문에 화면 안에서만 선이 그려지도록 한다. 혹시 선이 밖으로 나가면 다시 그려야 한다.

# 교육과정-수업-평가 일체화의 기록

＃발해 ＃고구려 ＃수막새 ＃남북국시대 ＃처마 ＃현대미술 ＃연꽃무늬 ＃에디방 프로그램

'통일신라'라는 단어는 적절한가? 당시 신라가 당나라와 힘을 합쳐 고구려를 무너뜨렸지만 고구려 땅에 살던 유민들은 신라에 그대로 흡수되지 않고 발해라는 새로운 나라를 세웠다. 발해가 말갈족과 함께 세운 나라라고 해서 배척하는 것은 오히려 발해의 역사를 우리 스스로 부정하는 행위이다. 고구려-백제-신라-발해의 수막새를 비교해보면서 통일신라가 아니라 신라ㆍ발해 남북국시대라는 용어가 더 어울린다는 것을 아이들에게 가르쳐주고 싶었다.

| 성취기준 | 학습 및 평가요소 | 학년 - 학기 - 단원 |
|---|---|---|
| •[6사03-02] 정치ㆍ문화사 | - 불국사와 석굴암, 미륵사 등 대표적인 문화유산을 통하여 고대 사람들이 이룩한 문화의 우수성을 탐색한다.<br>- 고대 문화유산을 통해 우리나라 문화의 우수성 탐색하기 | 5-2-1 |
| •[6미03-01] 감상 | - 우리나라 전통 미술의 특징을 현대 미술과 비교할 수 있다.<br>- 전통미술과 현대미술 비교하기 | |

### 배움을 확장하는 생생 현장 스케치

좌 고무줄을 단단히 묶어야 나염 효과가 있다고 했더니 여러 번 묶는 건 기본이고, 고무줄을 두 개, 세 개씩 이용하는 게 아닌가! 대신 고무줄 풀 때 고생 좀 할 거라고 했더니 칼로 똑 끊어버리는 똑똑한 녀석들! 역시 니들은 다 계획이 있구나?

우 육각상자에 한지를 붙여서 만든 보석함. 사각상자, 오각상자, 팔각상자도 전통무늬를 넣어 나름 멋진 보석함을 만들 수 있다. 내가 만든 보석함은 올해 아이들의 다짐을 적어 타임캡슐로 사용했다. 아이들의 보석함에는 어떤 물건들로 가득 차게 될까?

• 창체　동아리 활동에 사용할 마당놀이 의상을 직접 염색해서 만들었다. 파란색으로 염색하기 위해 쪽염색을 하였다. 인견을 고무줄로 묶어서 교염(홀치기염)을 하였다. 묶는 강도에 따라 방염 되는 수준이 다르기 때문에 극명한 효과를 볼 수 있다.

• 미술　A4용지에 한지를 붙여서 연꽃무늬 육각상자를 만들었다. 상자 안에 자신이 소중하게 여 기는 물건을 넣을 수 있도록 만든 보석함이다.

### 응용 및 심화 활동

• 색테이프를 이용해서 교실 문이나 창문에 전통문양을 만든다.
• 3D 프린터로 떡살을 만들어 떡에 문양을 찍는다.

### 스토리가 있는 껄껄쌤의 수업 나눔

수업을 준비하면서 너무 빨리 끝나는 게 아닐까 걱정했다. 프로그램만 깔면 무늬 그리는 것은 그리 어렵지 않았기 때문이다. 그래서 함께 컴퓨터실에 가서 야심차게 시작했는데 아뿔싸! 잘되지 않는 컴퓨터가 여럿이다. 어쩔 수 없이 2인 1조로 하게 되었는데, 문양 그리는 시간이 예상보다 오래 걸렸다. 이렇게 오래 걸릴 작업이 아닌데 이상해서 돌아다녀 보니 몇 번은 연습이고, 몇 번은 맘에 들지 않아서 다시 그리고 있었단다. 마음에 드는 문양이 완성되면 선생님 메일로 보내라고 했는데 이것도 말썽이었다. 내 메일주소에 언더바가 있어서 설명해주었는데, 정작 메일 보낼 때 뭔지 모르겠다는 아이들이 많아서 다시 일일이 알려주어야 했다. 메일로 받아서 일일이 출력하고 난 다음에 비로소 교실에 돌아와서야 색칠을 할 수 있었다. 색칠하는 속도도 천차만별이라 빨리하고 장난치는 녀석들이 있어서 빈칸에 좋아하는 것이나 가지고 싶은 것을 적으라고 했다. 그런데 기특하게도 '선생님'이라고 적은 아이가 있었다. 이게 웬일이래? 기특한 마음에 좋으면 말로 하지 뭘 굳이 이렇게 적었냐고 했더니, 아이가 하는 말! "작년 담임 선생님인데요?"

# 밤의 화사들

대주제 ▶ 아름다운 우리 문화    소주제 ▶ 민화에 담긴 민초들의 삶 이해하기

**# 지식정보처리    # 심미적감성    # 정교성    # 표현력**

활동장소 교실        활동시간 80분        활동대상 5학년

활동재료 화선지, 신문, 먹물, 종이컵, 붓, 아크릴물감, 휴대폰 사진 출력본, 종이 접시, 풀, 접착식 테이프,
두꺼운 도화지, 시침핀

## 💡 활동 소개  민초들의 희로애락이 담긴 민화

《밤의 화사들》은 궁궐에 있는 도화서가 아닌 저잣거리의 서화가게에 소속된 '방
외화사(方外畵師)'의 음을 차용해서 지어진 소설책 제목이다. 화원과 달리 작가
가 누구인지도 잘 모르는 경우가 많지만, 도화서 화원들의 그림과 달리 민초들
의 삶을 잘 대변해주는 그림을 그렸다. 우리도 미술을 전공하진 않았지만, 오늘
날 우리의 삶이 드러나게 민화나 한번 그려보자!

조선시대에 그려진 민화 대신
아이들이 주변에서 직접 촬영
한 사진을 활용하여 만든 현대
판 민화 부채!

## 활동 순서 알아보기

1 화선지에 종이 접시를 대고 원을 그린다. 다시 사진 위에 화선지를 두고 시침핀으로 고정한 후 사진을 따라 연필로 선을 그린다.

2 아크릴 물감이므로 어두운색으로 밑색을 칠하고, 그 위에 밝은색을 덧입히는 바림(그라데이션)을 한다.

3 세밀한 부분과 전체 배경을 칠한다.

4 처음에 연하게 그린 연필선 위로 진한 먹선을 다시 한 번 그려서 윤곽선을 또렷하게 만든다.

5 색칠한 것보다 2cm 정도 여유 있게 테두리를 자르고, 흰 테두리 부분을 뒤로 감을 수 있게 1~2cm 간격으로 다시 자른다.

6 종이 접시 뒷면에 풀을 칠해서 화선지의 흰 테두리 부분을 붙이고, 두꺼운 도화지를 여러 겹 말아서 손잡이를 붙인다.

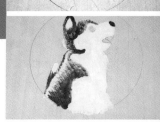

### 앗, 잠깐만!

- 처음부터 화선지에 먹선을 그리는 것은 어렵기 때문에 먼저 연필로 따라 그린 후 먹선을 칠한다.
- 복잡한 사진은 색칠하기가 어렵기 때문에 대상 한두 개만 찍은 사진을 사용하도록 한다.
- 민화물감을 사용하면 좋지만 구할 수 없다면 수채물감보다 잘 번지지 않는 아크릴물감을 사용한다.
- 아크릴물감은 금세 말라버리므로 바림(그라데이션)을 서둘러야 한다.
- 물감의 종류에 따라 밝은색을 밑색으로 칠하고 어두운색을 덧칠하는 바림이 될 수도 있다.

# 교육과정-수업-평가 일체화의 기록

# 민화    # 휴대폰 사진    # 서민문화    # 방외화사

민화에 대해 물으니 많은 아이들이 '옛날 그림'이라고 답했다. 하지만 민화는 옛날에 그려지다가 지금은 사라진 그림이 아니라 지금도 여전히 그려지고 있는 미술의 한 분야이다. 조선시대의 민화는 조선의 시대상을 담고 있듯, 현대의 민화는 지금의 분위기를 담을 수 있다고 알려주고 싶었다. 그래서 민화 도안을 다운받지 않고 아이들이 평소에 찍은 사진으로 하면 민화의 의미가 더 잘 전달될 것 같았다. 조상들이 민화를 그리면서 염원, 중요하게 생각하는 것을 그림에 담았듯 아이들도 그림에 그런 것들을 담았으면 한다.

| 성취기준 | 학습 및 평가요소 | 학년 - 학기 - 단원 |
|---|---|---|
| •[6사04-01] 정치·문화사 | - 영·정조 시기의 개혁 정치와 서민 문화의 발달을 중심으로 조선 후기 사회와 문화의 변화 모습을 탐색한다.<br>- 조선 후기 사회와 문화의 변화 모습을 탐색하기 | 5-2-2 |
| •[6미03-02] 감상 | - 미술작품이 시대적 배경과 관련된다는 것을 이해할 수 있다. | |

### 배움을 확장하는 생생 현장 스케치

좌 웬일로 이렇게 조용하게 칠하고 있지? 10칸 보석함 뚜껑에 있는 민화를 꼼꼼하게 칠하는 모습에 칭찬했더니 마당놀이 끝나고 보석함을 달라며 흑심을 드러내는 녀석!

우 연필로 연하게 먼저 글자를 그린 후에 그 안을 다양한 볼펜으로 채워 넣었다. 바로 그리지 말고 먼저 연습장에 여러 가지 무늬를 연습한 후에 그린다. 동그란무늬, 물결무늬, 부채무늬, 넝쿨무늬 등 나만의 무늬가 완성되면 연필선 안을 채워 넣는다. 연필선을 넘어가는 부분은 그리지 않는다. 고등학교 때 내 그림을 보시더니 절에서 탱화(幀畫) 그리면 되겠다고 했던 교련 선생님이 문득 떠오른다. 교회 다닌다고 말했더니 직업과 종교는 분리해서 생각해야 한다고 했던 기억도 난다. 하지만 절이 아닌 학교에서 아이들과 다시 그리고 있을 줄은 선생님도 모르셨죠?

142

## 다른 교과와의 연계와 배움의 확장 "이렇게도 해보아요!"

• 창체   동아리 활동으로 〈능말도깨비놀이〉라는 마당놀이를 할 때, 방 안 장면을 꾸밀 소품이 필요했다. 영월에 있는 '조선민화박물관'에서 보석함을 구입해서 뚜껑에 그려진 민화를 색칠하여 소품을 만들었다.

• 미술   박물관에 있는 문자도는 한자와 그림의 조합으로 이루어진 구성이라 한글이나 알파벳으로 된 문자도를 만들어보았다.

### 응용 및 심화 활동

• 1년 동안 읽은 책을 책거리(책가도)에 그리면서 기록한다.

### 스토리가 있는 껄껄쌤의 수업 나눔

사회 시간, 조선 후기 문화를 공부하기 전에 아이들에게 민화를 그려본 적 있냐고 물었더니 선생님이 출력해준 옛날 그림을 따라 그리거나 색칠해본 경험이 있다고 답했다. 아! 이 녀석들 민화 = 옛날 그림이라고 생각하는구나! 하긴 그럴 수밖에 없는 게 초등학교에서 민화를 그릴 때 보통 조선시대 그려진 그림을 따라 그리는 정도만 하다 보니 아이들의 생각이 들어갈 틈이 없기 때문이다. 민화 자체를 모르는데 민화의 기법을 이용해서 현대 민화를 그리게 하는 것은 선생님에게도 딜레마였을 것이다. 다행히 전에 민화를 접해본 아이들이 많았기 때문에 나는 조금 더 아이디어를 보탤 수 있었다. 굳이 민화를 그리기 위해 사진을 찍지 않고 자기가 찍었던 휴대폰 사진 중에서 간단히 그릴 수 있는 사진을 골라 그려보기로 했다. 민화에서도 꽃과 새를 그린 화조도, 화초와 곤충을 그린 초충도, 채소와 과일을 그린 소과도, 책을 중심으로 문방사우를 그린 책가도, 물고기와 조개 그리고 게 등을 그린 어해도 등 주변에서 볼 수 있는 것들을 그림의 소재로 사용했다. 휴대폰이 없거나 사진을 찾기 어려운 아이들은 내 컴퓨터로 원하는 이미지를 찾아서 출력해주었다. 부엉이도 보이고, 고양이도 보이네. 좋았어! 그런데 레온은 뭐지? 아! 휴대폰 게임 브롤스타즈 캐릭터란다. 그런데 왜 너를 그리고 있니? 자기가 입은 옷이 그 캐릭터 복장이란다. 아! 복장아…

상상을 초월하는 폭염과 한파, 폭우와 폭설 등 심상치 않은 기후변화의 원인은 다름 아닌 환경오염과 깊은 관련이 있다. 코로나19가 가속화시킨 비대면 시대로의 전환은 국경 간의 경계를 더더욱 모호하게 만들고 있다. 이제 우리는 어느 한 국가의 구성원을 넘어 모두 지구에 살고 있는 세계인이며 지구인이다. 이 장은 우리가 살아가는 지구의 소중함을 깨닫고, 환경을 지키기 위한 자원의 재활용, 공동운명체로서의 세계인의 공존 방안, 세계의 이모저모를 살펴보며 다문화감수성을 키우는 등으로 배움을 확장시킬 수 있는 활동들을 디자인해보았다.

지구마을 세계시민의 품격

# 우리는 모두
# 지구 수호대!

#대자연 #세계문화 #시민의식 #재활용 #환경보호

3장

# 스케줄 쏙쏙~ 우유갑 달력

**대주제** 지구를 지키는 법    **소주제** 학교의 주요 일정을 우리 스스로 챙기자

**# 자기관리    # 문제해결    # 협업**

활동장소 교실                활동시간 80분                활동대상 4학년

활동재료 우유갑, 가위, 시트지(글루건 또는 양면테이프), 마커펜

## 💡 활동 소개  학교행사를 품은 재활용 우유갑 달력

"선생님! 오늘이 며칠이에요?", "선생님! 오늘이 무슨 요일이에요?"라는 질문은 초등학교 교실에서 흔히 들을 수 있는 질문들이다. 이렇게 매일 묻고 답하기를 반복하는 대신 매일 볼 수 있는 우유갑으로 재미있는 달력을 만들어 질문과 대답을 반복하는 수고를 줄여보는 건 어떨까? 선생님의 목은 소중하니까! 심지어 먹고 버리는 우유갑을 이용한 자원의 재활용까지 일석이조!

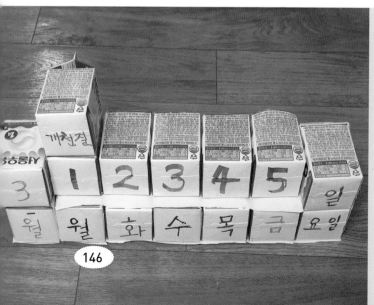

우유갑 두 개를 끼워서 만든 유 닛을 연결해서 만든 우유갑 달 력! 날짜, 요일은 물론 공휴일 과 학교 행사도 표시할 수 있어 서 나처럼 기억력이 좋지 않은 선생님에게도 유용한 학급 달 력 완성!

1 우유갑 입구를 벌려서 깨끗이 씻고 난 후 물기를 말렸다가 윗부분을 가위로 자른다.

2 우유갑 2개를 끼워서 단단한 직육면체 모양을 만든다.

3 직육면체를 1층에 7개, 2층 양 끝에 2개 배치하고 시트지로 아래쪽과 옆쪽을 고정한다.

4 우유갑을 뒤로 눕혀 한쪽만 고정한다.

5 왼쪽 2층에는 달, 오른쪽 2층에는 일과 요일을 적는다. 1층 5개에는 각각 월, 화, 수, 목, 금을 적는다. 직육면체를 더 만들어서 한쪽에는 빨간색, 다른 쪽에는 검은색으로 같은 숫자를 적는다. 빨간 숫자는 공휴일에 사용한다. 자르지 않은 우유갑은 국경일이나 학교행사를 넣어 날짜 위에 표시한다.

### 앗, 잠깐만!

• 우유를 마시고 바로 2~3차례 물로 씻은 후 바람이 잘 드는 곳에서 2일 정도 말린 우유갑을 사용한다.

• 우유갑이 찌그러지는 것을 막으려면 우유갑 사이에 신문지를 구겨서 넣는다.

• 시트지를 구하기 어렵다면 글루건이나 양면테이프를 사용한다.

교직 경력 10년이 넘는 동안 유독 3학년과 인연이 없었다. 어렴풋이 3학년 정도면 날짜나 시간 개념이 잘 잡혀있을 줄 알았다. 그런데 3학년 아이들도 1·2학년처럼 매번 날짜와 요일을 물어보는 건 마찬가지였다. 교실에 달력이 있어도 물어보는 건 매한가지! 그래서 날짜와 요일 그리고 학교행사가 담긴 달력을 만들어 아이들과 공유하고 싶었다. 이건 아이들만을 위한 활동은 아니다. 다이어리에 적어두고 깜빡하기 일쑤인 나를 위한 달력이기도 하다.

| 성취기준 | 학습 및 평가요소 | 학년 - 학기 - 단원 |
|---|---|---|
| •[4도01-02] 자신과의 관계 | - 시간과 물건의 소중함을 알고 자신이 시간과 물건을 아껴 쓰고 있는지 반성해보며 그 모범 사례를 따라 습관화한다.<br>- 시간과 물건의 소중함 알기 | 3-4 |
| •[4미01-04] 체험 | - 미술을 자신의 생활과 관련지을 수 있다.<br>- 미술과 나의 생활 관련짓기 | |

### 배움을 확장하는 생생 현장 스케치

좌 어른들에게 만의 자리, 억의 자리 등 자릿값의 이동은 별것 아니지만, 아이들에게는 블랙홀 같은 단원이다. 자릿값을 이동할 때 생기는 여러 문제를 직접 눈으로 보며 해결할 수 있도록 제작한 계산기이다.

우 5분이면 만드는 법을 배우고 바로 딱지치기 활동을 할 수 있다. 우유는 하루에 하나만 마실 수 있어서 또는 우유를 마시지 않아서 금방 끝날 거라고? 천만의 말씀! 아이들은 체육 시간이 그렇게 빨리 끝나는 걸 바라지 않는다. 딱지가 없는 친구에게 빌려주기도 하고, 어떤 때는 게임을 하고 싶어서 그냥 주기도 한다. 한 번 만들면 쉬는 시간까지 땀을 뻘뻘 흘리며 딱지치기에 몰두하는 아이들의 모습을 볼 수 있다. 단, 아래층에 피해를 줄 수 있으므로 1층에 위치한 교실이나 체육관, 운동장에서 할 것을 권한다.

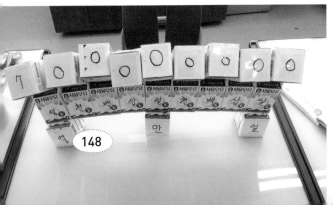

148

## 다른 교과와의 연계와 배움의 확장 "이렇게도 해보아요!"

• **수학**  우유갑 바닥에 양면테이프로 코팅지를 붙여 숫자를 쓰고, 지울 수 있다. 또 넣었다 뺄 수 있어서 자리 이동도 가능하다. 아이들이 어려워하는 천의 자리에서 만의 자리 사이, 천만의 자리와 억의 자리 사이 자릿값을 이동할 때마다 10배 차이가 난다는 것을 확인하기 위해 제작했다.

• **체육**  교실에 가장 흔한 만들기 재료는 바로 우유갑. 매일 제공되는 우유갑은 화수분에서 튀어 나오는 재료와 같다. 신나게 전신운동을 할 수 있는 우유갑 딱지를 접어보자! 우유갑으로 딱지를 만들기 위해 아이들이 평소에는 남아돌던 우유까지 싹 다 마셔버리기 때문에 1석2조의 효과!

### 응용 및 심화 활동
• 우유갑으로 우리 고을 문화재를 만들어 복도에 전시한다.
• 수납장을 만들어 사물함 안의 문구류를 정리한다.

### 스토리가 있는 껄껄쌤의 수업 나눔

3학년을 처음 맡고, 다른 선생님들께 3학년을 왜 황금학년이라 부르냐고 물었다. 학교생활도 웬만큼 적응했고, 말귀도 트여서란다. '오, 그렇단 말이지?' 하지만 현실은 달랐다. 어떤 활동을 해야 하는지 확인하러 나오는 아이 응대하랴, 수업 진도 나가랴 정신이 없었다. 특히 수시로 쏟아지는 질문이 어마어마했다. 날짜를 써야 하는 활동이 나오면 분명 말해줬는데 되묻기 일쑤였다. 벽걸이 달력이나 탁상달력은 있으나 마나! 날짜와 요일을 한눈에 알 수 있는 아이디어 달력이 있으면 좋겠다고 생각했다. 달력 재료를 물색하다가 매일 한가득 생기는 우유 갑이 눈에 들어왔다. 그래서 날짜와 요일만 확인할 수 있는 간단한 초간단 달력을 만들어보기로 했다. 등교하는 월, 화, 수, 목, 금요일만 표시하고, 날짜는 바꿔 끼우는 방식으로 만들었다. 5일이 꽉 차게 들어가야 해서 앞에는 검은색 마커로 숫자를 쓰고, 뒤쪽에 같은 숫자를 빨간 마커로 써서 공휴일은 빨간색으로 뒤집어서 표현 했다. 그래도 오늘이 며칠이냐, 무슨 요일이냐 물어보는 아이가 생기지 않도록 날짜 위에 우유갑 하나를 더 얹 어서 표시했다. 제일 위에 올라간 이 우유갑은 평소에는 흰색이지만 국경일이나 학교행사가 있는 날에는 국경 일 명이나 행사명을 썼다 지울 수 있다. 그래서 혹시 내가 학교행사를 깜박해도 달력을 예의주시하고 있는 세 력(?)이 내게 학교행사를 귀띔해주어서 몇 번이나 고비를 넘기게 해준 고마운 달력이다.

# 시민의식을 품은 종이컵

**대주제** ▶ 지구를 지키는 법   **소주제** ▶ 시민의식이란 무엇일까?

**# 자기관리   # 지식정보처리   # 공동체   # 문제해결**

활동장소 교실          활동시간 80분          활동대상 6학년

활동재료 종이컵, 연필, 마커펜, 초 또는 LED 전자초, 칼, 가위

## 💡활동 소개 종이컵에 꾹꾹 채운 시민의식

교실은 사회를 축소시켜놓은 공간이다. 매일 분쟁이 일어나고, 한편으론 조정과 화해가 이루어지기도 한다. 시민의식이라는 것은 어른이 되었다고 갑자기 생기는 것이 아니다. 매일 조금씩 조금씩 시민의식이라는 것을 접하면서 아이들은 비로소 시민으로 성장해간다. 오늘은 매일 사용하는 물건에 그 의미를 담아보려 한다. 종이컵에 꾹꾹 채운 시민의식을 한잔 마셔보자!

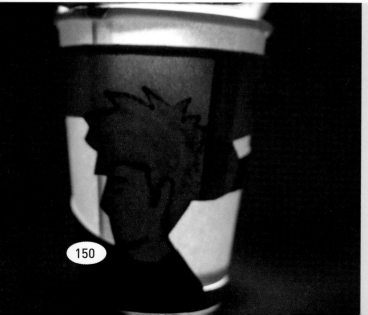

아이들이 학교에서 매일 보는 물건 중 하나가 바로 종이컵이다. 여기에 아이들의 생각을 담아 시민의식이란 뭘까 고민해보았다. 《광고천재 이제석》의 반전포스터 아이디어를 활용해 우리만의 입체 포스터를 만들어보자!

## 활동 순서 알아보기

**1** 먼저 종이컵에 연필로 원하는 그림을 스케치한다. 함께 넣을 문구도 한 문장으로 짧게 적는다.

**2** 마커펜을 이용하여 연필선으로 스케치한 밑그림을 따라 그리고, 색칠도 한다.

**3** 칼과 가위를 사용해서 색칠하지 않은 부분을 잘라낸다.

**4** 종이컵 안에 다른 색의 종이컵을 끼워 넣고, 안에 초를 넣고 불을 붙인다.

### 앗, 잠깐만!

- 종이컵에 그린 그림이 끊어지지 않고 이어져야 튼튼한 작품을 만들 수 있다.
- 종이컵 안에 손가락을 넣은 채 칼을 넣어 자르다가 다칠 수 있으므로 칼로는 구멍만 내고 가위를 사용해서 오린다.
- 초에 불을 붙인 상태로 컵에 넣으면 화상을 입을 수 있으므로 컵 안에 초를 넣고 토치를 사용해 불을 붙인다.
- 촛불 대신 LED 전자 초를 사용하면 더 안전하게 촛불 효과를 낼 수 있다.

아침독서 시간! 아이들이 《광고천재 이제석》이란 책을 자기네끼리 순서까지 정해 돌려 읽었다. 처음엔 사진이 많아서 좋아하나 했는데, 반전이 있어서 재밌고, 이런 곳에서 공익광고가 튀어나올 줄 몰랐단다. 그래서 그 아이디어 중 하나를 활용해보았다. 마침 도덕 시간에 올바르게 산다는 의미의 중요성을 알아볼 때라 시사만화 광고컵을 만들어본 것이다. 6학년 아이들에게 종종 학교 최고학년인데 아직도 그런 걸 모르냐는 말을 많이 하는데, 아이들이 완벽하다면 학교에 다닐 이유가 없지 않을까? 민주시민이 갖추어야 할 소양을 조금씩 알아가는 단계라고 보아야 한다.

| 성취기준 | 학습 및 평가요소 | 학년 - 학기 - 단원 |
|---|---|---|
| •[6도04-02]<br>자연 · 초월과의 관계 | - 올바르게 산다는 것의 의미와 중요성을 알고, 자기 반성과 마음 다스리기를 통해 올바르게 살아가기 위한 능력과 실천의지를 기른다.<br>- 올바른 삶의 의미와 중요성 알기 | 6-3 |
| •[6미01-03]<br>체험 | - 이미지가 나타내는 의미를 찾을 수 있다.<br>- 이미지에서 의미 찾기 | |

### 배움을 확장하는 생생 현장 스케치

좌 학교 친구와 선후배는 물론 선생님들까지 혼란에 빠뜨렸던 고난도 퀴즈쇼 문제! 역시 단어도 사람처럼 자주 만날수록 친해지나 보다.

우 장난치거나 떠들면서 만들 작품이 아니라는 것을 알았는지 아이들은 평소보다 조용하게 활동을 했다. 배가 완성되고 나를 더 놀라게 했던 것은 형, 누나들이 돌아갈 수 있는 제주항도 만들어주자는 아이들의 말! 그 따뜻한 마음 그대로만 자라길!

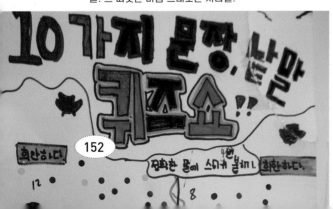

## 다른 교과와의 연계와 배움의 확장 "이렇게도 해보아요!"

• 국어  얼마 전 뉴스에서 '사흘 논란'이 있었다. 사흘을 3일이 아닌 4일로 알고 있는 사람이 많았기 때문이다. 이렇게 헷갈리는 말들을 모아 퀴즈로 만들어 우리말 사용실태가 얼마나 심각한지 조사했다.

• 미술  내 교직생활 십 수년 중 가장 충격적인 일은 바로 세월호 사건이었다. "가만히 있으라!"는 어른들의 말에 순종했던 학생들이 안타깝게 목숨을 잃은 사건이었기 때문이다. 부끄러운 어른으로서 그 학생들을 위해 무엇을 할 수 있을까 고민하다가 그들을 함께 기억해주는 것이야말로 가장 좋은 위로가 될 수 있겠다고 생각했다.

### 응용 및 심화 활동

• 플라스틱으로 동물과 사람 모양을 만들어 플라스틱 줄이기 홍보 캠페인을 한다.
• 노인 생애와 관련된 퀴즈를 내고 틀린 팀에 벌칙으로 직접 만든 모래주머니를 차고 하루 종일 생활하게 한 후, 하교 전 모래주머니를 풀면서 소감을 듣는다.

### 스토리가 있는 껄껄쌤의 수업 나눔

아이들은 종이컵 광고판을 만들면서 어떤 시사 문제를 어떻게 표현할까 하는 데에 가장 많은 시간을 투자했다. 아이디어가 떠오르면 연습장에 간단히 디자인과 문구를 쓰고 나서 컵에다가 그림을 그렸다. 좌변기에 대소변을 보면 그 물이 자기가 씻는 물로 돌아오는 모습을 그린 아이도 있었고, 아프리카에는 물이 부족해서 바닥에 앉아있는데 물이 가득 찬 수영장에서 수영하는 한국 아이들을 그린 아이도 있었다. 사막이 파도처럼 변해 사람을 덮치는 장면을 그린 아이도 있었고, 기분 나쁜 말이나 주먹이 자기 자신에게 돌아온다는 것을 표현한 아이도 있었다. 아이들은 광고천재 이제석처럼 종이컵을 통해 나쁜 말이나 행동의 결과는 결국 자신에게 돌아온다는 것을 잘 표현했다. 종이컵 안에 촛불을 넣고 교실의 커튼을 모두 닫은 후, 불을 모두 껐더니 각각의 종이컵이 밝게 빛났다. 강렬하진 않지만 은은하게 드러나는 모습들을 보며 아이들이 광화문을 밝힌 촛불의 힘과 의미를 깨달았으면 좋겠다고 생각했다. 우리가 주인이라는 생각, 우리 스스로 변화시켜야 된다는 생각, 그 생각들이 오늘처럼 은은하게 계속되면 좋겠다.

# 나무야, 나무야!

#표현력      #지식정보처리      #감수성      #분석적사고

활동장소  학교 운동장, 교실      활동시간 80분      활동대상 4학년

활동재료  전지, 색연필, 사인펜, 물감, 물통, 팔레트, 붓, 휴대폰 등

## 💡 활동 소개  뿌리 깊은 나무

우리가 평소에 깨닫지 못한 채 지나치지만, 학교에는 수많은 종류의 나무가 있다. 얼핏 다 비슷비슷해 보여도 나무들을 자세히 들여다보면 제각각 다른 모습을 하고 있다. 오늘은 그렇게 오랜 시간 동안 학교에 뿌리를 내리고 한 자리를 묵묵히 지켜온 나무들의 특징을 살린 초상화를 그려주자!

아이들이 각자 선택해서 그린 운동장의 나무들! 모양도 크기도 모두 제각각이지만, 그런 나무들이 한데 모이자 마치 숲을 이룬 것처럼 조화롭다. 각자 개성 넘치는 아이들도 모여서 그런 숲처럼 조화롭게 살았으면…

## 활동 순서 알아보기

1 운동장에 나가 학교에 있는 나무들을 둘러본다. 어떤 나무들이 있는지 알아보고, 그릴 대상을 정한다.

2 그릴 나무를 정했으면 휴대폰으로 나무를 찍는다. 찍을 때는 나무의 전체적인 모습만 찍을 것이 아니라, 줄기, 가지, 잎 사진 등의 부분적인 모습도 찍는다.

3 전지에 여러 가지 재료를 사용해서 나무의 특징을 살려 그린다.

4 작품이 완성되면 물감이 흐르지 않게 서늘한 곳에서 말린다.

### 앗, 잠깐만!

• 나무의 수종을 알 수 없다면 지역 숲 해설사의 도움을 받는다.
• 야외에서 그릴 수 없다면 나무의 전체적인 모습, 줄기, 가지, 잎의 사진을 찍어서 교실에서 그린다.
• 나무의 특징을 살리기 위해 표현 재료에 제한을 두지 않는다.

## 교육과정-수업-평가 일체화의 기록

작은 학교였지만 산으로 둘러싸인 곳이라 운동장 곳곳에 은행나무, 향나무, 단풍나무, 소나무 등 아이들 수보다 다양한 수종이 뿌리를 내리고 있었다. 직접 고른 나무를 잘 관찰하며 그리다 보면 줄기의 표면, 나뭇가지 굵기, 잎의 모양 등 하나하나 더 자세히 들여다보는 기회가 되지 않을까? 또 친구가 그린 나무와 대조하다 보면 나무라도 다 같은 나무가 아니라는 것을 자연스레 알게 될 것이다. 그와 함께 서로 각자의 개성을 인정하고 존중하는 마음도 키울 수 있지 않을까?

| 성취기준 | 학습 및 평가요소 | 학년 - 학기 - 단원 |
|---|---|---|
| •[4과05-01] 생명의 연속성 | - 여러 가지 식물을 관찰하여 특징에 따라 식물을 분류할 수 있다.<br>- 비슷한 특징에 따리 식물 분류하기 | 4-2-1 |
| •[4미02-05] 표현 | - 조형요소(점, 선, 면, 형ㆍ형태, 색, 질감, 양감 등)의 특징을 탐색하고, 표현 의도에 적합하게 적용할 수 있다.<br>- 조형요소 적용하기 | |

### 배움을 확장하는 생생 현장 스케치

좌 마당놀이 소품인 소나무를 직접 만드는 마당놀이부 아이들의 모습. 클레이로 만들면 가벼워서 옮기기 편하지만 잘 부서진다는 단점이 있다. 혹시 더 쉽고 튼튼하게 나무를 만들 수 있는 방법을 알고 계시면 좀 알려주세요!

우 우리 고장 영월에 대한 정보가 담긴 게시판에 복도 한가운데 있었다. "이런 게 학교 게시판에 붙어 있었는데 난 왜 몰랐지?"라고 말하는 귀여운 녀석들! 괜찮아! 선생님도 오늘 처음으로 그 내용이 눈에 들어왔거든… 참고로 영월의 군화는 철쭉, 군목은 소나무, 군조는 까막딱따구리, 동물은 하늘다람쥐랍니다.

156

## 다른 교과와의 연계와 배움의 확장 "이렇게도 해보아요!"

• 창체(동아리)  마당놀이 동아리부 아이들과 함께 〈능말도깨비놀이〉에서 소품으로 사용할 소나무를 종이상자와 클레이를 사용해서 직접 만들었다.

• 사회  우리 마을, 우리 학교를 상징하는 나무를 조사하고, 그 나무가 선정된 이유를 알아보았다.

### 응용 및 심화 활동
• 학교에 나만의 나무를 심어 기르면서 성장일지를 기록한다.
• 학교에 있는 나무에 이름표와 설명을 함께 적어 걸어둔다.

### 스토리가 있는 껄껄쌤의 수업 나눔

막상 교내에 있는 나무를 그리려니 어떤 수종인지 모르는 경우가 있어 난감하던 차에, 분교 아이들에게 숲체험을 시켜주시는 영월군 숲 해설사 분들이 떠올랐다. 숲 해설사 분들께 수업 내용에 대해 말씀드리고 교내에 있는 식물을 설명해주실 수 있는지 부탁드렸더니 흔쾌히 수락해주셨다. 수업 당일 나도 함께 다니면서 아이들과 함께 나무 공부를 했다. 정말 배움에는 끝이 없구나! 끊임없이 공부하는 선생님이 되어야겠다고 다시 한 번 다짐했다. 해설사님께서 어리바리한 선생님을 대신해 침엽수, 활엽수는 물론 수종까지 모두 알려주고 가셨다. 숲 해설이 끝난 후 각자 그리고 싶은 나무를 정한 후 휴대폰으로 촬영했다. 운동장에서 그리기에는 여러 가지 악조건이 많아서 사진으로 찍고 그림은 교실에서 그리기로 했다. 휴대폰으로 나무의 전체적인 모습은 물론 가지, 줄기, 잎의 모양까지 여러 컷을 촬영한 후 교실로 들어와서 본격적인 작업에 들어갔다. 아이들은 주로 침엽수와 활엽수의 차이점을 부각시켜 표현했다. 잎을 한 장, 한 장 그리는 아이가 있는 반면 물감을 흩뿌리는 아이도 있었다. 나뭇결을 나타내기 힘들다며 탁본을 뜨겠다는 아이까지 있었다. 해설사님들을 보면서 평생학습을 해야겠다고 생각했는데, 너희들에겐 창의력을 본받아야겠구나!

# 봄여름가을겨울 그리고 봄

**대주제** ▶ 지구와 생명　　**소주제** ▶ 4계절의 특징 창의적으로 표현하기

\# 표현력　　\# 지식정보처리　　\# 창의적사고

활동장소　교실　　　　　활동시간　80분　　　　　활동대상　1학년

활동재료　검은 도화지 1장, 투명 파일 4개, 색종이, 가위, 풀, 양면테이프, 모양 펀치

## 💡 활동 소개 　돌고 도는 계절

같은 공간이라도 계절에 따라 모습이나 분위기가 달라진다. 이에 아이들과 봄, 여름, 가을을 거쳐 겨울의 모습을 창의적으로 표현해보았다. 사계절을 다 배운 아이들이 지금까지 배운 내용을 총정리하는 시간이다. 겨울이 오면 이제 정든 친구들 그리고 선생님과 헤어져야 한다고 너무 아쉬워하지 말았으면 해! 겨울이 지나면 새로운 만남과 함께 봄이 또다시 찾아올 테니까!

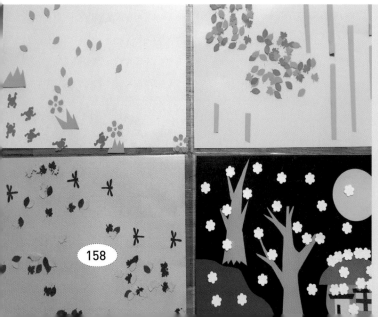

검은 도화지에 색종이로 어떤 장소를 꾸민다. 도화지에 투명 파일을 덮어씌우고, 계절의 변화를 알 수 있도록 색종이를 모양 펀치로 찍어서 양면테이프를 붙였다. 모양 펀치 외에 자기가 직접 가위로 잘라서 계절에 알맞은 모양을 창의적으로 꾸밀 수도 있다.

## 활동 순서 알아보기

**1** 색종이를 오려서 검은 도화지 위에 어떤 장소를 꾸미고 투명 파일 안에 넣는다.

**2** 색종이를 모양 펀치로 찍어서 양면테이프로 투명 파일 위에 붙인다.

**3** 모양 펀치로 표현할 수 없는 모양은 가위로 오려서 붙인다.

**4** 계절의 특징을 살려 완성하고 나면, 파일을 갈아 끼운다. 이후 같은 방식으로 나머지 계절도 각 계절의 특징을 살려 꾸민다.

### 앗, 잠깐만!

- 투명 파일에 풀을 칠하면 나중에 쉽게 떨어질 수 있으므로 붙일 때는 양면테이프를 사용한다.
- 색종이를 오리기 어려운 상황이면 그림으로 그려서 꾸민다.
- 계절의 변화를 한눈에 알기 쉽게 나무는 꼭 넣도록 한다.
- 혼자서 4계절을 제작하면 시간이 오래 걸리기 때문에 모둠별로 협력해서 사계절을 꾸민다.

1년이 지나도 우리가 생활하는 삶의 장소는 거의 변화가 없다. 다만 사계절의 변화만 있을 뿐! 바로 그 점에 착안하여 장소는 그대로 두고 사계절만 바꾸는 효과를 주었다. 계절의 변화에 따라 같은 공간의 분위기는 과연 어떻게 달라질 것인가?

| 성취기준 | 학습 및 평가요소 | 학년 - 학기 - 단원 |
|---|---|---|
| •[2즐08-01]<br>겨울 | - 겨울의 모습과 느낌을 창의적으로 표현한다.<br>- 겨울 모습, 느낌 표현하기 | 겨울1-2-2 |
| •[2국05-01]<br>문학 | - 느낌과 분위기를 살려 그림책, 시나 노래, 짧은 이야기를 들려주거나 듣는다.<br>- 작품 낭독(낭송)하기 | 1-2-5 |

### 배움을 확장하는 생생 현장 스케치

좌  숲 체험이 있는 날! 숲 해설사님께 여러 가지 잎의 이름과 모양에 대한 설명을 듣고 바닥에 떨어진 여러 종류의 잎을 모아 나만의 '이파리 사전'을 만든 아이들! 내가 보기에는 그 잎이 그 잎인데 이파리들의 서로 다른 이름과 특징을 알려주시는 해설사님이 대단해 보인다. 어쩌면 선생님은 계절의 변화를 잘 모르고 있는 것일지도 몰라!

우  창작이 어렵다면 옮겨 적는 것도 좋은 방법이다. 계절에 알맞은 동시를 찾는다는 것? 그것도 쉽지는 않다!

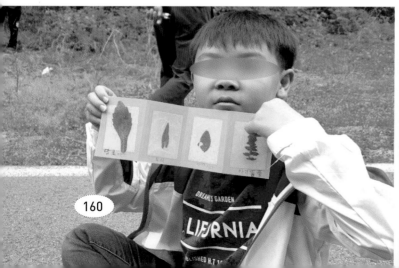

## 다른 교과와의 연계와 배움의 확장 "이렇게도 해보아요!"

• 창체(자율)   숲 해설사님과 함께 학교 주변을 돌며 숲 체험을 하고 계절마다 어떤 잎이 자라고 있는지 조사하여 각자 스크랩했다.

• 국어   계절마다 알맞은 시를 찾거나 창작해서 시화로 만들어 복도에 전시했다.

### 응용 및 심화 활동

• 천연염색 천을 활용하여 계절에 맞는 옷을 만들어 패션쇼를 연다.
• 학교 텃밭에서 농사를 지으며 일주일에 한 번씩 같은 장소에서 사진을 찍고 연말에 사진을 연결하여 사계절 영상을 만들고, 영상에 알맞은 노래를 찾아 넣는다.

### 스토리가 있는 껄껄쌤의 수업 나눔

아이들은 이미 삶 속에서 몸으로 겪어봤기에 사계절의 특징을 잘 알고 있다. 그래서 교과서나 영상에 나오는 것만으로는 만족하지 못하고 따분해한다. 그래서 직접 그 특징을 드러낼 수 있도록 사계절 파일을 만들어보기로 했다. 봄은 새싹과 개구리, 여름에는 비, 가을에는 낙엽과 잠자리, 겨울에는 눈을 넣자는 의견이 나왔는데 문제는 아이들이 가위로 만들기는 너무 어렵다는 점이었다. 그래서 문구사를 뒤진 결과 사계절을 표현할 수 있는 모양 펀치가 몇 가지 있었다. 이런 걸 누가 사나 했는데 내가 사는구나! 아이들은 처음 보는 모양 펀치에 마음을 빼앗겨버렸다. 서로 먼저 찍겠다고 다툴까 봐 걱정했는데 의외로 돌아가며 사이좋게 골고루 사용하는 기특한 녀석들! 비록 지출은 좀 있었지만, 아이들이 사계절을 재미있고 손쉽게 표현하는 모습을 보니 괜히 흐뭇했다. 그나저나 사계절을 함께 완성할 때가 되니 헤어질 때가 다 되었네. 헤어진다고 너무 슬퍼하지 마! 이 겨울이 지나고 또다시 봄이 되면 새로운 선생님, 새로운 친구들과 함께 봄을 맞이할 수 있으니까!

# 날아라, 고생대 잠자리

**대주제** 지구와 생명   **소주제** 고생대 잠자리의 모습을 상상하여 표현하기

**# 표현력**   **# 지식정보처리**   **# 상상력**

---

활동장소 운동장, 교실       활동시간 80분          활동대상 1학년

활동재료 두꺼운 도화지, 가위, 연필, 색연필, 사인펜, 크레파스, 노끈, 접착식 테이프

---

## 💡 활동 소개   전설의 메가네우라

메가네우라는 고생대 석탄기의 열대 삼림에 살았던 거대 곤충이다. 메가네우라
는 몸길이가 약 40센티미터이고, 양쪽 날개를 다 펼쳤을 때 한쪽 날개 끝에서 다
른 쪽 날개 끝까지의 길이가 최대 70센티미터에 이르렀으며, 생김새는 오늘날의
잠자리와 매우 비슷했다. 오늘은 사람도 거뜬히 들 수 있는 석탄기 원시시대 잠
자리를 한번 재현해볼까?

학생이 직접 만든 대형 잠자리
를 어깨에 메었다. 알록달록 잠
자리를 만들어보자고 했더니
정말 날개가 알록달록한 잠자
리를 만든 1학년 학생의 귀여운
뒷모습! 아니 이건 메가네우라
가 아니라 천사의 날개 아니니?

162

## 활동 순서 알아보기

1  운동장에 사각형 또는 원 모양의 구역을 정하거나 그린다. 가위바위보를 해서 이긴 아이들은 잠자리가 되어 구역 안으로 들어가서 숨고, 진 아이는 사람이 되어 구역 밖에서 잠자리가 나올 때를 기다렸다가 잡아야 한다. 잠자리가 된 아이는 구역을 깨금발로 나가면서 <잠자리> 노래를 불러야 하고, 술래에게 잡히면 잡힌 아이가 사람이 사람이 되고 술래였던 아이는 잠자리가 된다.

2  놀이 후 교실로 돌아와 두꺼운 도화지에 잠자리 그림을 그리고 가위로 잘라 색칠한다. 노끈으로 날개 양쪽에 팔을 넣을 수 있는 고리를 만들어 접착식 테이프로 붙인다.

### 앗, 잠깐만!

- 스마트렌즈로 촬영하면 잠자리의 종류를 알 수 있다.
- 일반 도화지는 너무 얇아서 날개가 구부러지고, 하드보드지는 아이들이 자르기 힘들기 때문에 두꺼운 도화지가 적당하다.
- 어깨끈을 메기 전에 등에 미리 대보고 길이를 조절한다. 줄이 너무 짧으면 팔을 넣기가 어렵고, 줄이 너무 길면 흘러내리기 때문이다.

# 교육과정-수업-평가 일체화의 기록

도시에서는 잠자리 한 마리 제대로 보기가 어려운데, 우리 학교는 운동장만 나가면 고추잠자리는 물론, 물잠자리, 왕잠자리 등 다양한 종류의 잠자리를 볼 수 있다. 학교 주변에서 쉽게 가을을 볼 수 있는 환경이지만, 그냥 눈에만 담아두는 데 머물지 않고 온몸으로 가을을 느끼고 표현할 수 있는 기회를 마련해주고 싶었다.

| 성취기준 | 학습 및 평가요소 | 학년 - 학기 - 단원 |
|---|---|---|
| • [2즐06-02] 가을 | - 가을과 관련한 놀이를 한다.<br>- 가을 놀이하기 | 가을1-2-2 |
| • [2슬06-02] 가을 | - 여러 가지 자료를 활용하여 가을의 특징을 파악한다.<br>- 가을 특징 파악하기 | 가을1-2-2 |

### 배움을 확장하는 생생 현장 스케치

좌 스마트폰 어플로도 색칠 활동을 할 수 있지만 영월에 있는 곤충박물관으로 현장체험을 가서 대형 화면으로 곤충 칠하기 활동을 했다. 곤충을 칠하고 이름을 지어줄 수도 있다. 아이들이 색칠한 곤충은 벽면 화면을 통해 날아다니는데 어디서 많이 본 알록달록 잠자리가 보이네!

우 잠자리를 찾으러 나갔다가 돌아온 아이들이 잠자리가 너무 외로워 보인다며 운동장에서 본 곤충을 더 만들어주겠단다. 보자! 개미, 무당벌레, 나비, 거미? 응? 잠깐 수업 시간이 끝난 것 같은데… 얘들아, 너희들은 다 계획이 있었구나!

164

• 창체(자율)  디지털 기기로 곤충 칠하기 활동을 하고 이름을 지어주었다.

• 가을  가을 정취가 물씬 풍기는 운동장에서 잠자리의 친구들을 더 찾아보고 여러 가지 재료들을 재활용하여 곤충들을 만들었다.

## 응용 및 심화 활동

• 곤충 관련 영화를 보고 곤충 캐릭터 의상을 제작하여 영상으로 촬영한다.
• 잠자리의 일생을 다룬 연극을 만들어 쉬는 시간에 다른 반 친구들이 볼 수 있도록 작은 무대에서 발표한다.

## 스토리가 있는 껄껄쌤의 수업 나눔

잠자리 만들기 활동은 교과서에 나와 있는 활동이다. 그래서 바로 그려도 상관없었는데 아이들은 이 좋은 기회를 그냥 넘기지 않았다. 막상 잠자리를 그리려고 하니 생각이 안 나서 직접 보고 그려야 한다나? 그래서 교과서에도 있고, 컴퓨터로도 찾아서 보여준다고 했더니 굳이 운동장에 있는 잠자리들을 직접 관찰해야 한단다. 그런데 각자 잠자리를 찾는 시간이 달라서 다 찾아서 사진을 찍은 사람은 운동장에서 잠자리 놀이를 먼저 하자고 했더니 흔쾌히 그러겠단다. 이번에도 뭔가 내가 말려든 것 같은 느낌이… 잠자리 촬영과 놀이를 마치고 교실로 돌아와서 두꺼운 도화지에 각자 관찰한 잠자리를 그렸다. 인터넷으로 찾은 메가네우라를 보여주었더니 아이들이 서로 큰 잠자리를 만들겠다고 난리 법석. 그런데 너무 욕심을 내서 큰 날개를 만들면 날개가 축 쳐질 것 같아서 두꺼운 도화지 한 장만 사용해서 만들라고 했다. 다 만들면 알록달록하게 색칠을 하라고 했는데… 이럴 수가! 정말 알록달록하게 마음껏 색칠한 아이들~ 선생님이 잘못했다! 사진처럼 칠하라고 해야 했는데…

# 자연물 아트워크

대주제 · 지구와 생명    소주제 · 우리 주변의 자연물을 활용한 꾸미기

# 표현력    # 지식정보처리    # 협업    # 문제해결

활동장소  마을, 학교 운동장    활동시간 80분    활동대상 4학년

활동재료  A3 도화지(또는 스케치북), 풀, 양면테이프, 비닐봉지

##  활동 소개  교실 밖 아틀리에

우리 주변에는 수많은 자연물들이 자리하고 있지만, 바쁜 일상 속에서 그러한 것들을 무심코 지나치곤 한다. 조금만 주의를 기울이면 주변에서 그동안 눈치채지 못했던 자연물들의 아름다움을 느낄 수 있을 것이다. 학교 근처를 돌며 평소 무심히 지나쳐온 돌멩이, 잎사귀, 열매, 나뭇가지 등의 자연물을 모아서 도화지에 꾸며보자!

아이들이 마을을 한 바퀴 돌며 주운 재료들로 만든 작품! 평소에 거들떠보지도 않던 자연물들이 모여 근사한 작품이 되었다. 아이들은 종종 교사의 창의력을 훌쩍 뛰어넘는다!

## 활동 순서 알아보기

1 학교 근처를 여기저기 돌아다니며 자연물을 모아 모둠별로 가져간 봉지에 수집한다.

2 운동장에 도착하면 모둠별 회의를 통해 모둠 주제를 정한다.

3 운동장을 연습장 삼아 표현하기 쉬운 글자부터 놓아본다.

4 활동순서 3과 같은 방법으로 모둠 주제에 맞게 자연물을 배치해서 그림도 연습한다.

5 먼저 도화지에 자연물을 알맞은 위치에 배치한 후, 자연물에 풀을 바르거나 양면테이프를 사용하여 도화지에 붙인다.

6 도화지에 풀로 글씨를 쓰고, 운동장 모래를 뿌려 글씨까지 완성한다.

 **앗, 잠깐만!**

- 모둠별로 흩어져도 선생님 시야에서 벗어나지 않도록 한다. 외진 곳으로 가기를 원하면 선생님과 동행한다.
- 꽃이나 열매, 곡식은 일부러 뜯지 않는다. 떨어진 것도 주인의 허락을 받고 나서 봉지에 담는다.
- 풀로 잘 붙지 않는 자연물(돌, 나무 껍데기)은 양면테이프로 고정한다.
- 종이를 아끼기 위해 운동장에 충분히 연습한 후에 도화지에 붙인다.
- 자기가 주운 자연물이라도 모둠원들과 나누어 쓴다.
- 친구가 주운 자연물을 사용하고 싶으면 먼저 허락을 구한다.

# 교육과정-수업-평가 일체화의 기록

시골 분교 아이들은 도시 아이들에게 상대적으로 위축될 때가 많다. 어쩐지 큰 학교들에 비해 뭔가 부족하고 열악하다고 지레 생각하기 때문이다. 하지만 아이들이 얼마나 행복 부자인지 알려주고 싶었다. 매일 녹음 사이에서 신선한 공기를 맡으며 수업을 할 수 있다는 것, 수업 마치고 집에 가자마자 낚싯대를 들고 나와 다리에서 물고기를 잡을 수 있다는 것, 마을 어르신들의 사랑을 듬뿍 받으며 인사를 나눌 수 있다는 것 등 말이다. 오늘 활동도 도시에 비해 다양한 자연물을 접할 수 있는 시골 학교였기에 더 다채로운 자료를 모을 수 있었다는 것을 꼭 말해주고 싶었다.

| 성취기준 | 학습 및 평가요소 | 학년 - 학기 - 단원 |
|---|---|---|
| •[4과05-01] 생명의 연속성 | - 여러 가지 식물을 관찰하여 특징에 따라 식물을 분류할 수 있다.<br>- 비슷한 특징에 따라 식물 분류하기 | 4-2-1 |
| •[4미01-02] 체험 | - 주변 대상을 탐색하여 자신의 느낌과 생각을 다양한 방법으로 나타낼 수 있다.<br>- 주변 대상을 탐색한 느낌과 생각 표현하기 | |

### 배움을 확장하는 생생 현장 스케치

좌 평소에 무관심하게 지나치던 학교 안의 자연물을 학생이 휴대폰으로 확대해서 찍은 장면(아이들은 이 갈대 사진을 보고 '라면 식물'이라는 새로운 이름을 붙여주었다)

우 학부모 초청의 날, 부모님께 대접할 화전을 직접 굽고 있는 아이들

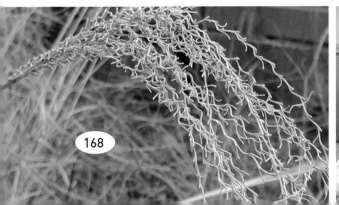

• 미술   학교를 다니며 평소 그냥 지나쳤던 자연물을 확대해서 촬영한다. 반 친구들에게 퀴즈도 내고, 친구들이 말한 오답을 활용하여 새로운 제목을 지었다.

• 창체   화전, 꽃밥 등 자연물을 활용한 음식을 직접 만들어 먹었다.

### 응용 및 심화 활동

• 눈 내린 어느 날 운동장을 그림판 삼아 함께 대형 작품을 완성한다.
• 마을 식물도감을 만들어 마을 사람들에게 자료를 배포한다.

## 스토리가 있는 껄껄쌤의 수업 나눔

교실 밖에서 수업한다는 말에 한껏 들뜬 아이들을 데리고 학교 주변을 함께 돌았다. 학교 주변이 온통 풀과 나무로 둘러싸여 있어서 굳이 멀리 나가지 않아도 자연물을 봉지에 금방 채울 수 있었다. 아이들에게 어떤 나무, 어떤 꽃부터 설명해줄까 생각하고 있는데 아이 한 명이 초록색 열매를 가져오더니 호두나무에서 떨어진 호두열매라고 알려주었다. 호두나무? 호두열매? 강가에 떨어진 자연물을 주우러 갔을 때 또 다른 아이는 며칠 전 아빠와 낚시를 했는데 깔딱메기와 퉁가리를 잡았다며 자랑했다. 퉁가리는 알겠는데, 깔딱메기는 또 뭐람? 선생님도 모르는 걸 자기들이 알고 있다는 게 신났던지 장마가 진 후에는 민물장어도 잡힌다고 친절하게(?) 알려주는 아이들. 운동장으로 돌아와서 주제를 정하라고 했는데 1분도 채 되지 않아 만장일치로 '동물'을 하겠단다. 운동장에 자기가 만들고 싶은 동물을 연습해보고 동강이 내려다보이는 평상으로 자리를 옮겼다. 아까는 굳이 왜 줍나 싶었던 자연물들이 아이들 손에서 새 생명을 얻었다. 아이들에게 뭔가 가르쳐주려고만 했던 내가 오만했구나! 오늘은 정보력에서도, 창의력에서도 너희들이 나의 선생님이었다. 얘들아, 선생님이 많은 것을 깨닫게 해줘서 고마워.

# 원시인 올림픽

#표현력    #독창성    #지식정보처리    #자기관리

활동장소 교실, 운동장    활동시간 80분    활동대상 5학년

활동재료 신문지, 접착식 테이프, 볼링핀(또는 페트병) 10개

## 💡활동 소개 슴베찌르개 만들기

책이나 만화영화에서 보던 원시인의 모습으로 수업을 한다면 어떤 일이 벌어질까? 교과서에 나오는 딱딱한 설명글 대신에 말랑말랑한 석기시대 경험은 아이들의 기억 속에 더 선명하게 오래도록 남을 것이다.

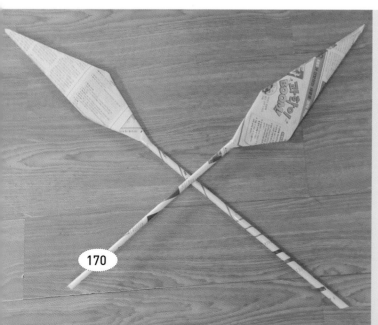

석기시대의 원시인들이 사용했던 슴베찌르개를 아이들이 신문지를 활용해서 직접 만들었다. 이후 사냥 대결까지!

## 활동 순서 알아보기

1 신문지를 한 장을 막힌 쪽이 위로 가게 반으로 접고 양쪽을 삼각형 모양으로 접어서 집 모양이 나오게 만든다.

2 오른쪽 지붕선과 중간에 있는 선이 맞도록 접은 후 세 번 말아주면 아이스크림 콘 모양이 나온다.

3 막대기를 끼울 수 있게 아래쪽도 뾰족하게 접어서 '습베' 부분을 완성한다.

4 신문지 두 장을 돌돌 말아 막대기를 만들고 접착식 테이프로 고정하여 찌르개를 완성한다.

5 습베와 찌르개를 연결해서 접착식 테이프로 고정한다.

6 운동장에 간격을 두고 볼링핀을 세워서 창 던지기로 사냥 대결을 펼친다. 가까이 있는 핀은 1점, 멀리 있는 핀은 3점이다.

 **앗, 잠깐만!**

- 신문지로 만든 창은 얇아서 잘 찢어질 수 있으므로 단단하게 만들려면 두세 장 겹쳐서 제작한다.
- 볼링핀이 없으면 1.5리터 페트병으로 대신한다.
- 창과 막대기를 잇는 부분은 접착식 테이프로 여러 번 감아야 빠지지 않는다.
- 투창 자세를 연구할 수 있게 경기를 시작하기 전에 연습 시간을 준다.
- 한 명이 창을 던지고 줍는 동안에는 다른 사람이 창을 던지지 말아야 한다.
- 장난으로라도 사람에게 창을 겨누거나 던지지 않는다.

5학년 2학기, 사회 교과서를 펴자마자 아이들이 두려워하는 역사 단원이 모습을 드러냈다. 첫 장을 보자마자 긴 탄식을 내뱉는 아이들. 왜 그러냐고 물었더니 말도 어렵고 외울 게 너무 많아 보인단다. 그래서 처음부터 딱딱하게 설명하는 것보다 직접 원시인의 삶을 경험해보면서 재미있게 시작하고 싶었다. 1년 만에 5000년 역사를 뚝딱 해치우듯 공부하는 것은 어른에게도 어려운 일인데 하물며 5학년은 어떻겠는가? 나중에 외울 때 외우더라도 역사 공부 첫 단추는 즐겁게 끼워보자고!

| 성취기준 | 학습 및 평가요소 | 학년 - 학기 - 단원 |
|---|---|---|
| •[6사03-01]<br>정치 · 문화사 | - 대표적인 유물과 유적을 통해 선사시대 사람들의 생활 모습을 설명할 수 있다.<br>- 유물과 유적을 통해 선사시대 사람들의 생활 모습 설명하기 | 5-2-1 |
| •[6체02-06]<br>도전 | - 표적, 투기 도전과 관련된 여러 유형의 활동에 참여해 자신의 성공 수행을 높일 수 있는 기본자세와 동작을 이해하고 도전 상황에 적용한다.<br>- 표적, 투기 도전의 성공 수행을 높일 수 있는 방법을 알고 실천하기 | |

### 배움을 확장하는 생생 현장 스케치

좌 아이들이 자기 나이보다 훨씬 오래된 스타워즈 광선검 대결 장면을 알고 있을 줄이야! 체육 시간에 아이들이 표현 활동을 어색해한다면 영화의 한 장면을 연기해보도록 하는 건 어떨까?

우 구석기시대에 이어 신석기시대 프로젝트는 바로 빗살무늬토기 만들기! 분교에서 직접 쌀농사도 지었는데 아쉽게도 직접 밥을 지을 생각은 하지 못했다. 퇴임하기 전에 아이들과 직접 농사도 짓고, 직접 만든 토기에 밥도 지어 잔치를 열어보고 싶다.

## 다른 교과와의 연계와 배움의 확장 "이렇게도 해보아요!"

• 체육　교실에서 만든 물건들을 활용해서 패러디 영화를 촬영했다. 아이들은 신문지로 직접 만든 창을 활용해서 〈스타워즈〉에 나왔던 광선검 대결 장면을 표현했다.

• 사회　찰흙으로 빗살무늬토기를 제작하고 있는 모습. 신석기시대 원시인들은 토기에 식량을 보관했지만, 21세기 아이들은 토기에 자신이 소중히 접은 종이접기 작품을 보관했다.

### 응용 및 심화 활동

• 영월초등학교 3학년 부장님은 아이들과 함께 토기에 직접 밥을 지어서 먹었다. 그게 될까 싶었는데 생각보다 괜찮아서 꼭 따라 해보고 싶다.
• 우리 학교 근처에 있던 연하계곡에 놀러 갔을 때 아이들이 돌을 갈던 것이 생각난다. 간석기를 설명하면서 여러 도구를 직접 만들어서 전시회를 열고 싶다.

### 스토리가 있는 껄껄쌤의 수업 나눔

2학기 사회책을 편 5학년 아이들이 너무 어려울 것 같다며 벌써 한숨이다. 이런 녀석들의 몸과 마음을 움직여 줄 동력이 필요했다. 아이들이 사회를 어려워하는 주요 이유가 체육처럼 몸으로 움직이는 게 아니라 무조건 설명만 듣고 외우는 게 많다고 생각하기 때문이다. 그래서 사회도 역동적인 과목임을 알려주려고 선사시대의 농사, 사냥 도구의 특징을 찾아보고 직접 만들어보기로 했다. 재료는 일단 교실에 있던 신문지. 아이들이 이것저것 따져보더니 신문으로 만들 수 있는 도구는 돌창이라는 결론에 이르렀다. 물론 시행착오가 있었다. 신문지로 여러 번 접었다 폈다 하며 실패를 거듭했다. 원시인들도 처음부터 물건을 뚝딱 만들어낸 것이 아니라 수천, 수만 번의 실패 끝에 완성했을 거라고 격려해주었다. 갖은 노력 끝에 완성한 슴베찌르개를 전시만 하기에는 너무 아까웠다. 마침 체육 지도서에 투창 관련 단원이 있어 던지는 자세는 물론 도전 결과를 측정하고 장단점을 분석하여 상대방을 존중하면서 도전하는 차시가 이어져 있었다. 그래, 원시인 올림픽을 열어보자! 마침 마당놀이를 위해 만들어둔 옷을 입고 창을 드니, 제법 그럴싸한 원시인으로 변신! 드디어 기다리고 기다리던 소리가 아이들 입에서 터져 나왔다. "선생님! 2학기 수업 중에 사회가 제일 재밌어요!"

# 다시 태어난 신발주머니

**대주제** 지구를 지키는 법    **소주제** 내 물건을 직접 만들며 체험하는 노동의 가치

**# 지식정보처리    # 시민의식    # 자기관리    # 표현력    # 협응능력**

활동장소 교실          활동시간 240분          활동대상 6학년

활동재료 고무판, 조각도, 잉크, 잉크판, 롤러, 바렌, 신문지, 장갑, 현수막 천, 바늘, 실, 가위, 분필, 털실, 초크

## 💡활동 소개 쓰레기에서 환생한 재활용 신발주머니

아주 옛날 사람들은 자급자족의 생활을 했다. 하지만 요즘에는 필요한 걸 쉽게 살 수 있다 보니 그만큼 쉽게 버리고 새로 사게 된다. 하지만 그렇게 자꾸 새로운 물건만 자꾸 사 모으는 동안 어느새 지구는 쓰레기로 몸살을 앓게 되었다. 무조건 쉽고 편하게 얻을 수 있는 것보다 어렵더라도 성취감을 느낄 수 있는 자신만의 방식을 찾아보면 어떨까? 쉽고 빠른 것만 생각하면 이미 만들어진 물건을 사면 되지만, 이번 시간에는 귀찮고 힘들더라도 오리고 꿰매면서 노동의 신성한 가치를 함께 경험해보려 한다. 아울러 버려진 물건들을 활용해 쓸모 있는 것으로 재탄생시켜보자.

174

워낙 품이 많이 들어가는 작품이라 완성 시간이 제각각이었던 신발주머니. 완성된 신발주머니도 물론 멋졌지만, 만드는 과정에서 쏟아부은 아이들의 인내와 정성이 더해져 더욱 보람되고 값진 경험이었다.

## 활동 순서 알아보기

1 고무판에 분필로 자신이 원하는 그림을 그리거나 글씨를 쓴다. 그리고 그림이나 글씨를 따라 음각으로 파거나, 그림이나 글씨를 남기고 양각으로 판다.

2 신문을 깔고 그 위에 고무판을 놓는다. 잉크판에 잉크를 뿌리고 롤러에 묻힌 후, 고무판에 골고루 펴서 바른다.

3 가로 30cm, 세로 80cm로 만든 예시작품을 보여준다. 예시작품과 비교해보며 자신이 만들고 싶은 가방의 크기를 생각해보고 현수막 천을 자르고, 초크로 봉제선을 그린다. 천을 반으로 접어서 막힌 쪽이 아래로 가도록 하고 잉크가 묻은 고무판 위에 놓고 바렌으로 문지른다.

4 잉크가 마르면 접힌 천을 반대로 접어서 잉크 묻은 면이 안으로 들어가게 한다. 막힌 쪽 양 옆 2cm 정도를 시침질하여 주머니 형태로 만든다. 시침질 선과 재단선 사이로 박음질을 하여 튼튼하게 만든다.

5 박음질은 끝까지 하지 말고, 8cm 정도 여유를 두어야 나중에 털실을 넣을 수 있는 공간 두 개가 앞뒤로 생긴다. 박음질 하지 않은 부분을 각각 앞뒤로 둥글게 말아서 홈질로 마무리한다.

6 70cm짜리 털실을 젓가락에 묶어 구멍 반대편으로 나오게 한 후, 다시 다른 구멍을 통해 원래 자리로 돌아오게 한다. 한 바퀴를 돌아온 털실을 묶어주고 반대편에서도 같은 일을 반복한다. 양쪽에 있는 실을 잡아당겨서 주머니를 완성한다. 어떤 의도로 만들었는지, 판화는 어떤 의미를 가지는지, 가방을 어떤 용도로 사용할 것인지 발표한다.

### 앗, 잠깐만!

- 조각도는 몸 안 쪽에서 바깥쪽을 향하게 하여 사용한다.
- 고무판에 롤러로 잉크를 묻힌 후 두 사람이 천을 팽팽하게 잡은 상태로 내린다.
- 반드시 잉크가 다 마른 상태에서 바느질을 시작한다.
- 바렌은 중앙에서 바깥쪽으로 밀어주며 사용한다.

아이들이 많은 시간과 노력을 들여서 만든 작품 중 상당수의 종착지가 결국 쓰레기통이 될 때가 많아서 늘 안타까웠다. 그래서 아이들의 작품을 오랫동안 남기면서 실생활에서 사용할 수 있는 방법이 없을까 고민하던 중 학교 공사로 인해 신발장을 쓸 수 없는 상황이 발생했다. 학교에서는 각자 신발주머니를 준비하라고 했기 때문에 반 아이들 모두가 신발주머니를 새로 사야 하는 상황이었다. 그래서 신발주머니에 판화 작품을 추가하여 각자 개성이 넘치는 신발주머니를 만들게 되었다.

| 성취기준 | 학습 및 평가요소 | 학년 - 학기 - 단원 |
|---|---|---|
| •[6사08-05] 지속가능한 세계 | - 지구촌의 주요 환경 문제를 조사하여 해결 방안을 탐색하고, 환경 문제해결에 협력하는 세계시민의 자세를 기른다.<br>- 환경 문제해결에 협력하는 세계시민의 자세 기르기 | 6-2-2 |
| •[6실02-05] 가정생활과 안전 | - 바느질의 기초를 익혀 간단한 수선에 활용한다.<br>- 기초 바느질 읽히기 | |
| •[6실02-05] 가정생활과 안전 | - 간단한 생활 소품을 창의적으로 제작하여 활용한다.<br>- 생활 소품 제작하기 | |
| •[6미01-04] 체험 | - 이미지를 활용하여 자신의 느낌과 생각을 전달할 수 있다.<br>- 이미지를 통해 자신의 느낌과 생각 전달하기 | |

### 배움을 확장하는 생생 현장 스케치

좌  자신이 직접 만든 작품과 집에서 쓰지 않는 물건을 사고파는 알뜰장터 활동 모습

우  신발주머니를 만들면서 익힌 홈질, 박음질로 동전 주머니 만들기에 새롭게 도전하는 모습

## 다른 교과와의 연계와 배움의 확장 "이렇게도 해보아요!"

- 사회   알뜰장터에서 자신이 만든 작품을 판매했다. 동전과 영수증을 준비해서 실제로 거래했다. 활동 전 홍보 방법, 가격 등을 미리 생각해보는 시간을 갖는 것이 좋다.

- 도덕   학교의 위험한 장소나 물건을 알아보고, 저학년 동생들을 위한 학교 안전지도를 만들었다. 이 과정에서 동생들의 입장을 생각하며 도움을 줄 실천 방법까지 모색해본다면 금상첨화!

- 실과   주머니 만들기 활동을 하면서 익힌 시침질, 박음질, 홈질을 이용해 또 다른 주머니 작품 만들기에 도전했다.

- 도덕   친구에게 줄 우정 주머니를 만들어 선물했다.

### 응용 및 심화 활동

- 판화를 활용한 전교어린이회 선거 포스터를 만든다.
- 자신이 좋아하는 가수, 연예인을 응원하는 플래카드를 만들어보고 장기자랑에 활용한다.

### 스토리가 있는 껄껄쌤의 수업 나눔

지구촌의 여러 가지 문제를 공부할 때, 아이들이 가장 걱정한 것은 환경 문제였다. 이에 재활용품으로 생활소품인 신발주머니를 만들기로 했다. 학교 근처 현수막 가게에서 자투리천을 얻었는데, 결코 간단한 작업이 아니었다. 고무판 크기의 4배가 되는 천을 준비하는 데만 한 시간, 조각칼로 고무판을 파느라 한 시간, 판화 찍느라 또 한 시간. 게다가 바느질은 아이들마다 속도가 천차만별! 결국 일주일간 미술과 실과 시간에 걸쳐 만들었다. 제법 모습이 갖춰질수록 아이들도 주머니에 애착을 보이며 쉬는 시간에도 열심히 매달렸다. 완성 시간은 제각각이었지만, 아이들은 모두 자신의 신발주머니를 갖게 되었다. 이후 판화 작업을 하면서 작품에 어떤 메시지를 담았는지 발표했다. 좋아하는 가수나 연예인, 동물, 가족에 대한 이야기도 반 친구들과 함께 나누었다. 신발주머니를 통해서도 이렇게 서로의 삶을 나눌 수 있구나! 이것이 예술교육의 힘인가?

# 훌라춤 의상 만들기

대주제 ▶ 우리가 사는 지구　　소주제 ▶ 하와이 민속의상 만들고 해외의 놀이문화 이해하기

# 다문화감수성　# 지식정보처리　# 표현력

활동장소 교실　　　　활동시간 80분　　　　활동대상 2학년

활동재료 전지, 크레파스, 가위, 벨크로 테이프

## 💡활동 소개 교실 속 하와이 여행!

어른들은 '미국'이라는 나라를 상상하면 복잡한 빌딩 숲과 화려한 조명을 먼저 떠올리는 경우가 많다. 하지만 아이들은 오히려 그런 고층건물이나 조명보다 자신들이 재미있게 출 수 있는 훌라춤을 더 많이 떠올린다. 오늘은 미국의 또 다른 모습인 하와이로 여행을 떠나보자!

하와이 훌라춤 의상인 머리띠, 팔찌, 치마를 전지 한 장으로 만들었다. 전지와 크레파스 그리고 가위와 테이프만 있으면 누구나 훌륭한 의상 한 벌을 뚝딱 만들 수 있다.

178

## 활동 순서 알아보기

1 전지에 노란색 크레파스로 꽃 모양, 나뭇잎 모양으로 머리띠 장식, 팔
  찌, 치마를 그린다. 아래에 치마, 위쪽 중간이 머리띠, 머리띠 양 옆에
  팔찌 장식을 그린다. 그림을 다 그렸으면 그 안에 크레파스로 연하게
  칠한다.

2 노란색 선을 따라서 빨간색, 파란색, 녹색 등 진한 색 크레파스로 덧그
  리고 가위로 오린다. 오리고 나면 벨크로를 붙여서 붙였다 떼었다 할 수
  있도록 한다.

### 앗, 잠깐만!

- 밑바탕은 꼭 노란색이 아니어도 분홍색, 하늘색 등 다른 연한 색깔 크레파스로 칠
  할 수 있다.
- 팔찌 크기를 한번에 맞추기 어려우면 한쪽 부분을 잘랐다가 접착식 테이프로 붙인다.
- 벨크로 테이프를 사용하면 여러 번 재활용이 가능하다.
- 머리띠, 팔찌, 치마 외에도 남은 자투리를 사용하여 발찌, 반지, 귀고리 등을 더
  만들 수 있다.

하와이 의상을 만들 때 노끈을 활용하려고 했는데 예상치 못한 반발에 부딪혔다. 평소 조용하고 부끄러움 많은 남자아이 몇몇이 훌라춤 의상을 입고 춤추는 걸 보여주기 싫다고 하는 게 아닌가! 그렇다고 수업을 포기할 순 없고, 다른 방법을 생각하다가 학년 초 친구의 몸 그리기 활동을 한 그림 위에 옷을 입히는 건 괜찮단다. 그래서 노끈으로 만들 사람은 노끈으로 만들고, 종이로 그릴 사람은 종이로 만들기로 했다.

| 성취기준 | 학습 및 평가요소 | 학년 - 학기 - 단원 |
|---|---|---|
| • [2슬07-04] 나라 | - 다른 나라의 노래, 춤, 놀이를 조사한다.<br>- 다른 나라 노래, 춤, 놀이 조사하기 | 겨울2-2-1 |
| • [2슬07-04] 나라 | - 다른 나라의 노래, 춤, 놀이를 즐기고 그 느낌을 다양하게 표현한다.<br>- 노래, 춤, 놀이 즐기기 | 겨울2-2-1 |

### 배움을 확장하는 생생 현장 스케치

좌 세계지도 & 국기 활동판에 각 나라별로 알맞은 국기를 꽂고, 교과서에 있는 붙임딱지에 대륙별로 구분된 국기에 색칠했다. 이후 올림픽 입장 영상을 보여주니 2학년 아이들 왈 "야! 한국은 작은 나라가 아니었어!" 뭐! 2학년이 이 정도만 알아도 된다고 생각했는데 언제 봤는지 브루나이의 수도 '반다르스리브가완'까지 외운 아이들! 일부러 외우라고 했으면 오히려 외우지 않았겠지?

우 여세를 몰아 세계 여러 나라의 랜드마크를 알 수 있는 보드게임도 했다. 준비는 순조로웠으나 문제는 돈의 액수! 2학년들이 하기에는 너무 큰 단위라 '0' 세 개를 가리고 거래했다. 세계 여러 나라의 이름만 알아도 성공인데, 랜드마크까지 다 외우느라 너무 고생하지 마!

• **겨울** 교과서 뒤에 있는 세계 여러 나라의 국기 붙임딱지를 색칠하고, 지도에 그 국기를 찾아서 꽂아보는 활동을 했다. 이 활동을 위해 지구본, 세계지도, 지도에 국기 꽂기 교구와 더불어 구글어스와 인터넷까지 총동원했다. 덕분에 아이들은 직사각형 모양이 아닌 네팔의 국기와 세계의 수도 중에서 가장 긴 이름을 가진 브루나이의 수도 '반다르스리브가완'을 기억하게 되었다.

• **창체** 세계 여러 나라를 공부하면서 〈부루마블〉을 하려고 했는데 너무 어렵다고 해서 〈모두의 마블〉을 했다. 세계 여러 나라의 이름과 더불어 그 나라의 유명한 랜드마크까지 알 수 있어서 1석 2조의 효과가 있는 보드게임이다.

### 응용 및 심화 활동

• 세계 여러 나라의 음악을 테마로 보드게임을 만들어서 게임을 하며 노래를 배운다.
• 페이퍼 크래프트로 세계의 랜드마크를 만들어서 미니어처 월드로 꾸민다.

## 스토리가 있는 껄껄쌤의 수업 나눔

2학년 남학생 2명, 3학년 남학생 1명, 총 3명의 남학생이 모여 있는 복식학급 교실은 언제나 떠들썩하지만 노래나 춤만 나오면 조용해진다. 부끄럼을 타는 것이다. 그래도 훌라춤 정도는 괜찮을 줄 알았는데 서로 눈치만 보더니 그냥 옷만 만들면 안 되냐고 하는 게 아닌가! 이번 시간을 위해 준비한 노래와 춤은 일단 보류하고 마침 벽에 친구 몸을 그린 아이들 실물 크기의 종이가 붙어 있어서 일단 거기에 맞는 옷을 만들어보자고 했다. 아이들은 선생님이 준비한 것을 다 하지 못하게 된 게 미안했던지 어느 때보다 열심히 색칠했다. 열심히 만든 옷을 그림에 붙이려는데 같이 수업을 듣는 3학년 아이가 자기가 한 번 입어봐도 되냐고 물었다. 2학년 아이들에게 허락받아야 한다고 했더니 형 바라기인 녀석들이 흔쾌히 허락했다. 3학년 아이가 옷을 입자마자 훌라춤 영상을 보여주니 제법 잘 추는 게 아닌가? 그 모습을 보고 웃음이 터진 2학년 아이들이 옆에서 슬금슬금 형의 춤을 따라했다. 아니! 정색하면서 하기 싫다고 할 땐 언제고 저렇게 즐겁게 따라하다니! 가끔 선배가 선생님보다 낫다고 생각한다. 어떻게 하면 아이들의 마음을 저렇게 사로잡을 수 있는 걸까?

# 패션 월드컵

# 표현력    # 논리적사고    # 다문화감수성    # 유창성    # 지식정보처리

활동장소 교실                    활동시간 80분                    활동대상 6학년

활동재료 국기, 사인펜, 색연필, 각국의 전통의상 사진

## 💡 활동 소개 기후와 환경에 따른 세계의 전통의상

어쩌면 인류가 나뭇잎과 가죽으로 옷을 만들어 입기 시작했을 때도 패션은 존재하지 않았을까? 세계 각 나라의 전통의상을 알아보고 인류가 다양한 기후와 환경에 어떻게 적응했는지 살펴보자! 더불어 각각의 기후에서 살아남으려면 어떤 의상이 적합할지 생각해보자!

세계 여러 나라의 전통의상을 이용해서 만든 패션 월드컵 출전국들의 카드! 월드컵이 열리는 나라의 기후에 따라 우승컵의 주인이 달라질 수 있으니 조추첨을 잘해야겠죠?

182

## 활동 순서 알아보기

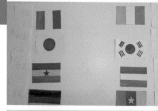

1 세계 여러 나라의 국기와 번호표를 학생 수만큼 준비해서 각각 상자에 넣는다.

2 선생님이 국기 한 장을 뽑아 월드컵 개최지를 정하고 다시 쪽지를 상자 안에 넣는다. 학생들은 한 명씩 앞으로 나와서 나라와 번호를 뽑아 대진표를 완성한다.

3 자기가 선택한 나라의 전통의상을 접어 카드에 붙인다.

4 월드컵이 열리는 나라와 자기가 뽑은 나라 그리고 상대방 나라에 대해 인터넷으로 조사하고 어느 나라가 패션 월드컵에서 승리할 수 있을지 토론한다. 토론자를 제외한 나머지 사람들은 토론을 듣고 비밀투표로 승패를 정한다. 토너먼트 방식을 거듭하여 최종 우승자를 뽑고 시상식을 한다.

Korea

 **앗, 잠깐만!**

- 실제 FIFA 순위나 역대 월드컵 성적과는 무관하다.
- 전통의상을 입은 채 축구를 한다는 조건으로 판단한다.
- 대진표에 나온 두 팀을 제외한 다른 사람들은 심판이 되어 판정을 내린다.

# 교육과정-수업-평가 일체화의 기록

6학년은 남자아이들이 더 많지만, 토론 수업 때면 여자아이들의 발언권이 훨씬 더 강했다. 사춘기나 변성기 때문일 수도 있지만, 남자아이들의 관심을 끌 만한 주제가 거의 없는 이유도 작용했을 것이다. 남자아이들도 적극적으로 토론 수업에 참여할 수 있도록 제일 큰 관심사인 '월드컵'을 끌어왔다. 어때, 벌써 토론에 참여하고 싶어서 입이 근질근질하지 않니?

| 성취기준 | 학습 및 평가요소 | 학년 - 학기 - 단원 |
|---|---|---|
| • [6사07-04] 자연환경과 인간 생활 | - 의식주 생활에 특색이 있는 나라나 지역의 사례를 조사하고, 이를 바탕으로 하여 인간 생활에 영향을 미치는 여러 자연적, 인문적 요인을 탐구한다.<br>- 인간 생활에 영향을 주는 요인 탐구하기 | 6-2-1 |
| • [6실02-03] 가정생활과 안전 | - 옷의 기능을 이해하여 때와 장소, 상황에 맞는 옷차림을 적용한다.<br>- 옷의 기능 이해하기 | |

## 배움을 확장하는 생생 현장 스케치

좌  와! 혹시 맞춤옷인가요? 어쩜 사이즈도 스타일도 이리 딱 어울릴까? 전교생이 모두 함께 코이카 월드프렌즈빌리지에 가서 여러 나라의 의상을 입어보다가 너무 잘 어울려서 기념사진 한 컷 찰칵!

우  천 한 장으로 각 나라의 패션을 보여주어야 한다는 미션인데 인도의 사리, 이란의 터번, 영국의 스카프, 일본의 기모노, 베트남의 아오자이, 멕시코의 판초 등 다양한 아이디어로 미션을 완수한 아이!

184

• 사회   영월에 있는 코이카 월드프렌즈빌리지에 들러 다양한 나라의 의상을 직접 입어보는 체험 활동을 하였다.

• 실과   천연염색 작가님의 도움으로 천을 물들인 후 2주 정도 말렸다가 우리 반 패션쇼를 열었다.

## 응용 및 심화 활동
• 재봉틀과 바느질로 직접 여러 나라의 의상을 제작한다.
• 직접 만들거나 박물관에서 대여한 세계 여러 나라의 전통의상으로 교내 패션쇼를 연다.

### 스토리가 있는 껄껄쌤의 수업 나눔

6학년 교실, 떠들썩한 여자아이들 목소리와 중저음의 남자아이들 목소리가 교차하는 곳! 숫자는 남자가 더 많지만, 토론 시간이면 언제나 여자아이들 목소리가 더 큰 것은 비단 우리 반뿐만이 아닐 것이다. 그런데 남자아이들의 눈동자에 불꽃이 튀게 하는 주제가 있었으니 그건 다름 아닌 축구! 마침 월드컵 시즌이라 남자아이들은 모이면 너나 할 것 없이 월드컵 이야기만 했다. 그래서 언젠가 저 월드컵 이야기를 수업에 가져와야겠다고 생각하고 있었는데, 마침 사회 시간에 세계 여러 나라에 대해 배우는 단원이 나왔다. 우리 주변에 있는 나라들을 조사하면서 의식주를 알아보는 활동이었는데 서른 명이 넘는 아이들이라 우리 주변 나라는 물론 월드컵에 나오는 나라도 넣어서 조사해보자고 했더니 벌써 들썩거림이 느껴진다. 월드컵 개최국 뽑기부터 아이들은 술렁거렸다. 개최국에 이어 대진표를 보고 여기저기서 환호와 탄성이 교차했다. 하지만 토론이 시작되자 언제 그랬냐는 듯 자기가 뽑은 나라의 의상을 열띠게 홍보하는 아이들! 당시 월드컵 개최국은 브라질이었는데 대한민국을 뽑은 아이가 한복을 입으면 모기로부터 몸을 보호할 수 있고, 공을 숨길 수 있다나? 이에 멕시코팀은 판초를 펼쳐서 상대 팀의 시선을 가릴 수 있다고 맞섰다. 그 어느 때보다 남자아이들의 발언이 교실 안에 시원하게 울려퍼진 패션 월드컵. 아이들은 남은 '식'과 '주'도 월드컵을 하면 안 되겠냐며 애원했다. 너희들이 그렇게 공부가 하고 싶다는데 안 될 게 무어냐?

# 지구촌 입체 음식간판

대주제 ▶ 우리가 사는 지구    소주제 ▶ 해외의 먹거리 문화 탐색하기

\# 표현력    \# 다문화감수성    \# 유창성    \# 지식정보처리

활동장소 교실            활동시간 80분            활동대상 6학년

활동재료 국기, 사인펜, 색연필, 각국의 전통의상 사진

## 💡 활동 소개  세계의 주방

지구촌 시대가 되면서 이제 안방에서도 외국의 음식을 쉽게 맛볼 수 있게 되었다. 내가 좋아하는 외국 음식을 찾아 입체 간판으로 제작해보자! 손님들은 과연 어느 식당에 줄을 설 것인가!

자기가 좋아하는 음식으로 입체 간판을 제작한 모습! 클레이로 음식 재료의 디테일을 살리는 것이 포인트! 가게 이름도 톡톡 튀어야 손님을 끌어모을 수 있다.

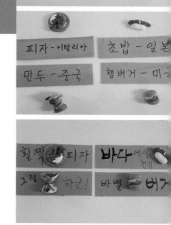

## 활동 순서 알아보기

**1** 좋아하는 외국 음식을 고르고, 어느 나라 음식인지 찾아서 종이판에 적는다.

**2** 클레이로 간판에 맞게 음식을 만든다.

**3** 재미있는 가게 이름을 생각해서 적고, 적당한 위치에 클레이로 만든 음식을 붙인다. 반 아이들에게 아침, 점심, 저녁 쿠폰을 나누어주고 간판에 투표해서 맛집을 정하고, 수학 시간의 통계와 그래프 수업에 자료로 활용한다.

### 앗, 잠깐만!

- 클레이는 개인별로 나눠주고 필요한 색깔은 서로 나눠서 쓸 수 있도록 한다.
- 명도를 조절하며 다양한 색감을 내기 위해 흰색 클레이를 많이 준비한다.
- 폼보드가 글루건에 녹을 수 있으므로 종이상자도 준비한다.

# 교육과정-수업-평가 일체화의 기록

#다른 나라의 음식   # 음식문화   #입체 간판 만들기   #국기깃발 만들기

일본 오사카 여행 중 도톤보리 거리를 걸으며 입체 간판을 구경한 적이 있다. 세계의 주방이라는 별명이 붙은 도시답게 다양한 먹거리를 알리기 위한 대형 입체 간판이 눈을 즐겁게 했다. 세계 여러 나라의 의식주를 공부하면서 이때의 기억이 떠올라 아이들에게 여행 사진을 보여주며 제안했더니 자기들도 만들어보고 싶다고 해서 함께 입체 간판을 제작해보기로 했다.

| 성취기준 | 학습 및 평가요소 | 학년 - 학기 - 단원 |
|---|---|---|
| •[6사07-04]<br>자연환경과<br>인간 생활 | - 의식주 생활에 특색이 있는 나라나 지역의 사례를 조사하고, 이를 바탕으로 하여 인간 생활에 영향을 미치는 여러 자연적, 인문적 요인을 탐구한다.<br>- 의식주 생활에 특색이 있는 나라 조사하기 | 6-2-1 |
| •[6미02-02]<br>표현 | - 다양한 발상 방법으로 아이디어를 발전시킬 수 있다.<br>- 발상 방법을 통한 아이디어 발전시키기 | |

### 배움을 확장하는 생생 현장 스케치

좌  치열한 요리 현장! 장금이나 요리왕 비룡을 뽑는 것도 아닌데 아이들은 그 어느 때보다 혼신을 다해 요리했다. 그중 단연 돋보인 음식은 소시지를 식빵으로 감싸 계란옷에 튀김가루를 묻혀 튀긴 핫도그였다. 아니! 도대체 6학년이 어쩜 이런 솜씨를 낼 수 있는 거지? 네가 선생님보다 낫구나!

우  거의 한 시간 넘게 국기를 꽂으면서 지구에 이렇게 많은 나라와 다양한 국기가 있는지 몰랐단다. 그 후로도 아이들이 원해서 몇 번 더 했는데 할 때마다 시간이 단축되었다. 시간이 지날수록 친구와 경쟁하는 활동이 아니라 자기 자신과의 경쟁으로 변해갔다.

## 다른 교과와의 연계와 배움의 확장 "이렇게도 해보아요!"

• 실과　빵을 이용한 요리 활동에서 모둠별로 나누어 세계의 여러 가지 음식을 만들었다.

• 사회　세계 여러 나라를 공부하기 전에 아이들에게 세계지도에 국기를 꽂을 수 있는 교구를 주고 지도에서 찾아보는 활동을 했다.

### 응용 및 심화 활동

• 다른 나라의 음식을 만드는 요리사를 초청하여 요리 체험을 한다.
• 온라인으로 외국 학교와 연결해서 서로의 전통음식 만드는 법을 공유한다.

### 스토리가 있는 껄껄쌤의 수업 나눔

요리만큼 아이들을 흥분시키는 일은 없다. 그런데 진짜로 요리하는 게 아니라 클레이로 만든다고 하니 여기저기에서 실망의 한숨이 터져 나온다. 그래서 왜 미리 클레이로 만들어보는지 이야기를 해주었다. 과거 실과 시간에 아이들이 만들고 싶어 하는 음식을 만들어보라고 했더니 메뉴가 라면과 샌드위치, 김치볶음밥뿐이었다. 빈약한 메뉴의 원인이 사전조사 부족 때문이라는 것을 알게 되어 다음엔 미리 먹고 싶은 음식을 조사해보라고 했다. 그러자 이번엔 자기들이 만들 수 있는 요리 중에서만 선택하는 게 아닌가! 좀 더 다양한 메뉴가 나올 수 있도록 해야겠다는 생각에 사전조사와 함께 클레이로 간판과 음식을 미리 만들어보고 나서, 토요일(당시엔 격주로 토요일에 수업이 있었는데, 아이들이 위락 노는 날처럼 여겨 아예 미술과 실과로만 시간표를 구성했었다)에 실제로 음식을 만들겠다고 하니 그제야 여기저기서 환호성이 터져 나왔다. 아이들은 여러 가지 세계 음식을 클레이로 만들면서 부지런히 재료와 조리법 등도 함께 찾아보았다. 간판은 폼 보드를 잘라서 나눠주었는데 너무 작다며 종이박스를 구해와서 붙인 모둠도 있었다. 입체 작품이라서 간판에서 작품이 떨어지는 게 가장 큰 문제였다. 아이들이 글루건을 사용하면 된다고 해서 붙였다가 폼보드가 녹는 바람에 종이박스를 구해와서 다시 붙였다. 그럴듯한 간판이 완성되었으니 이제 진짜 요리할 일만 남은 건가?

# 리사이클 밀크 트리

# 창의력    # 협업    # 표현력    # 다문화감수성

활동장소 교실, 복도        활동시간 120분        활동대상 5학년

활동재료 우유갑, 한지, 글루건, 스프레이 접착제 또는 양면테이프, 색종이, 꾸미기 재료

## 💡 활동 소개  크리스마스 밀크 트리

아프리카 나미비아에 '유포르비아 트리고나'라는 선인장이 있다. 이 선인장의 줄기에 상처가 나면 우유 같은 수액이 흘러나온다고 해서 '아프리카 밀크 트리'라고도 불린다. 다 마신 우유갑을 재활용해서 크리스마스트리를 만들기 때문에 진짜 우유가 줄줄 흐르는 밀크 트리가 되지 않으려면 우유를 남기지 말고 다 마신 후 깨끗하게 씻고 말려서 사용해야겠지?

변변치 않은 재료들을 활용해서 만든 크리스마스트리! 비록 재활용품으로 만든 소박한 외형이지만, 조용하던 시골 학교를 떠들썩하게 만들어준 고맙고 의미 깊은 트리였다.

## 활동 순서 알아보기

1 우유갑 두 개를 끼워서 벽돌 모양으로 만든다. 벽돌 모양의 우유갑을 글루건으로 이어서 다양한 크기의 정사각형을 만든다.

2 정사각형 틀을 어긋나게 쌓아 올리며 글루건으로 고정시킨다.

3 한지를 찢어서 나뭇잎 조각을 만든다. 너무 크면 나뭇잎 느낌이 나지 않고, 반대로 너무 작으면 붙이기가 어려우므로 가로, 세로 2~3cm 정도의 크기로 찢는다.

4 스프레이 접착제나 양면테이프를 사용하여 조각난 한지를 우유갑에 붙인다.

5 학교에 있는 재료들을 사용해서 트리를 꾸밀 장식들을 만든 후에 이를 트리에 붙인다.

### 앗, 잠깐만!

• 우유를 마시고 우유갑을 깨끗하게 씻어서 말려두어야 냄새가 나지 않는다.

• 조각낸 한지를 우유갑에 일일이 딱풀로 붙이기 어렵기 때문에 양면테이프나 스프레이 접착제를 사용하면 시간을 절약할 수 있다. 단, 스프레이 접착제는 야외에서 뿌리고 실내로 다시 들어와서 작업해야 한다.

• 우유갑을 잇거나 정사각형 모양으로 제작한 틀을 쌓아 올릴 때 글루건으로 고정시켜야 하므로 화상에 주의한다.

• 자연스러운 느낌을 주기 위해 한지를 자를 때는 가위나 칼을 사용하지 말고 손으로만 찢어서 사용한다.

# 교육과정-수업-평가 일체화의 기록

매년 크리스마스트리를 새로 사거나 새 재료를 사서 꾸몄는데, 막상 크리스마스가 지나면 트리는 쓰레기통에 들어가곤 했다. 안 그래도 지구에 쓰레기가 넘쳐나는데 고작 며칠 즐겁자고 트리와 장식들을 모두 새로 사서 만드는 것이 너무 아까웠다. 굳이 새 물건을 사지 말고 학교에 있는 물건들을 재활용해서 만들어보자!

| 성취기준 | 학습 및 평가요소 | 학년 - 학기 - 단원 |
|---|---|---|
| • [6사08-05] 지속가능한 세계 | - 지구촌의 주요 환경 문제를 조사하여 해결 방안을 탐색하고, 환경 문제해결에 협력하는 세계시민의 자세를 기른다.<br>- 환경 문제해결에 협력하는 세계시민의 자세 기르기 | 6-2-2 |
| • [6실05-04] 기술 활용 | - 다양한 재료를 활용하여 창의적인 제품을 구상하고 제작한다.<br>- 제품 제작하기 | |
| • [6미02-01] 표현 | - 표현 주제를 잘 나타낼 수 있는 다양한 소재를 탐색할 수 있다.<br>- 표현 주제를 나타내는 다양한 소재 탐색하기 | |

## 배움을 확장하는 생생 현장 스케치

좌 시키지 않아도 알아서 녹색과 빨간색 색종이를 이용해서 포인세티아 리스 장식을 만든 아이들! 크리스마스를 위해 학습준비물 주문할 때는 녹색과 빨간색 색종이 한 통씩 주문하는 걸 잊지 말 것!

우 크리스마스이브에 파티를 하고 싶다는 아이들에게 어떻게 하고 싶은지 직접 축제를 기획하고 홍보 포스터도 만들라고 했다. 그냥 영화 보면서 과자 먹는 건데 회의를 하고, 모둠별로 홍보 포스터까지 만들라고 하니 악덕 선생님이라며 눈을 흘기는 녀석들!

192

## 다른 교과와의 연계와 배움의 확장 "이렇게도 해보아요!"

• 미술   크리스마스트리에 걸 리스를 색종이로 만들었다. 아이들이 만든 작품을 집에 가서 문에 걸 수 있도록 끈을 달아주었다.

• 창체(자율)   영화를 보면서 과자 파티를 하고 싶다는 아이들이 만든 축제 포스터!

### 응용 및 심화 활동

• 트리를 여러 개 만들어서 근처 요양원과 고아원에 기증한다.
• 재활용품으로 커다란 작품을 만들어 복도에 전시하여 전교생이 함께 공유한다.

### 스토리가 있는 껄껄쌤의 수업 나눔

11월 말이 되자 아이들은 벌써 크리스마스 분위기에 마냥 들떠 있었다. 매일 크리스마스 이야기만 해서 제일 하고 싶은 게 뭐냐고 물었더니 트리를 꾸미고 싶단다. 그런데 트리를 새로 사서 크리스마스 때만 잠깐 전시하고 버리면 어쩌냐고 하자 한참을 고민하더니 뒷산에서 나무를 베어오자는 아이도 있었고, 집에서 나무를 가져오겠다는 아이도 있었다. 그때 갑자기 아이들이 손에 들고 있던 우유갑이 눈에 들어와 우유갑으로 한번 만들어보자고 했더니 막연해하는 눈치였다. 한 번도 본 적 없는 우유갑 나무 만드는 법을 설명해주고 재료 준비에 들어갔다. 워낙 전체 학생 수가 적어서 트리 재료가 될 우유갑을 모으는 데만 몇 주가 걸렸다. 우유갑을 끼워서 단단하게 만들고, 글루건으로 고정시키는 등의 작업이 우리 반 아이들 손만으로는 부족할 것 같아서 다른 학년 아이들과 선생님들께도 도움의 손길을 요청했다. 지원자들이 도착하자 일의 속도가 빨라졌다. 특히 손이 빠른 6학년들이 돕기 시작하자 크리스마스까지 만들지 못할 것 같던 트리가 점점 모습을 드러냈다. 처음에 한지를 붙일 때 딱풀을 사용했는데 그 모습을 처량하게 보시던 옆 반 선생님께서 양면테이프와 스프레이 접착제로 속도를 높여주셨던 것도 큰 도움이 되었다. 저학년 꼬마들은 형, 누나들이 한지를 붙이는 동안 색종이와 클레이로 트리에 걸 장식품을 만들었다. 녹색 한지를 뒤집어쓴 밀크트리에 아이들이 손수 만든 장식품을 걸고, 학교에 돌아다니는 전구를 둘렀다. 그리고 콘센트에 플러그를 꽂는 순간! 아이들과 선생님들 입에 탄성이 쏟아졌다. 그리고 다시는 못 하겠다는 말도 함께… 이거 칭찬인 거지?

# 글로벌 가면무도회

**대주제** 우리가 사는 지구    **소주제** 세계 각국의 노래와 춤, 놀이 즐기기

**# 협업**    **# 창의력**    **# 사회정서**    **# 표현력**

활동장소 교실      활동시간 80분      활동대상 2학년

활동재료 A4용지(120g), 마커펜, 가위, 벨크로 테이프

## 💡 활동 소개   복면춤왕은 누구?

요즘 또 다른 자아인 '부캐'가 뜨고 있다. 부캐를 통해 평소 감춰온 자신의 끼를 유감없이 발산하기도 한다. 복면을 쓰면 비슷한 효과를 기대할 수 있다. 부끄러움 많은 본모습은 복면 뒤로 잠시 숨긴 채 제대로 댄스 실력을 발휘하는 시간! 오늘 가장무도회에서 가장 빛나는 세계 최고의 가면은 과연 누가 될 것인가?

각 나라의 재미있는 가면들. 만약 같은 가면을 완성하면 만든 친구들끼리 모여서 그 나라 음악이 나오면 춤을 추는 무도회를 열었다. 무도회 후에는 가면 뒤에 생생한 소감문을 적었다.

## 활동 순서 알아보기

1 검색사이트에서 '가면 색칠하기놀이'를 검색하여 'SUPER COLORING'
 이라는 사이트에서 원하는 가면을 골라 세로로 출력한다.

2 사진을 참고해서 가면에 색칠한다. .

3 가위와 칼을 사용해서 가면을 오리고 자르고 머리띠를 붙인다. 가면을
 쓰고 세계 여러 나라의 춤을 추는 활동이 끝나면 가면을 뒤집어 소감을
 적는다.

### 앗, 잠깐만!

• 가면의 종류가 워낙 많으므로 교사가 미리 몇 개 나라의 가면을 출력해두고, 각각
 원하는 수만큼 복사해서 나눠주면 활동 시간을 절약할 수 있다.

• 가면에 해당하는 나라의 음악과 춤이 나오는 영상도 교사가 사전에 준비한다.

• A4용지는 주로 사용하는 80g 대신 더 두꺼운 120g이나 150g을 사용한다.

• 가면을 얼굴 크기에 맞추려면 가로가 아닌 세로로 설정해서 출력해야 한다.

• 실제 가면 사진을 참고하여 색칠한다.

# 교육과정-수업-평가 일체화의 기록

#가면만들기    #가면꾸미기    #세계여러나라의가면    #탈문화

활달한 장난꾸러기가 많은 2학년이지만, 좀처럼 자신을 드러내기 어려워하는 수줍음 많은 아이들도 있다. 친구들 앞에서 노래도 어려운데 몸으로 하는 활동은 더 말할 것도 없다. 혹시 얼굴을 가리면 좀 나을까 싶어 예능프로그램인 〈복면가왕〉에서 아이디어를 가져왔다. 개인이 아닌 모둠별로 춤을 추게 하면 좀 더 스스럼없을까?

| 성취기준 | 학습 및 평가요소 | 학년 - 학기 - 단원 |
|---|---|---|
| •[2즐07-04]<br>나라 | - 다른 나라의 노래, 춤, 놀이를 즐기고 그 느낌을 다양하게 표현한다.<br>- 노래, 춤, 놀이 즐기기 | 겨울 2-2-1 |
| •[2국03-04]<br>쓰기 | - 인상 깊었던 일이나 겪은 일에 대한 생각이나 느낌을 쓴다.<br>- 경험에 대한 생각이나 느낌 쓰기 | 2-2-2 |

### 배움을 확장하는 생생 현장 스케치

좌 분교 2학년 학생은 겨우 두 명인데 교과서에 나오는 〈팥죽할머니와 호랑이〉의 배역은 해설사까지 모두 10명! 아이들은 못하는 거냐고 실망하는 기색을 감추지 못했다. "못하긴 왜 못해!" 일단 나오는 배역의 가면을 모두 만들어 보라고 했다. 그리고 점심시간에 다른 학년 선생님들과 선배들에게 SOS를 보냈다. 그리하여 전교생이 모여 팥죽할머니와 호랑이 연극을 할 수 있었다. 이미 2학년 때 배운 내용이라 그런지 가면 뒤에 자기가 해야 할 멘트만 적더니 뚝딱뚝딱 연극을 완성해내는 멋진 선배들!

우 가면은 종이로만 만들어야 할까? 물론 아니다. 클레이는 자유자재로 변형이 가능하고 접착력도 좋다. 게다가 마르면 가벼워지기까지 해서 탈 만들기에 최적의 재료이다. 울퉁불퉁한 모습이 진짜 도깨비 같다고 했더니 아이가 도깨비는 이렇게 못 생기지 않았단다. 이게 무슨 말이야? 아! 설마 너 그 드라마 본 거니?

## 다른 교과와의 연계와 배움의 확장 "이렇게도 해보아요!"

• 국어  〈팥죽할머니와 호랑이〉 대본을 보면서 연극을 하기 위해 스케치북으로 일일이 등장인물 가면을 만들었다.

• 창체  분교 전교생이 모여 창체시간에 〈능말 도깨비놀이〉라는 마당놀이를 했는데, 도깨비를 표현하기 위해 폼클레이를 사용해서 가면을 만들었다.

### 응용 및 심화 활동
• 여러 가지 가면을 모아 가면책을 만든다.
• 천연염색으로 가면에 어울리는 의상을 제작하여 가면무도회를 연다.

### 스토리가 있는 껄껄쌤의 수업 나눔

새로 전학을 온 그 아이는 도통 움직임이 없었다. 작은 몸집에 목소리도 작았고, 늘 자신감도 없었다. 아이들이 좋아하는 피구를 해도 항상 초반에 탈락했고, 쉬는 시간에도 친구들이 묻는 말 외에는 거의 말이 없었다. 그래서 어떻게든 친구들과 어울릴 기회를 주고 싶던 차에 세계 여러 나라의 노래, 춤, 놀이를 함께 활동하다 보면 조금이나마 친해지지 않을까 싶었는데 문제는 부끄럼이 너무 많아서 노래나 춤은 어림도 없다는 점이었다. 그래서 얼굴을 가릴 수 있는 가면을 만들고 공통점이 있는 친구들과 함께라면 움직일지도 모른다고 생각했다. 가면은 인도, 이집트, 중국 가면을 준비했다. 각자 좋아하는 가면을 골라서 모둠별로 모여 색칠을 하고 영상을 보며 춤을 연습할 수 있는 시간도 주었다. 아이들은 서로 사전에 자기네 춤추는 모습이 공개되는 걸 차단하기 위해 교실 안에 가림막을 설치하거나 복도까지 나가서 연습했다. 드디어 다가온 발표 시간! 신나서 교실을 활개치는 녀석들 사이로 그 아이가 눈에 들어왔다. 오! 자의인지 타의인지는 모르겠지만 수줍게 몸을 흔들며 움직이는 아이의 모습 포착! 물론 수업을 마치고 다시 움직임 없는 원래의 모습으로 돌아갔지만, 아이의 인생에서 이 움직임은 어떤 의미로 기억될까?

# 세계의 랜드마크

**대주제** ▷ 우리가 사는 지구     **소주제** ▷ 보드게임을 활용한 세계의 건축물 탐색

\# 지식정보처리     \# 협업     \# 의사소통     \# 문제해결

활동장소 교실                    활동시간 80분                    활동대상 5학년

활동재료 A4용지(120g), 가위, 칼, 자, 목공용 풀, 이쑤시개

## 💡활동 소개  모두의 마블

재미있는 프로젝트 수업을 만들어갈 아이디어가 많겠지만, 그중에서 아이들의 자발적인 참여를 높이는 가장 좋은 아이디어는 역시 아이들의 삶에서 가져오는 것이다. 특히 게임은 아이들이 열광하는 것 중 하나인데, 휴대폰 게임을 활용하면 아이들의 몰입도가 아마 몇 배는 더 뜨거워질 것이다.

빅뱅, 타워브릿지 등 대형 보드게임을 위해 제작된 세계의 랜드마크들! 휴대폰 게임이 실제 보드게임으로, 그리고 보드게임을 다시 사회 수업을 위한 자료로 활용했다.

## 활동 순서 알아보기

1 〈종이로 만드는 건축의 역사〉에서 랜드마크 하나를 골라 뜯고 조립 방법을 찬찬히 읽는다.

2 종이 부품을 뜯고, 접는 부분에 자를 대고 칼등으로 한 번 긁는다.

3 목공용 풀로 부품을 조립한다. 세밀한 부분은 이쑤시개를 사용해서 붙인다.

4 부품을 붙여서 완성하면 보드게임판을 보고 교실에 보드게임판과 똑같이 배치한 훌라후프 안에 건축물과 설명서를 함께 넣고 모든 랜드마크를 완성하면 게임을 시작한다.

### 앗, 잠깐만!

- 보드게임에 있는 나라의 랜드마크를 만든다.
- 건축물이 단단하게 설 수 있도록 80g 종이보다는 최소 120g이나 150g의 두꺼운 종이를 사용한다.
- 보드게임판을 만들기 어렵기 때문에 교실 전체를 보드게임판으로 생각하고 각각의 칸은 훌라후프로 표시한다.
- 접는 부분은 자를 대고 칼등으로 한 번 긁어주면 깔끔하게 접힌다.
- 한 번에 여러 개를 동시에 접는 수 있으면, 자를 대고 먼저 칼등으로 접는 선을 만들고 나중에 외곽선을 자른다. 동시에 한 번에 자르거나 그으면 안 되는 곳이 있는지 확인하고 자른다.

사실 이번 프로젝트를 먼저 제안한 것은 다름 아닌 아이들이었다. 휴대폰 게임 이야기를 하다가 진짜로 보드게임을 하고 싶다고 했고, 보드게임이 너무 작아서 우리 교실만한 크기의 보드판이 있었으면 좋겠다고 말했기 때문이다. 그래서인지 몰라도 그 어느 때보다 열심히, 자발적으로 참여했다.

| 성취기준 | 학습 및 평가요소 | 학년 - 학기 - 단원 |
|---|---|---|
| •[6사01-01] 지리 인식 | - 우리나라의 위치와 영역이 지니는 특성을 설명하고, 이를 바탕으로 하여 국토 사랑의 태도를 기른다.<br>- 우리나라의 위치와 영역의 특징 | 5-1-1 |
| •[6미01-05] 체험 | - 미술 활동에 타 교과의 내용, 방법 등을 활용할 수 있다.<br>- 타 교과의 내용 방법 활용하기 | |

### 배움을 확장하는 생생 현장 스케치

좌  단 두 시간 만에 끝내 버릴 만큼 무시무시한 에너지를 발산해버린 녀석들! 이렇게 왕성한 에너지 덕분인가? 3개월이라는 짧은 시간 동안 녀석들과 다양한 활동을 할 수 있어서 행복했다.

우  조립 활동은 전 교과에 걸쳐서 적용해볼 수 있는 유용한 활동이다. 나무 현미경 키트를 직접 조립해서 만들고, 그렇게 만든 물건으로 관찰까지 할 수 있는 소형 현미경은 아이들에게 집에 가면서 눈에 띄는 많은 것들을 새로운 눈으로 볼 수 있는 기회를 주었다. 과학실에 무겁게 한 자리 차지하고 있는 현미경이었다면 아이들에게 이런 경험을 줄 수 있었을까?

200

## 다른 교과와의 연계와 배움의 확장 "이렇게도 해보아요!"

- **사회** 〈만공 한국사〉로 한국사 버전도 만들어보았다. 선사시대의 유적지부터 근현대 건축물까지 50종이 넘는 건축물로 구성되어 있어서 마치 건축물 입체 연표 같이 보인다.

- **과학** 과학실에서 쓰는 무거운 현미경 대신 언제, 어디서나 세포 관찰이 가능하도록 가방에 쏙 들어가는 간이 현미경을 제작했다.

### 응용 및 심화 활동

- 냉장고 상자처럼 커다란 상자 안에 자기가 만든 랜드마크와 함께 그 나라의 영상이 담긴 QR 코드와 사진 등으로 부스를 만들어 게임을 한다.
- 우리 모둠에 해당하는 나라의 이야기로 단서를 만들고 다른 모둠 사람들은 교실탈출게임에 참여한다.

### 스토리가 있는 껄껄쌤의 수업 나눔

이 프로젝트를 계획하고 랜드마크를 제작하는 단계까지는 성공했지만, 교실 전체를 보드게임판으로 쓰는 마지막 활동은 내가 중간 발령이 나는 바람에 아쉽게도 마무리할 수 없었다. 새 학년, 아이들의 아이디어로 시작된 프로젝트라서 꼭 함께하고 싶었는데… 당시 근무하던 곳은 분교라서 반 아이들이 고작 두 명뿐이라 아무리 내가 도와줘도 보드게임에 필요한 랜드마크를 몇 시간 만에 뚝딱 만들 순 없었기 때문에 1년 장기 프로젝트로 잡고 연말에 게임을 해보려고 계획했건만, 분교 학급이 더 줄어들면서 갑자기 본교로 돌아가게 된 것이다. 8월 31일에 아이들에게 작별인사를 하고, 다음 날 본교에 갔더니 12배나 많은 24명의 아이들이 기다리고 있었다. 55개나 되는 한국사 조립세트를 주문했는데 아이들은 단 두 시간 만에 모든 조각을 뚝딱 조립해서 사물함 위에 떡 진열해놓고 가는 게 아닌가? 그 모습에 갑자기 분교 아이들의 얼굴이 떠오르며 미안함이 몰려왔다. 교문까지 배웅나온 분교 아이들의 얼굴을 보며 일부러 더 활짝 웃어주었지만, 마음속엔 미안함이 가득했다. 약속을 지키지 못했다는 미안함, 끝까지 함께 해주지 못하는 미안함. 수업일기를 쓰는 블로그에도 그날의 쓰라린 흔적이 여전히 남아 있다.

# 세네트 만들기

대주제 ◀ 우리가 사는 지구    소주제 ◀ 고대 이집트의 보드게임 즐기기

#상상력    #수학적사고    #다문화감수성    #시민의식    #지식정보처리

활동장소 교실          활동시간 80분          활동대상 2학년

활동재료 우유갑, 가위, 양면테이프, 윷 4개, 바둑알 10개(흰색 5개, 검은색 5개), 색종이, 풀, 네임펜

## 💡 활동 소개 고대 이집트에도 윷놀이가 있었다고?

이집트 투탕카멘의 피라미드에서 3000년의 역사를 가진 보드게임이 출토되었
다. 사후세계의 여정을 테마로 한 게임으로 죽은 사람이 죽음의 신 세네트와 겨
루어 이기면 내세에서 영생을 누릴 수 있다고 믿었기에 고대 이집트 사람들이 신
분을 가리지 않고 즐겼던 놀이인데, 한국의 윷놀이와 비슷하다. 2학년 아이들이
처음 보는 외국의 보드게임을 그것도 3500년이나 된 게임을 잘 할 수 있을까?

세네트 게임을 하기 위해서는
3×10 게임판, 윷, 각각 다른
색깔의 말 다섯 개씩이 필요하
다. 상형문자 5개는 말판에 그
려서 표시한다.

## 활동 순서 알아보기

**1** 우유갑 30개를 잘라서 가로 10칸, 세로 3칸이 되도록 양면테이프로 붙여서 고정시킨다.

**2** 'ㄹ'자 순서로 1부터 30까지 네임펜으로 적고 16번, 26번, 27번, 28번, 29번, 30번에 미션 역할을 하는 상형문자를 색종이에 그려서 통에 붙인다.

**3** 윷을 던져서 바둑알을 옮겨가며 규칙에 맞게 게임을 한다.

### 앗, 잠깐만!

• 원래 세네트에는 숫자가 적혀있지 않지만, 2학년 아이들을 위해 보드판에 숫자를 적도록 한다.
• 상형문자의 의미를 알 수 있게 화면으로 보여주고, 그래도 잘 이해하지 못하면 게임을 멈추고 선생님께 질문을 해서 도움을 구한다.
• 정해진 방식 없이 다양한 방법으로 게임을 진행했기 때문에 나이에 맞게 난이도를 조절한다.

2학년 겨울 교과서에는 이미 일본의 '겐다마', 러시아의 '마트료시카', 베트남의 잠자리 장난감 '쭈온쭈온'이 나와 있다. 기성 장난감들도 좋지만, 아이들은 생각보다 오래 즐기지 않는다. 보드게임 형식으로 직접 만들면 더 오래 즐길 수 있을 것 같아서 세계의 전통놀이를 둘러보다가 3500년이나 된 이집트의 '세네트'를 발견했다. 만들기도 어렵지 않고 윷놀이와도 비슷한 면이 있어서 2학년 아이들도 쉽게 이해할 것 같았다.

| 성취기준 | 학습 및 평가요소 | 학년 - 학기 - 단원 |
|---|---|---|
| • [2슬07-04] 나라 | - 다른 나라의 노래, 춤, 놀이를 조사한다. <br> - 다른 나라의 노래, 춤, 놀이 조사하기 | 겨울2-2-1 |
| • [2즐07-04] 나라 | - 다른 나라의 노래, 춤, 놀이를 즐기고 그 느낌을 다양하게 표현한다. <br> - 다른 나라의 노래, 춤, 놀이 즐기기 | 겨울2-2-1 |

**배움을 확장하는 생생 현장 스케치**

좌 처음에는 아프리카 게임 '만칼라'를 찾았는데 그 나라가 이집트인지 에디오피아인지 정확히 찾을 수 없었다. 만칼라는 아프리카 외에도 중동, 아시아에도 비슷한 게임이 있다. '숭카'는 필리핀의 만칼라라고 할 수 있는데, 이 역시 자기 홈에 더 많은 구슬을 모으는 사람이 이기는 경기이다. 구슬을 옮기면서 자기 홈에 구슬을 하나씩 놓을 수 있는데, 상대방의 홈은 건너뛸 수 있다. 단, 아무것도 없는 칸에 마지막 구슬을 놓으면 순서가 상대방으로 넘어간다. 처음에는 속도가 더디지만 한 시간만 지나도 바람처럼 빨라진 아이들의 손을 볼 수 있다. 구술 대신에 바둑알을 이용해 놀이하였다.

우 '탐파'는 코스를 그려서 미션을 수행하는 일종의 알까기 놀이이다. 이 녀석들 미션을 직접 쓰라고 했더니 무려 "선생님 웃기기"라고 썼단다. 나 그렇게 웃음 헤픈 사람이 아닌데 큰일 났네! 억지로라도 웃어야 하나? 아하하하하하~!

204

## 다른 교과와의 연계와 배움의 확장 "이렇게도 해보아요!"

• 겨울  필리핀의 씨앗 옮기기 전통놀이 '숭카'는 만들기도 쉽고, 게임 방법도 어렵지 않아서 우유갑으로 만들어서 놀이를 했다.

• 겨울  브라질의 전통놀이 '탐파'는 우리나라의 알까기와 비슷하다. 종이 한 장, 볼펜 한 자루 그리고 바둑알만 있으면 만들 수 있는 초간단 게임!

### 응용 및 심화 활동

• 코로나19 때문에 등교하지 못할 때, 세계의 전통놀이를 즐길 수 있는 어플을 찾아서 반 친구들과 함께 즐긴다.

### 스토리가 있는 껄껄쌤의 수업 나눔

만드는 과정은 간단한데, 시간은 제법 걸렸다. 일단 우유갑을 씻어 물기를 닦고 잘라야 했다. 부상 위험 때문에 칼과 글루건 대신 가위와 양면테이프를 사용했다. 우유갑 30개를 다 붙이고 색종이를 잘라서 상형문자를 따라 그렸다. 이제 게임 준비 끝! 놀이 방식은 윷놀이와 비슷해서 쉬울 거라 생각했는데, 차이점도 있어서 윷놀이에 익숙한 아이들을 헷갈리게 만들었다. 한국의 윷놀이에서는 '윷'이나 '모'가 나오면 한 번 더 던지지만 세네트에서는 '모'만 한 번 더 던질 수 있다. 또 '모'는 다섯 칸이 아니라 여섯 칸을 이동한다. 윷놀이는 시작 칸에서 시작하지만, 세네트는 보드판 밖에 있다가 윷이 나오는 결과만큼 칸을 지나쳐서 이동한다. 이 외에도 여섯 가지 특수칸의 기능 및 주의사항은 이렇다.

- 16번은 상대편 말을 잡지 못한다.
- 26번은 윷을 한 번 더 던진다.
- 27번은 처음으로 되돌아간다.
- 28번은 윷이 걸이 나와야 탈출할 수 있다.
- 29번은 윷이 개가 나와야 탈출할 수 있다.
- 30번은 윷 한 개를 던져 윗면이 나와야 탈출할 수 있다.
- 세네트는 말을 업고 갈 수 없다.

아이고 복잡해… 이와 함께 빗발치는 민원! 결국 윷놀이와 동일하게 게임 방법을 변경했다. 그랬더니 잦아드는 민원! 그러면서 다른 보드게임을 하려면 아이스크림을 먹어야 한다나? 그건 도대체 어느 나라 법칙이니?

# 지구별 여행자

# 자기관리　# 시민의식　# 의사소통

활동장소 교실　　　활동시간 80분　　　활동대상 5학년

활동재료 A4용지 10장, 컬러프린터, 가위, 풀, 날짜 도장, 인주, 스탬프 잉크패드

## 💡활동 소개 세계여행 여권 만들기

해외여행이라는 단어만 들어도 설레는 사람이 있는가 하면 반대로 어쩐지 두려워서 가기 싫다는 사람도 있다. 그런데 의외로 여권 심사 때문에 해외여행을 두려워하는 사람도 있다. 우리 아이들이 여권 심사에 주눅 들어서 해외여행을 꺼리는 불상사는 없어야겠지?

여권 겉면, 여권 정보가 담긴 면은 물론 스탬프까지 있어서 교과서에 실린 자료보다 더 생생하게 출입국 심사장의 분위기를 연출할 수 있었다.

## 활동 순서 알아보기

**1** 가로, 세로를 확인하며 한 장씩 출력한다. 세 번째 여백이 많은 종이만 5장 더 출력한다.

**2** 가위로 여권과 스탬프를 오린다. 여권 케이스를 제외한 나머지 종이를 반으로 접어 풀로 붙인 후 마지막에 케이스를 붙인다.

**3** 여권 정보면에 사진을 출력해서 붙이고 이름, 주소, 생년월일 등의 정보를 영문으로 적는다.

**4** 여권에 사진과 여권 정보를 쓰고 출입국 심사장 활동을 시작한다. 심사국 직원은 관광객에게 질문하고, 통과하면 해당하는 나라의 스탬프를 붙이고 날짜 도장을 찍는다.

### 앗, 잠깐만!

- 실제 여권을 보여주면 어떤 위치에 어떤 정보가 들어가는지 학생들이 스스로 찾아볼 수 있다.
- 스탬프를 여러 번 찍어야 하므로 스탬프 찍을 종이를 여러 장 출력해서 두툼하게 만든다.
- 날짜 도장을 활용해서 스탬프 위에 찍어주면 입국 심사장의 느낌을 한층 더 생생하게 살릴 수 있다.

# 교육과정-수업-평가 일체화의 기록

#여권 심사  #출입국 심사  #영어 인터뷰  #여권 만들기

영어 교과서에 여권 심사 장면과 함께 여권을 만들어볼 수 있는 활동지가 달려있었다. 하지만 고작 여권 앞면에 영문으로 이름을 적고 태극기를 붙이는 게 다였다. 물론 뒤에 다른 나라 국기가 보이긴 했지만, 이것만으로는 뭔가 아쉽다는 생각에 인터넷을 뒤져 최대한 여권과 비슷한 모형을 찾았다. 최대한 출입국 심사장과 비슷한 분위기를 연출해보고 싶었다.

| 성취기준 | 학습 및 평가요소 | 학년 - 학기 - 단원 |
|---|---|---|
| • [6영01-02] 듣기 | - 일상생활 속의 친숙한 주제에 관한 간단한 말이나 대화를 듣고 세부 정보를 파악할 수 있다.<br>- 일상생활 속의 친숙한 주제에 관한 대화를 듣고 세부 정보 파악하기 | |
| • [6미01-05] 체험 | - 미술 활동에 타 교과의 내용, 방법 등을 활용할 수 있다.<br>- 타 교과의 내용 방법 활용하기 | |

### 배움을 확장하는 생생 현장 스케치

좌  영월에 있는 세계민속악기박물관에서 썬더드럼 외에도 레인스틱, 나무피리, 새피리, 스터드럼, 오카리나 등을 만들어 연주해볼 수 있었다. 그걸 보고 와서 음악 시간에 제작한 썬더드럼은 창체 동아리 시간에 하는 마당극 〈능말도깨비 놀이〉에서 도깨비가 등장하는 장면의 효과음을 내는 용도로도 사용했다.

우  영월은 인구 4만이 안 되는 작은 도시지만 박물관이 무려 23개나 있고, 해외에 국제협력단을 파견하는 코이카 교육원인 월드프렌즈빌리지까지 있다. 그래서 아이들이 관내에서 아프리카와 인도의 미술작품이나 세계 여러 나라의 악기를 보고 만들어서 연주까지 할 수 있다. 특히 코이카 월드프렌즈에서 다양한 나라의 의식주문화를 체험해볼 기회를 가졌다.

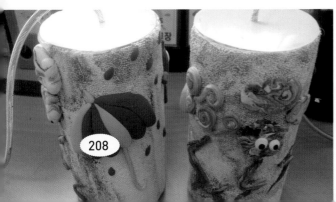

## 다른 교과와의 연계와 배움의 확장 "이렇게도 해보아요!"

• **음악**　영월 세계민속악기박물관의 도움을 받아 인도네시아 전통악기인 썬더드럼을 만들었다. 극적인 장면에서 사용해서 효과를 주었다.

• **사회**　영월에 있는 코이카 월드프렌즈빌리지에 방문하여 서아프리카 전통악기 젬베와 티베트의 싱잉볼을 연주했다.

### 응용 및 심화 활동

• 수업이 끝나고 나서야 너무 여권에만 신경을 썼다는 생각이 들었다. 다음에는 이왕이면 비행기표와 출입국신고서도 만들어서 수업을 해보고 싶다.

### 스토리가 있는 껄껄쌤의 수업 나눔

영어가 어렵다는 아이들의 하소연에 왜 어렵냐고 물으니 새로 배우는 단어가 어렵고 말이 너무 빠르단다. 그럼 영어를 왜 공부하냐고 물었더니 놀란 표정으로 대답하지 못한다. 그냥 학교에서 하니까 부모님이 하라니까 하지 않았을까? 그래서 질문을 바꾸었다. 언제 영어를 쓰게 될지 물었더니 해외여행 갈 때 쓸 것 같다고 했다. 그래서 억지로 공부하지 말고 여행 간다는 느낌으로 재밌게 시작해보자고 했다. 다행히 첫 단원이 여행 이야기였다. 공항에서 찍었던 사진도 보여주고, 활동지를 뜯어 여권을 만들려는데 교과서에 있는 여권이 너무 부실했다. 그래서 인터넷으로 찾아보니 비슷한 모양의 활동지가 있었다. 다음 날 진짜 내 여권도 가져와 보여주니, 아이들은 신기한지 이리저리 살펴보았다. 여권 탐색 후 실제로 내가 갔던 나라에서 찍은 사진들을 보여주며 각자 가고 싶은 나라를 골랐다. 나라를 정하고 각자 활동지로 여권을 만들었다. 아이가 두 명뿐이라, 한 명은 여행객, 한 명은 여권 심사국 직원을 맡기로 했다. 그리고 나는 검표원! 원래 계획은 여러 나라의 가상 입국을 시도해보기로 했는데 생각보다 많이 하진 못했다. 이 녀석들이 아는 영어 모르는 영어 다 동원해서 심사원은 여권 심사를 필사적으로 막고, 관광객은 필사적으로 관문을 뚫으려고 아등바등하는 동안 시간이 너무 오래 흘러버린 것이다. 질문을 던지고 대답하기 위해 친구가 쓰는 단어를 재빨리 습득하기도 했다. 이 녀석들, 이 정도 근성이면 세계 어디를 가도 심사대에서 기죽을 일은 없겠는걸?

수학과 과학을 오직 교과서 안에서만 바라본다면 어쩌면 세상 딱딱하고 지루한 언어 일지 모른다. 하지만 교과서 밖으로 나온 수학과 과학은 우리의 일상생활 곳곳에서 마주한 문제해결에 빼놓을 수 없는 중요한 역할을 한다. 상대의 말을 배우지 못하면 서로 소통할 수 없는 것처럼 수학과 과학을 이용한 문제해결능력을 키우기 위해서는 먼저 수학과 과학의 언어를 배우는 것이 첫걸음이다. 여기서는 모양, 길이, 무게 등 일 상에서 친근한 수학과 과학의 기본 이해에서 시작하여 논리적이고 분석적인 문제해 결사로 성장하기 위한 밑거름을 제공하는 활동들을 제시하고자 한다.

아름답고 신기한 수학과 과학 언어

# 창조적·논리적
# 문제해결사의 탄생

4장

#수학#과학#추상적사고#문제해결

# 1분 모래시계

**대주제** ▸ 측정과 문제해결    **소주제** ▸ 짧은 시간의 소중함도 깨닫자

# 자기관리    # 지식정보처리    # 민감성    # 수학적사고

활동장소 교실          활동시간 80분          활동대상 3학년

활동재료 시계만들기 세트, 페트병 2개, 비닐봉지, 가위, 접착식 테이프, 이쑤시개, 고무줄

## 💡활동 소개 시간을 소중히 여기는 우리

일본 만화영화 〈시간을 달리는 소녀〉의 주인공은 어느 날 우연히 과거와 현재를
오갈 수 있는 타임리프 능력을 갖게 된다. 주인공은 고민을 해결하기 위해 타임
리프를 사용하지만, 이 능력을 사용할수록 어쩐지 일은 점점 더 꼬여만 간다. 시
간을 마음대로 조정할 수 있다면 좋겠지만, 그럴 수 없다면 1초의 소중함을 알고
잘 지켜야겠지?

시계 만들기 세트와 함께 제작
한 페트병 모래시계! 만드는 방
법은 쉽지만 1분 맞추기가 생
각보다 쉽지 않은 미션이었다!

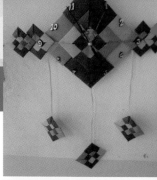

## 활동 순서 알아보기

1 시침, 분침, 초침이 있는 시계 만들기 세트를 조립해서 완성한다.

2 교내에서 가는 모래가 있는 곳을 찾아 페트병 한 통에 모래를 담는다. 비닐봉지를 잘라 이쑤시개로 구멍을 뚫고 입구를 덮은 후 고무줄로 입구를 칭칭 감는다. 병 안의 모래가 딱 1분 동안 모두 빠져나갈 수 있을 때까지 이 활동을 반복한다.

3 1분이 맞춰지면 모래가 담긴 페트병 위에 빈 페트병을 올리고 접착식 테이프로 입구를 이어준다.

### 앗, 잠깐만!

• 시계는 시침, 분침, 초침을 갖추고 있는 세트로 제작한다.
• 모래시계에 자갈이 들어가면 막힐 수 있으므로 최대한 가는 모래를 사용한다.
• 젖은 흙을 넣으면 비닐 구멍이 막히므로 마른 흙으로 패트병을 채운다.
• 페트병 입구에 모래가 묻으면 접착식 테이프가 잘 붙지 않으므로 주의하고, 묻었다면 물티슈로 닦은 후 말렸다가 다시 붙이도록 한다.
• 1분을 맞추기 위해 비닐에 구멍을 뚫을 때 작은 구멍으로 시작해서 점점 더 넓혀가도록 한다. 또는 구멍의 크기는 그대로 두고 모래의 양을 조절해도 된다.

아이들은 1초와 1분을 너무 짧게 생각해서 그 시간을 별로 대수롭지 않게 여겼다. 1분이 60초라는 것도 이미 알고 있어서 교과서 진도대로만 나간다면 수업이 5분만에 끝날 것 같았다. 그래서 1분이 얼마나 소중한 시간인지 체험해보기 위해 모래의 힘을 조금 빌렸다. 1분이라는 시간이 모이고 모이면 수업 한 시간이 뚝딱!

| 성취기준 | 학습 및 평가요소 | 학년 - 학기 - 단원 |
|---|---|---|
| • [3수03-01]<br>측정 | - 1분은 60초임을 알고, 초 단위까지 시각을 읽을 수 있다.<br>- 1분=60초 알기 | 3-1-5 |
| • [4미01-03]<br>체험 | - 생활 속에서 다양하게 활용되고 있는 미술을 발견할 수 있다.<br>- 생활 속 미술 발견하기 | |

### 배움을 확장하는 생생 현장 스케치

좌 운동장 흙과 화단 흙의 물빠짐을 비교하는 실험을 했다. 운동장 흙은 2~3분이면 물이 다 빠졌지만, 부식물이 많은 화단 흙은 10분 이상 시간이 걸렸다. 초시계를 들고 시간을 재던 아이들은 언제 물이 다 빠지는지 플라스틱 관이 뚫어질 만큼 쳐다보더니 탈진할 것 같다며 10분이 얼마나 긴 시간인지 깨달았다.

우 대학교에서 로켓동아리 활동 중인 주무관님 덕분에 과학의 날 행사에 대형 로켓을 발사하게 되었다. 에어로켓은 20초 이상 날면 많이 날아간 거였는데 어찌 된 영문인지 이 녀석은 당최 내려올 생각을 하지 않았다. 초보다는 분 단위로 계산을 해야 했던 추억의 로켓데이!

214

• 과학  직접 만든 시계를 사용해 운동장 흙과 화단 흙의 물 빠짐 비교 실험을 했다. 양쪽 플라스틱관 속의 물이 빠질 때까지(같은 시간 동안 양쪽 플라스틱 관의 물빠짐 양을 비교하여) 시간을 재어 두 흙의 차이점을 알아본다.

• 과학  과학의 날 행사를 하면서 로켓을 발사하고 시간을 측정했다. 1초라도 더 오래 날리기 위해서 아이들은 로켓 만들기에 온 정성을 쏟아부었다.

## 응용 및 심화 활동

• 체육 시간에 영화 〈미션 임파서블〉에 나왔던 레이저 피하는 장면을 재현하여 시간 내에 건너편에 있는 점수를 가져온다. 난이도와 거리에 따라 점수를 다르게 하여 아이가 스스로 선택할 수 있도록 한다.
• 40분 동안 교실판 방탈출 게임을 한다. 교실 곳곳에 교실을 탈출할 수 있는 힌트들을 숨겨놓고 아이들이 단서를 찾아 암호를 풀면 교실을 빠져나갈 수 있다. 암호를 빨리 풀면 운동장에 나가서 신나게 놀 수 있는 자유시간을 준다.

## 스토리가 있는 껄껄쌤의 수업 나눔

시, 분, 초를 알아보기 위해 휴대폰을 이용해도 되지만 일부러 시침, 분침, 초침이 있는 시계를 직접 만들면서 시계의 원리를 알려주고 싶었다. 한지 시계 만들기 세트를 사서 아이들과 함께 접어서 만들고 시계를 장착했다. 이후 운동장에 나가서 흙을 감별하는 활동을 해야 했다. 굵은 자갈이 섞여있는 운동장 흙보다는 가는 모래로 덮여있는 놀이터 흙이 더 좋다고 판단한 아이들은 바로 페트병에 모래를 가득 담았다. 하지만 오늘의 목표는 가득 담는 게 아니라 1분 맞추기! 비닐봉지를 잘라 중간에 이쑤시개로 구멍을 내고 고무줄로 입구에 감아 1분이 되는지 여러 번 확인하느라 아이들은 꽤 오랜 시간을 실험에 투자해야 했다. 먼저 만든 시계는 모래시계의 1분을 측정하기 위해 만든 시계란다. 시간을 세면서 1분이 차곡차곡 모여 수업 한 시간이 된다는 걸 알았으니, 앞으론 제발 쉬는 시간 끝나면 서둘러 교실로 좀 들어와 주렴!

# 위기탈출! 우리 학교 비상구

| 대주제 | 측정과 문제해결 | 소주제 | 재난 대비 우리 학교 구석구석 탐색하기 |
|---|---|---|---|

**#지식정보처리**  **#공동체**  **#협업**  **#민감성**  **#시민의식**

활동장소 교실          활동시간 80분          활동대상 3학년

활동재료 구글 어스(Google Earth map) 항공 사진 자료, 휴대폰 카메라, 연필, 자, 지우개, 색연필이나 사인펜, 1
층 건물 기준 A3 크기의 도화지(또는 스케치북) 2장

## 💡활동 소개  미로를 탈출하라!

아이들은 1년 365일 중 190일 정도를 학교에서 보낸다. 적게는 하루 4시간에서 많
게는 10시간 이상을 학교에서 생활한다. 그런 학교라는 공간이 화재나 지진으로
인해 위험해지면 아이들에게 어떻게 하라고 해야 할까? 아이들은 우선 이 활동을
통해 학교의 지형지물이나 공간배치를 파악할 수 있다. 또한 실제로 재난 상황이
발생했을 때 대피 장소와 대피 경로를 정하고 어떻게 성숙한 시민의식을 발휘해
질서 있게 행동해야 할지 판단하는 데 도움이 될 것이다.

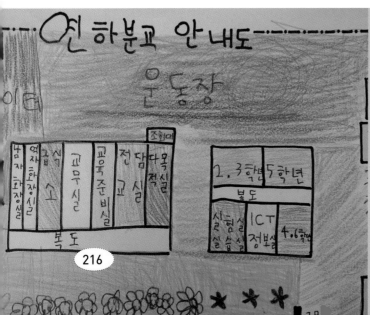

본동과 별동으로 나누어진 우
리 학교 지도. 단층 건물이라
지도 한 장 안에 표현할 수 있
었다. 대피도 용도로 만들었는
데, 실제론 외부인 안내도로 더
많이 쓰였다.

## 활동 순서 알아보기

1 구글 어스(Google Earth map)로 하늘에서 내려다본 학교의 모습을 살펴 보며 건물의 위치와 방향을 파악한다.

2 구글 어스를 보며 학교 건물을 A3 도화지에 옮겨 그린다. 교내를 돌아 다니며 내부구조를 살펴본 후에 건물 내부에 적당히 칸을 긋고 공간 명칭을 적는다.

3 교실로 돌아와서 간략하게 그린 학교 지도를 참고하여 다른 도화지에 옮겨 그린다. 이때 자를 이용해서 연필로 먼저 선을 그은 후 선이 굵은 매직으로 덧그린다.

4 각 공간을 다양한 색으로 칠하고 각각 명칭을 적는다. 화재, 지진, 태풍, 황사 등 각종 재난 상황에서 어디로 대피하고, 어떤 경로로 이동해야 할지 의견을 나누고 지도를 교실의 잘 보이는 곳에 배치한다.

5 OX퀴즈로 대피 시 행동요령을 알아본다. 20문제 중 10문제 이상 모든 아이들이 맞히면 운동장으로 나갈 수 있는데, 이때 교사가 제시한 재난 상황에 알맞은 대피 자세로 이동한다.

### 앗, 잠깐만!

- 조사 활동 시 다른 학급에 피해를 주지 않도록 주의한다.
- OX퀴즈 10문제를 모든 아이들이 맞혀도 남은 문제를 다 풀고 다 함께 나간다.
- 2층 이상의 건물은 도화지 한 장에 표현하기 어렵기 때문에 모둠을 나누어 층별로 따로 그린다.
- 공간이 많은 학교의 경우 교실과 특별실을 구분하여 칠하거나, 학년별 공간을 나누어 칠하는 것도 좋다.
- 바탕색이 짙으면 글씨가 보이지 않기 때문에 색칠은 색연필로 하고, 글씨는 사인펜으로 쓴다.

마을 지도나 한반도 지도를 그리기에 앞서 자신의 삶과 밀접한 관련이 있는 학교 공간을 먼저 파악하여 점차 마을, 한반도로 공간 개념을 확장할 수 있다. 또 작은 규모의 학교 지도를 만들면서 방위와 위치 개념도 파악할 수 있다. 이렇게 완성한 학교 지도는 재난 상황 발생 시 아이들 스스로 대피 경로, 대피 장소를 결정하는 상황 판단 능력을 기르는 데 활용할 수 있는 좋은 교구가 된다.

| 성취기준 | 학습 및 평가요소 | 학년 - 학기 - 단원 |
|---|---|---|
| •[4수03-04] 측정 | - 1cm와 1mm, 1km와 1m의 관계를 이해하고, 길이를 단명수와 복명수로 표현할 수 있다.<br>- 길이를 단명수와 복명수로 표현하기 | 3-1-5 |
| •[4미01-03] 체험 | - 생활 속에서 다양하게 활용되고 있는 미술을 발견할 수 있다.<br>- 생활 속 미술 발견하기 | |

## 배움을 확장하는 생생 현장 스케치

좌 화재대피훈련을 도와주시려고 운동장에서 준비하고 계시는 소방관 아저씨들의 모습

우 저학년 동생들을 위해 알기 쉬운 학교 안전지도를 제작 중인 늠름한 선배들의 모습

## 다른 교과와의 연계와 배움의 확장 "이렇게도 해보아요!"

· **안전한 생활**  학교 안내도를 이용한 화재예방교육 대피 훈련을 해보았다. 교실에서 운동장으로 대피할 때, 학교 안내도를 받은 모둠장은 교내방송을 듣고 화재 발생 장소를 안내도 위에 표시하여, 어떤 경로로 빠르게 이동할지 모둠별로 토의하고 탈출을 시도해보았다.

· **도덕**  학교에서 위험한 구역이나 물건 등을 알아보고, 저학년 동생들을 위한 학교 안전지도를 만들었다. 이때 동생들이 겪을 만한 어려움을 알아보고 도와줄 방법까지 모색한다면 금상첨화!

· **과학**  학교와 주변에서 동·식물을 관찰한 후, 우리 학교 또는 우리 마을 생태지도를 제작한다.

· **미술**  공간을 재배치하거나 고쳐서 우리 반 친구들이 다니고 싶은 학교 지도를 만든다.

### 응용 및 심화 활동

· 교내 안전지도를 만들면서 위험 요소가 많은 곳을 찾으면 회의 시간에 안건으로 올려 함께 해결 방법을 찾아본다.
· 직접 꾸미거나 가꿀 수 있는 학교 공간을 찾아내어 의미 있는 활동으로 공간을 채운다.

### 스토리가 있는 껄껄쌤의 수업 나눔

3학년쯤 되면 학교 구조를 잘 안다고 생각했는데 큰 오산이었다. 그래서 다 함께 학교 안내판을 만든다고 했을 때 아이들은 평소에 가보지 않은 학교 공간에 대해 궁금해하며 한껏 들떠 있었다. 지도 크기는 내가 A3용지로 정했다. A4용지는 너무 작아서 글씨까지 쓸 수 없고, A2는 너무 커서 아이들이 색칠하기 부담스러울 것 같았기 때문이다. 그런데 정작 활동이 끝나자 아이들은 내게 종이가 더 컸으면 좋겠다고 했다. 그 공간에 자기 나름대로 뭔가 더 많이 그리고 싶었나 보다. 역시 어른 눈높이의 앞서가는 배려가 문제다. 아이들은 직접 제작한 학교 안내판을 어디에 붙일지 의논하더니 유리문 앞에 붙였다. 우리 학교에 오신 손님이 위급할 때 어떻게 피할지 알아야 한다나? 첸! 그 태평양보다 넓은 배려심을 선생님한테도 좀 보여주지 않으련?

# 복제상자 뚱이

# 수학적사고    # 표현력    # 문제해결    # 의사소통

활동장소 교실              활동시간 80분              활동대상 5학년

활동재료 상자, 연필, 가위, 색연필, 사인펜, 크레파스, A2 크기의 도화지(또는 스케치북), 접착식 테이프

## 💡 활동 소개  미션, 직육면체를 복제하라!

1996년 최초의 포유동물 복제로 태어난 돌리를 기억하는가? 수많은 논란에도 불구하고 복제양 돌리를 만들어낸 영국의 과학자들이 박수를 받는 이유는 아무도 가지 못했던 길을 스스로 개척했기 때문일 것이다. 아이들도 영국 과학자들처럼 아무것도 모르는 상태에서 시작한다. 직육면체를 복제하려면 자신들이 알고 있는 모든 지식을 동원해서 힘을 합쳐야 한다. 상자에 그려진 만화 캐릭터를 보고 내가 '별가'라고 하자 아이들이 "별가 아닌데요! 뚱이인데요!"라고 하며 이름을 확실하게 하겠다며 '뚱이'라는 이름을 붙어버렸다.

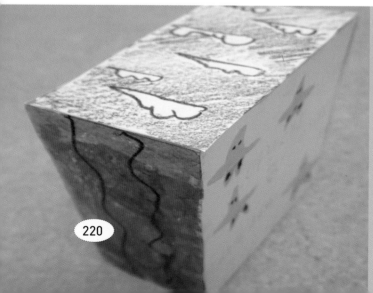

상자를 복제하면서 직육면체의 성질을 파악할 수 있는 활동이다. 직육면체는 서로 마주보는 면이 같은 모양과 크기의 사각형이라는 것, 마주보는 면은 이웃하지 않고 평행하다는 것, 꼭짓점은 세 변이 만나는 곳이라는 것을 알아야 완성할 수 있는 작품이다.

## 활동 순서 알아보기

1 상자가 직육면체가 될 수 있도록 필요 없는 부분을 칼과 가위로 제거한다.

2 헷갈리지 않게 각각의 면마다 돌아가며 1번부터 6번까지 번호를 쓴다.

3 순서대로 도화지에 면을 대고 그대로 본뜬다.

4 도화지에 그려진 사각형을 하나씩 가위로 자른다.

5 똑같은 크기의 사각형끼리 같은 디자인으로 꾸민다.

6 직육면체의 전개도로 만들고 이웃하는 면을 접착식 테이프로 붙인다.

7 옆면을 세워서 접착식 테이프로 붙이고, 윗면의 뚜껑을 덮어 접착식 테이프를 붙이면 복제상자 완성!

### 앗, 잠깐만!

• 상자의 크기가 클수록 복제하는 도화지의 두께는 두꺼워야 한다.

• 접착식 테이프는 가장 마지막으로 덮는 면만 제외하고 직육면체 안쪽에 붙인다.

• 마주보는 세 쌍의 면은 각각 다른 색으로 디자인하여 확실하게 구분할 수 있도록 한다.

아이들 주변에 직육면체로 된 물건은 많지만, 아이들이 직접 직육면체를 만들어볼 기회는 별로 없다. 그냥 직육면체를 만들라고 하면 너무 막막해할 것 같아 똑같이 복제하는 활동으로 변경했다. 직육면체 상자를 복제하려면 모둠원끼리 고민하고 토의하며 힘을 합쳐야 한다. 모든 모둠이 똑같은 상자를 복제하지만, 어떻게 꾸미느냐에 따라 전혀 다른 분위기의 직육면체들이 완성될 것이다.

| 성취기준 | 학습 및 평가요소 | 학년 - 학기 - 단원 |
|---|---|---|
| • [6수02-05] 도형 | - 직육면체와 정육면체의 겨냥도와 전개도를 그릴 수 있다.<br>- 직육면체와 정육면체의 겨냥도와 전개도 그리기 | 5-2-5 |
| • [6실04-08] 기술시스템 | - 절차적 사고에 의한 문제해결의 순서를 생각하고 적용한다.<br>- 절차적 사고 과정을 통해 문제해결 순서 생각하기 | |

### 배움을 확장하는 생생 현장 스케치

좌  교구를 활용하여 만든 직육면체를 기본형으로 아이디어를 발전시킨 우주선과 우주괴물을 만드는 모습

우  OHP필름으로 만든 투명 직육면체에 모서리와 꼭짓점을 표시한 모습

## 다른 교과와의 연계와 배움의 확장 "이렇게도 해보아요!"

• **국어**  교구로 직육면체를 만들고, 이를 바탕으로 다양한 사물을 만들었다. 자발적으로 우주선, 우주괴물 등을 만들더니 자연스럽게 '스타워즈'이야기를 지어내는 아이들! 직육면체만 유지하면 변신해도 된다고 하니 헬멧, 채굴선, 조종기로 계속 변신하며 쉬는 시간까지 끊이지 않는 대화!

• **수학**  직육면체의 특징을 알아보기 위해 OHP필름으로 직육면체를 만들었다. 모서리는 보드마커로, 꼭짓점은 스티커로, 면은 사인펜으로 표시했다. 평행하는 모서리는 4개씩 같은 색 보드마커로 칠하고, 꼭짓점은 8색 스티커를 준비해 세 개의 면과 세 개의 모서리가 만나는 곳에 스티커를 3개씩 붙였다. 마지막으로 마주보는 면 3쌍을 같은 색으로 칠하면 모서리, 꼭짓점, 면의 특징이 한눈에 들어오는 투명 직육면체 완성!

### 응용 및 심화 활동

• 마인 크래프트를 활용하여 우리 학교만의 마을을 건설한다.
• 우유갑 두 개를 끼워 직육면체로 만들고 우리 지역을 대표하는 건축물을 만든다.

### 스토리가 있는 껄껄쌤의 수업 나눔

아이들에게 상자를 똑같이 복제해보자고 하자 어떻게 똑같이 만드냐고 내게 되묻기에 지금까지 배운 것들을 총동원하면 된다고 말해주었다. 2~3분은 만들지 않고, 어떻게 만들지 서로 대화만 나누는 아이들! 만드는 순서는 내가 정해주지 않고 아이들이 의논하여 정했다. 드디어 작업을 시작하자마자 아이들의 손은 일사분란하게 움직이며, 생각보다 빠른 속도로 상자를 복제해 나갔다. 아이들이 상자를 꾸미려고 그린 그림에 별가가 보이기에 복제상자 별가라는 이름이 어떠냐고 제안했더니 걔 이름은 별가가 아니라 뚱이란다. 그럴 리가! 내가 스폰지 송을 얼마나 많이 봤는데! 그래서 아이들과 함께 찾아보니 내가 본 건 〈네모바지 스폰지송〉, 아이들이 본 건 〈보글보글 스폰지밥〉이었다. 스폰지송은 스폰지밥, 별가는 뚱이, 깐깐징어는 징징이, 달팽이는 핑핑이, 게걸 사장은 집게 사장, 파다는 다람이로 이름이 싹 바뀐 것이다. 아~ 이런 것에서도 팍팍 느껴지는 세대 차이. 세월의 무상함이여… 서글프구나!

# 전개도야, 전개도야!

**대주제** ▷ 측정과 문제해결    **소주제** ▷ 다양한 종류의 육면체를 이해한다

# 수학적사고    # 표현력    # 자기관리

활동장소 교실    활동시간 80분    활동대상 5학년

활동재료 조립 교구, 라인테이프, 가위, 색깔 주사위

## 💡활동 소개 도를 아십니까?

도를 아십니까? 알고 있어도 막상 말로 설명하려면 쉽지 않은 것이 바로 '도'! 아이들도 전개도가 뭔지는 잘 알지만, 막상 전개도를 만들어보라고 하면 너무 어려워한다. 아이들의 인생처럼 정해진 답이 하나만 존재하는 게 아니기 때문이다. 정육면체의 전개도가 몇 개인지 아는 어른도 많지 않다. 정육면체를 변형시켜서 나올 수 있는 모든 종류의 육면체 전개도를 만들어보았다. 누가 아는가? 이 과정에서 누가 가르쳐주지 않아도 아이들 스스로 '도'를 깨닫게 될지!

교구로 정육면체의 전개도 11 가지를 모두 만들어서 바닥에 펼쳐놓은 모습! 다음 게임을 위해 서로 평행하는 면끼리 같은 색 라인테이프로 'X' 표시를 해두었다.

224

## 활동 순서 알아보기

**1** 교구를 조립하여 정육면체를 완성한다.

**2** 정육면체를 차례대로 펼치며 전개도를 만들어 교실 바닥에 내려둔다.

**3** 정육면체의 전개도 11가지를 모두 완성하여 특징별로 분류한다.

**4** 세 가지 다른 색깔의 라인테이프를 준비해 5cm씩 가위로 자른다.

**5** 마주보는 면을 찾아 같은 색 라인테이프로 'X' 표시를 한다.

**6** 정육면체의 전개도를 걷어내고 각자 놀이를 시작할 위치를 잡는다. 색깔 상관없이 'X'로 표시된 두 곳에 한 발씩 둔다.

**7** 주사위를 굴려 나온 면의 색깔로만 움직일 수 있다. 주사위에 나온 숫자만큼 왼발, 오른발을 한 번씩만 옮길 수 있다. 만약 이동하며 다른 사람에게 막혔을 때 건드리거나 엉덩이가 바닥에 닿으면 탈락한다. 최후의 1인이 남을 때까지 놀이를 계속한다.

 **앗, 잠깐만!**

- 정육면체를 만들 만한 교구가 준비되지 않았다면 라인테이프를 일정한 길이로 잘라서 교실 바닥에 11가지 전개도를 그리는 활동으로 변형해도 좋다.
- 정육면체의 전개도 11가지를 분류할 때 교사가 관여하지 않고 학생들이 직접 특징을 찾아 분류할 수 있도록 시간을 충분히 준다.
- 정육면체의 전개도가 11가지나 되기 때문에 뒤집거나 돌렸을 때, 똑같은 모양이 나올 수 있다. 일일이 대조해보고 똑같은 모양이 있는 경우 모서리 몇 개만 옮겨서 다른 모양이 나오게 해야 한다.

정육면체의 전개도 그리기는 아이들이 싫어하는 활동 중 하나이다. 이론적으로는 잘 알고 있어도 막상 직접 그리려면 귀찮고 헷갈리기 때문이다. 그래서 그리는 것 대신에 교구를 조립해서 전개도 그리는 시간을 줄이려고 했다. 그리고 전개도를 활용해 놀이하면 더 오래 기억에 남을 것 같았다. 사실 나도 이 활동을 통해 정육면체의 전개도가 11개나 된다는 것을 처음으로 알았다. 아마 아이들도 그렇지 않을까?

| 성취기준 | 학습 및 평가요소 | 학년 - 학기 - 단원 |
|---|---|---|
| • [6수02-05] 도형 | - 직육면체와 정육면체의 겨냥도와 전개도를 그릴 수 있다.<br>- 직육면체와 정육면체의 겨냥도와 전개도 그리기 | 5-2-5 |
| • [6체01-03] 건강 | - 신체 활동 참여를 통해 부족했던 체력의 향상을 체험함으로써 타인과 다른 자신의 신체적 기량과 특성을 긍정적으로 수용한다.<br>- 자신의 신체적 기량과 특성을 알고 긍정적으로 수용하기 | |

### 배움을 확장하는 생생 현장 스케치

좌 학종이 12장으로 유닛을 접어 조립하여 만든 정육면체 선물상자

우 평면 도화지 위에 두 가지 색을 입혀 '겨냥도'라는 글씨를 입체적으로 보이도록 표현했다.

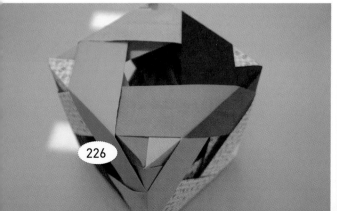

## 다른 교과와의 연계와 배움의 확장 "이렇게도 해보아요!"

• **실과** 아이들이 생활에서 가장 많이 마주하는 정육면체는 아마도 택배상자이고, 가장 좋아하는 상자는 선물상자가 아닐까? 정육면체의 전개도를 활용하여 선물상지를 만들고 선물하는 즐거운 경험을 아이들과 공유할 수 있다.

• **미술** 도화지에 3cm 간격으로 격자무늬를 그리고 빨간색으로 '겨냥도'를 쓴다. 겨냥도는 윗면과 아랫면이 평행한 것을 볼 수 있는 그림이기 때문에 평행한 효과가 드러나게 오른쪽으로 한 칸, 아래쪽으로 한 칸 내려간 상태에서 파란색으로 '겨냥도'를 쓴다. 공간감각을 익히는 데 도움이 되는 활동!

### 응용 및 심화 활동

• '내가 살고 싶은 집' 설계도를 그리고, 폼보드를 잘라 직접 제작한다.
• 3D 프린터로 실생활에 필요한 생활용품(필통, 보석함, 휴지통 등)을 만들어 사용한다.

### 스토리가 있는 껄껄쌤의 수업 나눔

이미 정육면체의 전개도를 몇 번이나 그렸던 아이들에게 11개나 되는 정육면체 전개도를 다시 한 번 그리라는 것은 고역 중의 고역! 그래서 시간도 단축할 겸 교구를 활용해서 전개도를 만들어보자고 했다. 쉬는 시간에도 가지고 놀던 교구라 부담 없이 시작한 전개도 만들기! 8가지 정도는 쉽게 만들었는데, 나머지 3가지는 잘 나오지 않았다. 쉽게만 생각하던 아이들도 몇 번이나 똑같은 전개도를 만들자 특징을 찾아내서 아직 찾지 못한 전개도를 만들어야 한다는 걸 깨달았다. 자기들끼리 전개도를 이리저리 옮기더니 결국 나머지 3가지도 찾아낸 아이들! 전개도를 완성한 후 마주보는 면은 같은 색 라인테이프로 X 표시를 하라고 했다. 전개도를 걷어내고 아이들에게 놀이 방법을 알려주었다. 철봉에서 하는 '허수아비'라는 게임을 살짝 변형해서 만든 놀이인데 쉬는 시간까지 이어졌다. 다른 학년 아이들도 재미있어 보였는지 우리 반 아이들의 설명을 듣고 놀이에 합류했다. 억지로 시키지 않아도 자동으로 스트레칭이 되는 유연성 놀이! 여기저기서 즐거운 곡소리가 터져 나온다. 힘들게 만들고 재미있게 놀았으니 아이들의 기억 속에 정육면체 전개도가 오랫동안 추억으로 남겠지?

# 협동, 동그라미 그리기

**대주제** ▶ 도형과 문제해결    **소주제** ▶ 원으로 무엇을 만들 수 있을까?

# 수학적사고    # 지식정보처리    # 표현력    # 유창성    # 협업

활동장소  교실          활동시간  80분          활동대상  3학년

활동재료  연필, 자, 지우개, 컴퍼스, 색연필이나 사인펜, A2 크기의 도화지(또는 스케치북)

## 💡 활동 소개  원 플러스 원 = ?

기능적으로 지루하게 반복했던 원 그리기는 가라! 원 그리기 게임을 통해 모둠원이 함께 재미있게 작품을 완성하는 활동이다. 내가 먼저 목표에 도달했더라도 모둠원을 도와서 함께 작품을 만들며 협동심을 키울 수 있는 활동이다. 그러고 보니, 0+0은 0이 아니었구나!

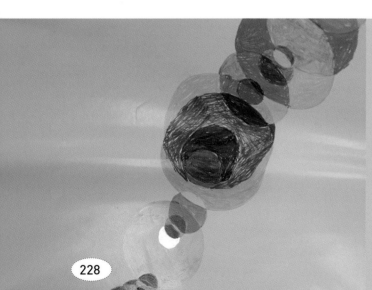

기능적으로 반복했던 원 그리기는 가라! 원 그리기 게임을 통해 모둠원이 함께 작품을 완성하는 활동이다. 내가 먼저 목표에 도달했더라도 모둠원을 도와서 함께 작품을 만들며 협동심을 키울 수 있는 활동이다.

228

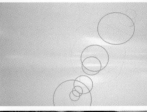

## 활동 순서 알아보기

1 도화지를 펴고 도화지 정중앙에 점을 하나 찍는다. 모둠원의 수만큼 모서리에 점을 찍는다(최대 인원 4명). 가위바위보를 해서 이긴 사람이 주사위를 굴려 나온 수만큼 컴퍼스를 벌려 모서리부터 원을 그려나간다(주사위의 점이 한 개씩 늘어날 때마다 컴퍼스의 반지름도 1cm씩 늘어난다).

2 원을 그린다. 원을 점점 넓혀서 중간에 있는 점을 먼저 포함시키면 승리! 중간에 있는 점을 포함해서 이겼더라도 끝내지 말고 다른 사람의 영역까지 계속 확장한다.

3 색연필과 사인펜으로 각각의 칸을 색칠한다.

### 앗, 잠깐만!

- 큰 학교라면 모둠이나 짝끼리 대결하면 되지만, 분교처럼 학년에 학생이 한 명뿐인 경우라면 선생님이 대결 상대가 되어주면 된다.
- 원의 반지름이 6cm까지 나오기 때문에 8절지 도화지를 사용하면 활동이 금방 끝난다.
- 원 그리기 활동은 모둠원의 원이 모두 이어지면 끝난다.
- 색칠할 때 마주 닿아있는 칸들을 유사한 색으로 칠하면 잘 구분이 되지 않으므로 경계를 확연히 구분할 수 있는 색깔들로 칠한다.

아이들에게 교과서는 왠지 모르게 어려운 공간인 것 같다. 그래서인지 교과서에 있던 활동을 도화지로만 옮겨줘도 얼마나 적극적으로 변하는지 교과서를 볼 때와는 영 딴판이다. 반지름을 재어 원을 반복적으로 그리는 기능보다 여러 가지 크기의 원을 활용하여 다양한 문양이 나와 창작의 기쁨을 느낄 수 있도록 했다.

| 성취기준 | 학습 및 평가요소 | 학년 - 학기 - 단원 |
|---|---|---|
| •[4수02-07] 도형 | - 컴퍼스를 이용하여 여러 가지 크기의 원을 그려서 다양한 모양을 꾸밀 수 있다. | 3-2-3 |
| •[4체03-02] 경쟁 | - 단순한 규칙으로 이루어진 게임을 수행하며 경쟁에 필요한 기본 기능을 탐색한다.<br>- 경쟁 활동의 기본 기능 탐색 | |

### 배움을 확장하는 생생 현장 스케치

좌  뒷면에 꽹과리를 대고 연필로 선을 그은 후 원 부분만 칼로 잘라서 돌려 만든 착시 그림!

우  체육 시간, 체육물품 중 가장 큰 원과 가장 작은 원으로 빙고 놀이를 하는 모습. 천진난만한 아이의 얼굴이 꼭 원을 닮았구나!

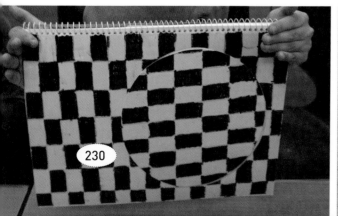

230

## 다른 교과와의 연계와 배움의 확장 "이렇게도 해보아요!"

•미술  격자무늬로 칸을 그려 두 가지 색을 교차해서 칠한다. 종이 가운데에 컴퍼스로 원을 그리고 칼로 자른 후, 착시현상이 일어나도록 원을 90도 돌려 뒷면을 테이프로 고정한다.

•도덕  둥근 색종이만으로 캐릭터와 물체를 만들어 '모든 것이 둥근 세상 이야기'로 연극 대본을 만들었다(예시 - 동그란 자동차, 동그란 집, 동그란 휴대폰).

•체육  훌라후프 9개를 가로×세로 3개씩 바닥에 놓고, 20미터쯤 떨어진 곳에 출발선을 긋고 두 팀으로 나눴다. 처음 출발하는 3명은 작은 원인 고리를 들고 출발하고, 네 번째 학생부터 우리 팀 고리를 다른 위치로 옮길 수 있다. 순서를 마치면 끝날 때까지 맨 뒤로 가서 기다리는 한 줄 빙고게임.

•과학  학교와 학교 주변 동식물을 관찰한 후, 우리 학교(또는 우리 마을) 생태지도를 제작했다.

### 응용 및 심화 활동

• 미스터리서클을 조사해보고 운동장에 모종삽으로 미스터리서클을 만든다.
• 컴퍼스로 원을 그려 포장지를 만든다. 마니또 공개의 날, 이 포장지로 포장해 마니또였던 친구에게 몰래 선물한다. 마니또 친구는 포장지를 보고 자신의 마니또를 알아맞힌다.

### 스토리가 있는 껄껄쌤의 수업 나눔

3학년 수학 교과서 '원' 단원에 나온 과제인 컴퍼스로 원을 반복해서 그리던 날, 아이 입에서 불만 어린 한숨이 새어 나왔다. 이미 그리는 법을 알고 있는데 왜 자꾸 그려야 하냐며 투덜투덜. 단순히 기계적으로만 그리면 안 되겠다 싶어 교과서를 덮고 도화지를 꺼냈다. 선생님의 돌발행동에 놀란 듯 동그랗게 변한 아이의 두 눈은 잠시 후 결승전을 앞둔 선수처럼 비장하게 바뀌었다. 수업 시간에 쉽게 볼 수 없는 승부욕에 불타는 눈동자를 상대로 동그라미 그리기 게임 시작! 학생이라고 일부러 봐주진 않는다. 승부의 세계는 원래 냉정하니까! 그러거나 말거나 아이는 수업을 안 한다며 콧노래까지 흥얼거리며 즐겁게 동그라미 색칠에 몰두했다. 근데 너 아니! 네가 놀이처럼 컴퍼스로 도화지에 그린 원이 수학 교과서의 과제보다 훨씬 많다는 걸…

# 버뮤다 삼각지대의 비밀

| 대주제 | 도형과 문제해결 | 소주제 | 직접 그리면서 이해하는 다양한 삼각형 |
|---|---|---|---|

**# 수학적사고**　　**# 지식정보처리**　　**# 협업**　　**# 정교성**　　**# 독창성**

활동장소 교실　　　　　　활동시간 80분　　　　　　활동대상 4학년

활동재료 사인펜, 지우개, 자, 볼펜, A2 크기의 도화지(또는 스케치북)

**활동 소개** 볼수록 빠져드는 삼각형 착시현상

수업 시간 교과서에 삼각형을 그려봤던 사람이라면 그 과정이 얼마나 지겹고 따분한 과정인지 잘 알 것이다. 다 아는 것을 의미 없이 수십, 수백 번 기계적으로 그리다 보면 삼각 김밥만 봐도 입맛이 뚝 떨어진다. 이 활동은 게임을 통해 모둠원이 하나의 작품을 만드는 과정이며 아름다운 작품을 만들려면 경쟁보다 협동이 중요하다. 다 만들고 나면 버뮤다 삼각지대에 푹 빠져들게 될걸?

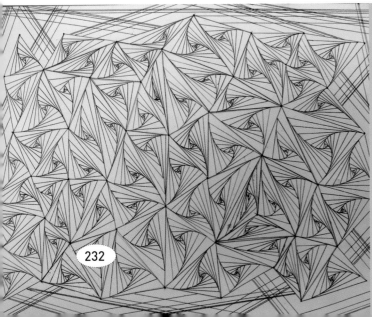

삼각형 만들기 게임을 통해 만들어진 착시 작품! 좀 더 현란한 작품세계를 추구하고 싶다면 각자 다른 색 펜으로 그려보자!

232

**1** 사인펜으로 도화지 위에 3~5cm 간격으로 점을 찍는다.

**2** 가위바위보를 해서 순서를 정하고 주사위를 굴려 나온 숫자만큼 획을 그을 수 있다.

**3** 내가 획을 그었을 때 생기는 삼각형은 자신의 삼각형이 된다. 삼각형이 완성되면 주인이 그 안에 패턴을 직접 그려 넣는다. 더 이상 삼각형을 그릴 수 없을 만큼 도화지에 가득 찰 때까지 게임을 계속한다.

### 앗, 잠깐만!

- 도화지 위에 그린 점들의 간격이 너무 좁으면 원하는 모습을 얻기 어렵기 때문에 충분한 공간이 나올 수 있게 고려하며 점을 찍는다.
- 삼각형 안에 패턴을 그릴 때 일정한 방향을 정하지 않고 그리면 통일성이 사라진다. 오른쪽에서 왼쪽 또는 왼쪽에서 오른쪽 중 하나를 선택하여 같은 방식으로만 그린다.
- 점을 포함하는 삼각형은 그릴 수 없다.

# 교육과정-수업-평가 일체화의 기록

# 변    # 삼각형    # 예각삼각형    # 직각삼각형    # 둔각삼각형    # 착시 그림    # 삼각형의 성질

삼각형은 쉬우면서도 어렵다. 삼각형은 변이 세 개, 각이 세 개인데 뭐가 어렵냐고 하겠지만 교과서에 나오는 삼각형만 살펴봐도 직각삼각형, 예각삼각형, 둔각삼각형, 이등변삼각형, 정삼각형 등 보기만 해도 머리가 지끈거릴 정도이다. 따라서 이 활동을 통해 여러 가지 삼각형이 있다는 것을 재미있게 알려주어 교과서에 나온 딱딱한 공식과 이론으로 무장한 삼각형과 아이들과의 거리감을 좁혀주고 싶었다.

| 성취기준 | 학습 및 평가요소 | 학년 - 학기 - 단원 |
|---|---|---|
| • [4수02-09] 도형 | - 여러 가지 모양의 삼각형에 대한 분류 활동을 통하여 직각삼각형, 예각삼각형, 둔각삼각형을 이해한다.<br>- 직각삼각형, 예각삼각형, 둔각삼각형 이해하기 | 4-2-2 |
| • [4체03-04] 경쟁 | - 경쟁의 과정에서 규칙의 필요성을 알고 합의된 규칙을 준수하며 게임을 수행한다.<br>- 규칙의 필요성 알기 | |

### 배움을 확장하는 생생 현장 스케치

좌    여러 가지 삼각형을 만들 수 있는 판과 고무줄을 활용하여 삼각형만으로 이루어진 도형 만들기 활동을 하는 모습

중    칠교 놀이로 자신만의 무늬를 만들고 있는 모습

우    삼각형 색종이를 도화지에 붙여 삼각형 마을을 만드는 활동. 모두 제각각 스토리가 있다는 게 신기하다.

234

## 다른 교과와의 연계와 배움의 확장 "이렇게도 해보아요!"

• 수학   폼보드에 격자무늬로 칸을 그리고 선이 교차하는 부분에 장구핀을 꽂는다. 고무줄을 걸
어 삼각형을 만들어보고 여러 가지 삼각형을 이용하여 자신만의 독창적 무늬를 만들어본다.

• 수학   칠교 놀이 삼각형만을 이용하여 자신만의 타일무늬를 꾸민다.

• 미술   자투리 색종이를 재활용할지, 버릴지 고민스럽다면 삼각형으로 잘라 도화지에 붙여 삼각
형 마을을 만들어보자. 재활용도 하고 멋진 작품도 탄생하니 1석2조!

### 응용 및 심화 활동
• 다양한 모양의 삼각김밥을 만들어 설명회와 품평회를 연다.
• 폼보드에 바둑판 모양으로 장구핀을 박고 실을 이용해 스트링아트를 한다.
• 도화지를 잘라 삼각뿔 모양의 도형을 만들어 우리 반 시어핀스키 피라미드를 제작한다.

### 스토리가 있는 껄껄쌤의 수업 나눔

아이들과 삼각형을 공부할 때 꼭 해보겠다고 벼르던 착시영상을 아이들에게 보여주니 자기들은 못할 것 같
다며 손사래 쳤다. 일단 할 수 있는 데까지만 해보자고 격려하며 시작했는데, 처음에는 그저 경쟁적으로 삼
각형 개수만 더 차지하려던 아이들은 삼각형이 도화지 안을 가득 채울수록 자기가 몇 개의 삼각형을 완성했
는지에 더는 집착하지 않았다. 수많은 삼각형이 만들어낸 신비한 착시효과 때문이다. 쉬는 시간이 되자 착
시효과를 보겠다며 구경꾼들 속출. 어렵다고 생각한 그림을 자기들이 완성했다는 뿌듯함에 동생들에게 삼각
형 그리는 법을 일일이 친절하게 설명해주기도 했다. 삼각형은 한 변이 바닥에 붙어 잘 움직이지 않는 도형이
라는 고정관념이 있지만, 삼각형을 뒤집으면 왼쪽이나 오른쪽 어느 방향으로도 움직일 수 있다. 이 활동 전까
지 아이들 마음도 바닥에 한 변을 딱 붙인 삼각형처럼 고정되어 있었지만, 스스로 멋진 작품을 탄생시키고 난
후에는 더 이상 내가 시키지 않아도 능동적으로 움직였다. 몰입하는 모습이 마치 바스키아와 키스 해링이 작업
하는 뒷모습처럼 사뭇 진지해 보였다.

# 네모난 마을의 네모

# 수학적사고    # 지식정보처리    # 표현력    # 유창성

| | | |
|---|---|---|
| 활동장소 교실 | 활동시간 80분 | 활동대상 3학년 |

활동재료 연필, 지우개, 자(50cm), A4 용지, 수수깡, 핀

## 💡 활동 소개  네모의 꿈

사다리꼴, 평행사변형, 마름모, 직사각형, 정사각형 등 다양한 모습의 사각형을
이용하여 함께 작품을 만들어보는 활동이다. 네모의 꿈은 정말 원처럼 둥글게
사는 거였을까? 어쩌면 네모도 우리 아이들처럼 자신의 각진 모습을 있는 그대
로 인정받고 싶었던 것은 아니었을까?

친구와 함께 사각형이 들어간
놀이기구를 만들라고 했더니
바닥이 사각형인 그네를 만든
아이들!

## 활동 순서 알아보기

**1** 사각형 모양의 캐릭터를 A4용지에 출력해서 사각형 놀이터에서 놀 캐릭터를 만든다.

**2** 컴퓨터로 학교 사진에 사각형이 들어간 놀이터 설계도를 그린다.

**3** 수수깡과 핀을 이용하여 놀이기구를 제작한다. 혼자 해도 되고, 규모가 크다면 팀을 짜서 협동 작품을 만들어도 된다.

 앗, 잠깐만!

- 직사각형과 정사각형 모양을 만들기 위해 자를 사용해서 똑같은 길이의 변을 만든 후 제작하게 한다.
- 연습장에 미리 설계도를 그린 후 시작한다.

'네모난 학교에 들어서면 또 네모난 교실 네모난 칠판과 책상들' 마치 〈네모의 꿈〉 가사를 보듯 학교 안에서 사각형을 찾는 것은 그리 어렵지 않다. 하지만 근처에 너무 많이 볼 수 있기 때문일까? 아이들은 사각형에 대해 그리 특별하게 생각하지 않는다. 그래서 아이들에게 사각형과 관련된 특별한 경험을 만들어주고 싶었다. 세상에 단 하나뿐인 우리들만의 사각형 놀이터를 만들어보자!

| 성취기준 | 학습 및 평가요소 | 학년 - 학기 - 단원 |
|---|---|---|
| •[4수02-10] 도형 | - 여러 가지 모양의 사각형에 대한 분류 활동을 통하여 직사각형, 정사각형, 사다리꼴, 평행사변형, 마름모를 알고, 그 성질을 이해한다.<br>- 직사각형, 정사각형 이해하기 | 3-1-2 |
| •[4미02-05] 표현 | - 조형요소(점, 선, 면, 형·형태, 색, 질감, 양감 등)의 특징을 탐색하고, 표현 의도에 적합하게 적용할 수 있다.<br>- 조형요소 적용하기 | |

### 배움을 확장하는 생생 현장 스케치

1  자기는 다 맞췄어도 친구들을 도와서 모든 퍼즐을 완성해야 집에 갈 수 있는 일명 '우리는 하나다!' 퍼즐!

2  사각형 액자와 사각형 엽서를 활용해서 만든 어버이날 액자형 엽서! 어디든 세워두고 볼 수 있다며 부모님들은 좋아하셨고, 아이들은 부끄러워했다.

3  우유갑을 접어 정사각형 모양의 딱지로 만든 모습. 교실 한구석에 늘 남아돌던 우유가 이날 이후로 품귀현상이 일어났다나?

4  삼각형과 사각형만 사용해서 여러 가지 캐릭터를 만들었다. 거의 비슷비슷한 캐릭터가 나오면 어쩌나 생각했는데 그건 나만의 착각이었다. 아이들은 겨우 두 가지 모양의 도형으로 내 상상력을 초월하는 다양한 캐릭터들을 창조해냈다.

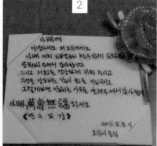

238

- **과학** A4용지 절반에 여러 지형(산, 강, 해안, 화산, 사막 등)을 그리고 8조각으로 오려 퍼즐을 만들었다. 모든 조각을 모아 교실 중간에 공간을 만들어 뿌린 후, 각자 책상에서 자른 조각들로 퍼즐 완성!

- **국어** 어버이날 사각형 액자와 사각형 엽서를 활용하여 부모님께 편지를 써서 드리는 활동을 했다. 액자 형식이라 어디든 세워놓고 볼 수 있어서 부모님들께서 더 좋아하셨던 작품!

- **과학** 학교에서 매일 만나는 사각형인 우유갑을 재활용해 정사각형 딱지를 만들었다. 재활용도 하고 놀잇감도 만들 수 있어 1석2조!

- **미술** 맘대로 캐릭터를 만들라는 말은 잠시 접어두자. 때론 그 말이 막막해서 엄두를 못내는 경우도 많다. '사각형'만 이용한다는 식으로 범위를 좁혀주면 좀 더 쉽게 접근할 수 있다.

### 응용 및 심화 활동
- 사각형만으로 이루어진 만다라트를 제작한다.
- 노노그램(네모네모 로직)을 다양한 색으로 칠하여 모둠별로 작품을 만들고 전시회를 개최한다.

### 스토리가 있는 껄껄쌤의 수업 나눔

우리는 온통 네모난 것들에 둘러싸여 살다 보니 사각형은 다른 어떤 도형보다 친근하다. 직사각형과 정사각형에 대해 몇 분만 설명해도 아이들이 이해하는데 굳이 따로 활동이 필요할까 고민했지만, 삼각형, 원은 활동하면서 사각형만 그냥 넘어가려니 역차별이라는 생각이 들었다. 너무 흔해서, 너무 무난해서 그냥 넘어가려니 문득 반에서 말도 없고, 튀지 않는 그런 아이들이 떠올랐다. 그래, 사각형에게도 기회를 주자! 딱딱하고 뾰족뾰족한 사각형이 재미난 놀잇감이 될 수 있다는 걸 보여주자! 그렇게 반 아이들이 함께 만든 놀이기구들이 모여 거대한 놀이동산을 이루었다. 굳이 시키지 않아도 직사각형과 정사각형의 특징을 알고 자유자재로 다루는 능숙한 녀석들이 오늘따라 더 기특하게 느껴졌다.

# 도전, 3차원 착시그림

**대주제** 공간과 문제해결 **소주제** 수평·수직·대각선을 이용한 3차원 공간의 이해

\# 수학적사고  \# 지식정보처리  \# 표현력  \# 유창성

활동장소 교실  활동시간 80분  활동대상 4학년

활동재료 연필, 지우개, 자(50cm), 색연필, 사인펜, A2 크기의 도화지(또는 스케치북)

## 🔅 활동 소개  수평, 수직, 대각의 환상 조화

이 게임은 육면체로 나만의 공간과 도구를 만들 수 있으며, 심지어 캐릭터도 육면체로 만들 수 있다. 게임에서 2차원 공간인 모니터에 3차원 공간을 구현했듯이 이 활동에서도 수평과 수직, 대각선을 이용하여 평면을 마치 3차원 공간처럼 보이게 그릴 것이다. 아이들은 이 작품을 완성해가며 자연스레 수평선, 수직선, 대각선이라는 용어를 익히게 될 것이다.

2차원 도화지 위에 구현된 3차원 공간! 육면체로 보이는 입체도형을 평면에 옮겨 그리려면 가로, 세로, 높이를 그려야 한다는 것도 알게 되었을 것이다. 다양한 사각형의 성질을 알아볼 수 있는 옵티컬 아트 작품! 그리는 과정이 조금 복잡하긴 하지만 한 칸씩 색을 채워 완성해가는 재미가 있다.

## 활동 순서 알아보기

1 착시 그림에는 어떤 종류가 있는지 교과서에 예시로 나온 작품을 확인해보며 어떤 규칙이 있는지 유추해본다.

2 도화지에 가로와 세로 모두 4cm 간격으로 선을 그어 바둑판 모양이 되도록 연필로 긋는다. 가위바위보로 순서를 정하고 주사위를 굴려 나온 숫자만큼 획을 그을 수 있다.

3 왼쪽 아래에서 오른쪽 위로 대각선을 긋는다. 처음에 그은 대각선을 기준으로 다른 대각선도 한 칸씩 간격을 두고 그린다. 계단 모양이 되는지 생각하며 필요 없어진 선을 지운다.

4 색칠하면서 헷갈리지 않도록 세 가지 색으로 앞면, 옆면, 바닥 면에 미리 'V' 표시를 한다.

5 모둠원끼리 색을 정해서 맡은 부분을 색칠한다. 자기 색깔을 다 칠하면 아직 다 칠하지 못한 친구의 색칠을 도울 수 있다.

6 액자에 넣어 복도에 그림을 전시한다.

### 앗, 잠깐만!

- 크레파스가 손에 묻어서 스케치북이 지저분해질 수 있기 때문에 손 밑에 이면지를 대고 그린다.
- 비슷한 색보다 서로 대비되는 색들로 칠해야 뚜렷한 입체효과를 얻을 수 있다.
- 줄 간격과 색깔은 모둠원의 협의를 통해 결정한다.
- 선생님이 보여준 작품은 예시일 뿐이며, 얼마든지 다른 모양으로 만들어도 된다.
- 도화지 위에 그린 선들의 간격이 좁으면 색칠하기 어렵기 때문에 적어도 4cm 이상 간격이 생기도록 긋는다.
- 색연필로 미리 색칠할 곳을 체크하다가 실수하면 지우개로 지운다. 화이트로 지우면 나중에 색칠할 때 더 티가 날 수 있다.
- 계단 모양을 그리기 어려워하면 미리 복사해둔 그림을 색칠만 하게 한다.

아이들도 수직과 수평 개념은 잘 안다. 하지만 수직과 수평 개념이 예술에서도 활용된다는 점은 잘 모른다. 수학은 우리 생활과 동떨어진 학문이 아니라 음악이나 미술 등 예술과 밀접한 관련이 있다. 작품의 구도를 잡으려면 수평선, 수직선, 대각선 등이 필요하며, 색의 배치에도 일정한 규칙이 있다. 수학 교과서에서 보던 용어를 예술 활동에서 만났을 때 아이들은 더 강렬하게 기억할 수 있지 않을까? 반복적으로 그리면서 그 용어를 외우는 것이 아니라 하나의 작품을 만들면서 그 개념을 자연스럽게 이해할 수만 있다면 얼마나 좋을까?

| 성취기준 | 학습 및 평가요소 | 학년 - 학기 - 단원 |
|---|---|---|
| •[4수02-10] 도형 | - 여러 가지 모양의 사각형에 대한 분류 활동을 통하여 직사각형, 정사각형, 사다리꼴, 평행사변형, 마름모를 알고, 그 성질을 이해한다.<br>- 직사각형, 정사각형 이해하기<br>- 사다리꼴, 평행사변형, 마름모 이해하기 | 4-2-4 |
| •[4미02-04] 표현 | - 표현 방법과 과정에 관심을 가지고 계획할 수 있다.<br>- 표현 방법 및 과정을 참고하여 계획하기 | |

## 배움을 확장하는 생생 현장 스케치

좌  수직선과 수평선을 이용해서 위도와 경도를 표시하고 한반도 지도를 그리는 모습

우  수직선, 수평선, 대각선을 이용한 크리스마스 리스를 접고 조립하여 완성한 모습

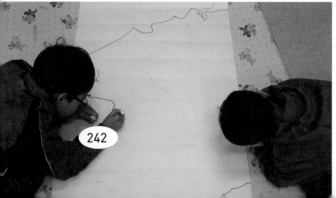

## 다른 교과와의 연계와 배움의 확장 "이렇게도 해보아요!"

- 사회  전지에 위도와 경도를 표시하여 한반도 지도를 그린다. 일정한 간격으로 수직선과 수평선을 접어 위도와 경도를 표시하고 한반도 지도를 그려서 다양하게 활용한다.

- 미술  종이접기의 기본형인 삼각 접기, 아이스크림 접기, 문 접기, 방석 접기, 물고기 접기, 쌍배 접기, 삼각주머니 접기, 사각주머니 접기, 학 접기, 꽃 접기에는 수직, 수평, 대각선 개념이 들어 있어서 작품을 만들면서 수직, 수평, 대각선 개념을 자연스럽게 익힐 수 있다.

### 응용 및 심화 활동

- 생활에서 수직과 수평이 언제 필요할지 조사하고, 수직과 수평이 없으면 어떤 일이 생길지 예측하여 그림책으로 제작한다.
- 수직과 수평으로만 이루어진 미술작품을 찾아보고, 우리 교실에 적용하여 미술관처럼 꾸민다.

### 스토리가 있는 껄껄쌤의 수업 나눔

같은 활동이라도 6학년 아이들은 원리를 찾아서 스스로 할 수 있었는데 4학년 아이들은 너무 어려워했다. 일정한 간격으로 선을 그어 바둑판무늬를 만드는 것까지는 괜찮았는데 대각선 긋는 규칙을 쉽게 찾아내지 못했다. 그러다 보니 내가 일일이 설명하고 그어주어야 해서 밑그림 그리는 데 시간이 너무 오래 걸렸다. 그나마 각자 색칠해야 하는 칸을 체크하는 활동은 어렵지 않게 할 수 있었다. 학급 인원이 많았거나 저학년이었다면 일일이 돌아다니며 도와줄 수 없었을 것 같다. 그럴 땐 밑그림을 그려서 복사한 뒤 정사각형, 세로로 평행한 사각형, 가로로 평행한 사각형을 따로 색칠하는 정도로만 해야 할 듯. 자기가 맡은 사각형을 모두 칠한 아이는 내가 따로 말하지 않아도 알아서 친구의 색칠을 도왔다. 이 작품은 개인의 작품이 아니라 우리 모둠의 작품이라는 것을 알았기 때문이다. 또 다 칠하고 난 뒤에도 덜 칠한 부분을 찾아 꼼꼼하게 마감했다. 작품의 완성도는 선생님인 내가 정하는 게 아니라 아이들의 열정이 결정하는 것이다. 마지막으로 제목을 붙이라고 했더니 '착시 계단'이란다. 헤아릴 길 없는 착시의 매력에 푹 빠져버린 아이들.

# 무지개 발도장

# 수학적사고     # 지식정보처리     # 표현력     # 유창성

---

활동장소 교실          활동시간 80분          활동대상 3학년

활동재료 연필, 지우개, 자(30cm), 색연필, 사인펜, 모눈종이

---

## 💡 활동 소개 발자국을 남겨라!

영화 〈쿵푸허슬〉의 마지막 장면에서 주연이었던 주성치가 화운사신의 합마공에 맞서 여래신장으로 받아친다. 이때 거대한 손바닥이 건물과 바닥에 찍히는데, 영화에서 제일 인상적인 장면이었다. 아이들도 이렇게 자신의 몸 일부를 어딘가에 기록하는 활동을 한다면 더 오래도록 추억을 간직할 수 있지 않을까?

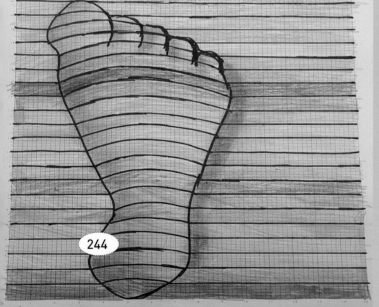

무지갯빛으로 꾸민 발도장. 모눈종이 위에 고이 그려진 3학년 학생의 발자국 모습이다. 색연필로 살짝 칠해주면 그림이 더 입체적으로 살아난다.

244

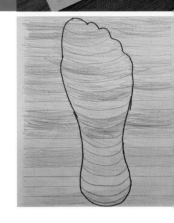

## 활동 순서 알아보기

1 모눈종이 아래쪽에 자를 세우고 발바닥 본을 뜬다. 발바닥 바깥쪽은 직선, 안쪽은 곡선으로 그린다. 이때, 왼쪽과 오른쪽에 있는 직선이 어긋나지 않게 1cm씩 이동하면서 그린다.

2 색연필로 한 줄씩 색칠한다. 다 칠한 후 더 선명한 효과를 보려면 사인펜으로 연필선을 진하게 칠하거나 연필로 명암을 넣는다.

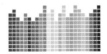
### 앗, 잠깐만!

- 신발처럼 발뒤꿈치를 댈 곳이 없으므로 모눈종이 끝에 자를 세워 발뒤꿈치가 닿았을 때 본을 뜬다.
- 엄지발가락이 긴 사람도 있고, 검지발가락이 긴 사람도 있으므로 더 긴 쪽에 맞춰서 그린다.
- 혼자 그리기 어려운 학생이 있을 수 있으므로 친구와 함께 그린다.
- 1cm마다 색을 칠할 때 비슷한 색깔보다는 다른 색깔로 칠해야 구분이 명확하다.
- 연필로 명암을 넣는 것을 어려워할 수 있으므로 이는 선택사항으로 둔다.
- 모눈종이보다 발이 크면 두 장의 가장자리를 가위로 오리고 이어붙여서 그린다.

# 교육과정-수업-평가 일체화의 기록

3학년 아이들과 수학 시간에 길이 단위를 공부할 무렵 아들 돌잔치가 있었다. 돌잔치를 준비하면서 산부인과에서 찍은 베이비북을 찾았는데 정말 이럴 때가 있었나 싶을 정도로 작게 느껴졌다. 반 아이들에게도 지금의 모습을 기억할 수 있는 뭔가를 남겨주고 싶었는데, 마침 발도장을 보고 이렇게 그려보면 좋겠다고 생각했다. 길이 단위를 알아보기 쉽게 모눈종이를 사용하여 여러 가지 색으로 1cm마다 다르게 색칠하면 '나만의 발도장'을 만들어 간직할 수 있다!

| 성취기준 | 학습 및 평가요소 | 학년 - 학기 - 단원 |
|---|---|---|
| •[6수02-05] 도형 | - 직육면체와 정육면체의 겨냥도와 전개도를 그릴 수 있다. | |
| •[4수03-03] 측정 | - 길이를 나타내는 새로운 단위의 필요성을 인식하여 1mm와 1km의 단위를 알고, 이를 이용하여 길이를 측정하고 어림할 수 있다.<br>- 1mm, 1km 길이 단위 알기 | 3-1-5 |
| •[4미02-05] 표현 | - 조형요소(점, 선, 면, 형·형태, 색, 질감, 양감 등)의 특징을 탐색하고, 표현 의도에 적합하게 적용할 수 있다.<br>- 조형요소 적용하기 | |

## 배움을 확장하는 생생 현장 스케치

1 종이컵 멀리던지기를 하는 모습! 힘이 아무리 세도 운 좋은 사람을 이길 수 없지!

2 강아지로봇을 먼저 만든 아이들이 복도에서 대회 직전에 연습을 하는 모습! 자기가 만든 로봇이 옆으로 가거나 뒤로 가자 당황한 아이들. 이러다가 마이너스 기록이 나올까 봐 노심초사!

3 거리점수 당구를 하는 아이의 눈빛이 예사롭지 않다! 거리와 각도, 힘까지 종합적으로 생각해야 하는 그 어떤 종목보다 수학적인 당구 게임

4 개구리 멀리뛰기 대회를 하기 위해 복도에서 1열로 나란히 앉아 있는 아이들 모습

- **체육** 힘과 상관없이 운이 작용하는 종이컵(또는 휴지) 멀리던지기! 함께 즐겁게 거리도 측정했다.

- **과학** 과학의 날 행사로 만든 로봇강아지 멀리 보내기 대회! 다리를 어떻게 붙이느냐에 따라 옆으로 가기도 하고, 뒤로 가기도 하므로 한바탕 웃으면서 거리를 측정했다.

- **체육** 당구대에서 흰 공과 색깔 공 사이의 거리를 잰 후, 그 공을 넣으면 거리 점수를 얻을 수 있다. 한 번 공을 넣으면 다시 한 번 기회를 준다. 나중에 합산한 거리가 긴 사람이 우승!

- **수학** 색종이로 개구리를 접어 멀리뛰기 대회를 열었다. 여러 마리 접어서 그중 제일 잘 나가는 녀석으로 대회에 출전시켰다. 복도 중앙선을 기준으로 하면 거리를 측정하기 편하다.

### 응용 및 심화 활동

- 두 팀이 10분간 도미노를 세워 넘어뜨리고 출발점부터 넘어간 길이를 측정! 중간에 넘어지지 않은 구간은 재지 않는다. 3회 실시해서 넘어진 길이를 더해 승부를 가린다.
- 기간을 정해 각자 읽은 책의 두께를 더하여 다독왕을 정한다.

### 스토리가 있는 껄껄쌤의 수업 나눔

수학 시간에 실내화를 벗으라고 했더니 까닭 없이 부끄러워하는 아이들. 모눈종이 위에 혼자 발바닥 본뜨기가 어려울 것 같아서 짝과 하라니까 소스라치게 놀라기까지! 아니 이게 뭐라고 내외하는 거니? 아이들의 동시 다발성 민원에 못 이겨 결국 원하는 친구와 하라고 한발 물러섰다. 발바닥 본을 떠보니 의외로 여자아이들의 발이 남자아이들보다 컸다. 여자아이들은 저학년 때 많이 자라고, 남자아이들은 고학년 때 많이 자라서 그런가? 혹시 발 크기 때문에 부끄러워했나 싶어 발치수 때문에 부끄러워하지 말라고 했더니 아이들 왈! 1교시에 체육을 하고 온 짝의 발냄새 맡기가 싫었단다. 아, 선생님이 너희를 너무 어른스럽게 봤구나! 그린 후, 모눈종이에서 큰 한 칸의 가로, 세로 길이가 1cm이고, 작은 한 칸의 가로, 세로 길이는 1mm라고 알려주고 각자 발치수를 적었다. 그리고 1cm를 10mm로 고쳐서 계산하면 신발가게에서 운동화나 구두 살 때 말하는 단위가 나온다고 했다. 그제야 "아~!" 하며 고개를 끄덕이는 녀석들!

# 암호문 선물상자

**대주제** 추상적 사고와 문제해결   **소주제** 육면체 성질을 이용한 암호 해독하기

# 표현력   # 지식정보처리   # 추상적사고   # 문제해결

활동장소 교실          활동시간 80분          활동대상 5학년

활동재료 A3 크기의 골판지, 양면테이프, 글루건, 가위, 칼, 50cm 자, 망사천, 연필, 리본끈(골직 스티치 리본 15mm)

 **활동 소개** 범인은 이 안에 있어!

학교에서 의문의 (선물)상자를 받게 된다면 어떤 기분이 들까? 후배들에게 깜짝 선물과 동시에 형들의 마음이 고스란히 담긴 암호문을 넣어줄 (선물)상자를 직접 만들어서 후배들 몰래 비밀 작전을 수행했다. 암호문과 (선물)상자를 준 사람은 과연 누구일까? 범인은 바로 이 안에 있어!

평소 후배들이 부러워했던 레고 부스트 장난감과 암호문 편지를 넣은 상자! 과연 후배들은 형들이 수학시간에 만든 상자의 정체를 파악할 수 있을 것인가! 암호만 푼다면 레고 부스트는 그대들의 것이오!

1 상자에 담을 선물의 길이, 너비, 두께 등을 측정한다.

2 선물이 충분히 들어갈 수 있는 크기의 직육면체 전개도를 골판지의 평평한 면에 그리고 가위로 자른다.

3 전개도를 미리 맞춰보고 뚜껑이 될 부분의 테두리 띠도 2~3cm 간격으로 자른다.

4 뚜껑에 넣고 싶은 무늬를 그리고 칼로 자른 다음에 뚜껑 아랫면 곳곳에 양면테이프를 붙이고 망사천을 덧댄다.

5 뚜껑 옆면에 글루건으로 테두리 띠를 붙인다.

6 골직스티치 리본의 한쪽 실만 잡아당겨서 곱창머리끈 모양으로 만든다. 이때 실의 한쪽만 묶어두고 쭈글쭈글하게 만든 후 다른 쪽을 묶어주면 실이 풀리지 않는다.

7 리본을 돌돌 말아서 꽃모양을 만들고 글루건을 발라 뚜껑에 붙인다.

8 암호문을 작성해서 상자 안에 선물과 같이 넣는다. 완성한 암호문 선물 상자를 후배들 몰래 교실에 두고 온다.

### 앗, 잠깐만!

- 상자 뚜껑의 테두리는 윗면의 아래쪽이 아니라 옆쪽에 붙여야 여유 있게 상자를 덮을 수 있다.
- 받을 사람이 원하는 선물을 알아보고 가능하다면 그 물건을 포장한다.
- 인터넷에서 암호문 작성법을 미리 몇 가지 찾아본다.
- 리본끈으로 꽃을 만들 때 실이 빠지면 꽃을 완성할 수 없다. 혹시 실수로 빠졌다면 실이 빠지지 않은 다른 쪽으로 한 번 더 시도한다.

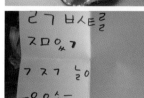

# 교육과정-수업-평가 일체화의 기록

#직육면체  #길이  #너비  #두께  #측정  #상자 만들기  #선물상자

5학년 수학 교과서 직육면체 단원의 문제해결 차시에는 선물상자 만들기 활동이 나온다. 로봇의 키, 어깨너비, 두께 등을 측정해서 로봇이 들어갈 수 있는 알맞은 크기의 상자를 직접 만들어보는 활동이다. 교과서에 나온 대로 선물상자를 만들었다고 그냥 끝낼 것이 아니라 진짜로 선물해보는 건 어떨까?

| 성취기준 | 학습 및 평가요소 | 학년 - 학기 - 단원 |
|---|---|---|
| •[6수02-04] 도형 | - 직육면체와 정육면체를 알고, 구성요소와 성질을 이해한다.<br>- 직육면체와 정육면체의 구성요소와 성질 이해하기 | 5-2-5 |
| •[6미02-01] 표현 | - 표현 주제를 잘 나타낼 수 있는 다양한 소재를 탐색할 수 있다.<br>- 표현 주제를 나타내는 다양한 소재 탐색하기 | |

### 배움을 확장하는 생생 현장 스케치

좌  오직 종이로 만든 마니또 과자케이크와 케이크 상자! 케이크와 상자 만드는 법만 알려줬는데 집에 가서 장미꽃과 딸기, 장식품까지 찾아서 더 만들어왔단다. 아침에 종이 케이크를 가져오면서 다른 학년 선생님께 인사하다가 그만 바닥에 케이크를 떨어뜨렸는데 그 모습을 본 선생님께서 진짜 케이크가 떨어진 줄 알고 너무 깜짝 놀라셨단다. 작품이 너무 극사실적이었나?

우  아이들이 각자 가져온 포장지로 만든 종이필통! 일반 색종이보다 내구성이 강한 펠지나 포장지를 활용하면 제법 튼튼한 작품을 만들 수 있다.

## 다른 교과와의 연계와 배움의 확장 "이렇게도 해보아요!"

•창체  마니또 친구를 위해 과자케이크를 만들었다. 펄지를 사용하여 생크림케이크(흰색), 딸기케이크(분홍색), 초코케이크(갈색) 중에 한 가지를 만들어서 그 가운데 구멍을 내고 자기가 가져온 과자를 담아 선물상자에 담아주는 활동이다. 과자가 들어 있기 때문에 밀봉되도록 골판지를 글루건으로 붙여서 상자와 덮개를 만들었다.

•실과  생활에 필요한 소품을 종이로 만들어보는 활동! 종이는 다른 재료보다 구하기 쉽고 변형이 편리하여 부담 없이 생활용품을 만들 수 있는 재료이다. 특히 보조선을 접으면 직사각형과 정사각형 모양을 쉽게 얻을 수 있어서 여러 가지 생활용품을 만들 수 있다.

### 응용 및 심화 활동

• 아이들이 교실이나 복도에서 놀 수 있는 공간을 커다란 종이상자로 제작한다.
• 종이상자로 관을 만들어 유언장을 쓰고 임종 체험을 한 후 느낌을 발표한다.

### 스토리가 있는 껄껄쌤의 수업 나눔

수학 교과서를 보는 아이들의 눈이 평소와 달리 반짝거렸다. 직육면체 단원 문제해결 차시 과제로 나온 활동이 다름 아닌 선물상자 만들기였기 때문이다. 종이로 일반 상자 접기를 해보고 다음 과제로 넘어가려 했는데 아이들이 극구 반대했다. 동생들이 얼마 전부터 우리 반에 있는 레고 부스트를 조종해보고 싶다고 했는데 이번에 그 소원을 들어주고 싶단다. 그래서 수학책에 나온 그대로 치수를 재고 실제로 선물상자를 만들었다. 그냥 상자일 줄 알았는데 장식과 리본까지 정성스레 만들어 붙였다. 상자와 덮개를 만들고 레고 부스트만 넣으면 되는 줄 알았는데 거기에 편지를 꼭 써야 한단다. 그런데 마음을 담은 편지가 부끄러웠던지 암호문으로 메시지를 남기겠다는 녀석들! 그렇게 암호문까지 넣고 리본으로 마무리했다. 후배들 전담 시간에 3, 4학년 교실로 몰래 선물상자를 옮기던 중 화장실 가던 후배와 마주쳤지만, 다행히 별 의심 없이 지나쳤단다. 상자 배달 임무를 무사히 마치고 교실로 돌아와 복도에서 후배를 만난 순간 철렁했다며 상기된 표정으로 가슴을 쓸어내리는 아이들. 후배들에게 좋은 일 하는 건데 왜 이렇게 떠는 거니?

# 네 분수를 알라!

대주제 ▷ 수와 문제해결    소주제 ▷ 피자조각으로 분수 개념 이해하기

# 지식정보처리    # 협업    # 추상적사고    # 문제해결

활동장소 교실              활동시간 80분              활동대상 3학년

활동재료 원 색종이, 색종이, 풀, 가위, 비즈 스티커, 색연필

## 💡활동 소개  분수 하면 피자 조각!

분수는 3학년 아이들이 가장 어려워하는 단원 중 하나이다. 이제 겨우 구구단의 기나긴 터널을 빠져나왔다고 안심하던 차에 부딪힌 새로운 난관! 아니, 분모가 큰 수가 더 작은 수라고? 아직은 아이들에게 낯선 분수 개념을 쉽게 이해할 수 있게 교과서에도 단골 메뉴로 등장하는 피자를 활용하여 조각 맞추기 게임을 해보자! 경쟁도 필요하지만 협동도 중요해!

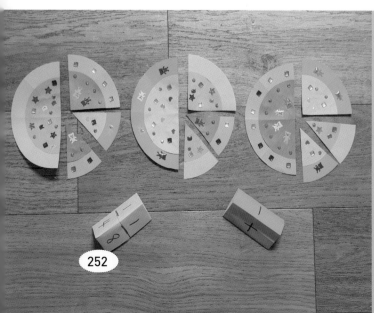

3명이 함께 게임을 할 수 있는 피자 3개와 삼각기둥 주사위 두 개! 1/2, 1/4, 1/8조각 피자를 이어서 피자 두 판 만들기에 도전! 생각보다 쉽지 않을걸?

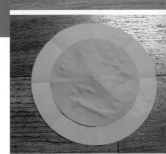

## 활동 순서 알아보기

1 크기가 서로 다른 원형 색종이 두 장을 각각 세 번 접어 8등분선을 만들고 다시 편다.

2 선에 맞추어 작은 종이를 큰 종이 위에 붙인다.

3 여덟 조각의 피자 모형에 똑같은 수의 비즈 스티커를 붙여서 장식한다.

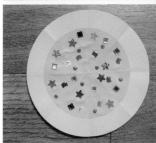

4 접은 선대로 종이를 잘라 1/2모형 한 장, 1/4모형 한 장, 1/8모형 두 장을 만든다.

5 정사각형 색종이를 대문 접기 하고 뒤로 돌려 4단이 나오도록 접는다. 나중에 끼워야 할 한 칸은 비워두고 각 칸에 1/2, 1/4, 1/8을 적는다.

6 빈칸이 있는 곳을 색종이 다른 쪽 끝에 끼워 삼각기둥 주사위를 만들고, '+', '-', '한 번 더'가 적힌 삼각기둥 주사위를 하나 더 만든다.

---

### 앗, 잠깐만!

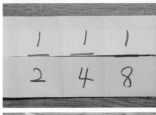

- 게임에 참여하는 인원에 따라 인원수만큼 피자 모형을 준비한다.
- 각자 가지고 있는 피자 모형을 다 쓰면 같은 모둠에 있는 친구가 대신 채워준다.
- 낼 수 있는 피자 모형이 없으면 다음 사람으로 순서가 넘어가지만, 낼 수 있는 피자 모형이 있는데도 일부러 내지 않을 순 없다.
- 중간에 내려놓은 피자 조각을 재배치해서 피자 한 판을 완성할 수 없다.
- 피자 두 판을 완성하는 활동이라도 상황에 따라 피자판이 세 개까지 만들어질 수 있다. 세 번째 피자판은 주사위를 굴려 '-'가 나올 때 활용한다.
- 삼각기둥 주사위는 바닥면에 보이지 않는 면에 적힌 내용을 적용한다.

# 교육과정-수업-평가 일체화의 기록

#분수    #등분할    #분모가 다른 가약분수    #분수의 크기 비교    #피자조각 맞추기

교과서에 나오는 피자를 직접 만들고 싶다는 아이들! 비록 먹을 수 있는 피자를 만들 순 없지만, 피자 모형은 쉽게 만들 수 있지! 분수를 가르치며 피자 모형을 활용한 게임을 많이 하는데, 즐겁게 경쟁하는 동시에 협력도 할 수 있는 방법이 없을까 고민하다가 피자 조각 맞추기 게임을 구상했다. 힘을 합쳐 피자를 한 판, 한 판 만들다 보면 협동심이 절로 용솟음치지 않을까?

| 성취기준 | 학습 및 평가요소 | 학년 - 학기 - 단원 |
|---|---|---|
| •[4수01-10] 수와 연산 | - 양의 등분할을 통하여 분수를 이해하고 읽고 쓸 수 있다.<br>- 분수의 개념 이해하기 | 3-2-4 |
| •[4체03-08] 경쟁 | - 공동의 목표 달성을 위해 협동의 필요성을 알고 팀원과 협력하며 게임을 수행한다. | |

### 배움을 확장하는 생생 현장 스케치

1 선생님이 피자는 못 해줘도 크래커 정도는 해줄 수 있어! 학생축제를 하고 남은 크래커와 초코펜을 사용해서 만든 분수 크래커! 근데 좀 적당히 뿌리면 안 되겠니? 그건 가분수 크래커야!

2 페이커 퀼링은 3학년 아이들에게는 꽤 어려운 작업이다. 무조건 세게 잡아당긴다고 될 일이 아니기 때문이다. 적당한 힘으로 말아주면서 모양을 잡고 디자인까지 하려면 꽤 오래 걸린다. 페이퍼 퀼링의 두께를 바꾸고 싶다면 등분을 달리해야 한다는 것을 잊지 마!

3 진짜 피자를 만든다고요? 방학 중 영어캠프를 하면서 원어민 선생님은 오븐을, 나는 재료를 준비했다. 다 같이 만든 피자는 모두 똑같이 나누어 먹어야 제맛!

4 겨우 종이 찢는 활동이라고? 16등분까지는 그럭저럭 가능했지만, 32등분이 되자 곳곳에서 들려오는 곡소리! 다시는 분수에게 까불지 않겠다나?

## 다른 교과와의 연계와 배움의 확장 "이렇게도 해보아요!"

- 수학　분수과자. 크래커의 1/2, 1/4, 1/8을 초코펜으로 색칠해 굳혀 간식으로 냠냠!

- 수학　색종이를 16등분으로 나누는 활동을 했다. 반 아이들과 함께 16등분으로 자른 종이를 연필로 돌돌 말아 페이퍼 퀼링 작품을 만들었다.

- 영어　원어민 선생님의 도움을 받아서 영어캠프 마지막날 피자를 만들어서 나눠 먹었다.

- 수학　종이 어디까지 찢어봤니? 2등분, 4등분, 8등분, 16등분, 32등분! 자른 도화지는 버리지 말고 '네모난 세상'을 만드는 데 재활용했다.

### 응용 및 심화 활동

- 같은 모양의 펜토미노 조각 여러 개를 모아서 커다란 펜토미노 작품을 만든다.
- 분수 돌림판을 만들어 수업과 생활지도에 사용한다.

### 스토리가 있는 껄껄쌤의 수업 나눔

3학년 아이들과 수업하다 보면 가끔 재미난 경험을 하곤 한다. 예컨대 그림 가득한 1·2학년 교과서를 보던 습관 때문인지 일단 교과서에 나온 그림부터 보고 달려와 이건 언제 하냐며 묻는다. 어느 날 한 아이가 수학 교과서 분수 단원의 피자를 보더니 피자는 언제 만들 거냐고 묻는 게 아닌가? 그건 피자 만들기가 아니라 분수를 배우는 단원이라고 말하자, 너무 아쉬워했다. 분수 단원에 피자가 유난히 많이 나오는데 먹는 피자까진 몰라도 피자 모형이 있으면 좋겠다 싶어 질문한 아이를 불러 아이디어 회의를 했다. 그랬더니 자기한테 있는 스티커를 피자 모형 토핑으로 쓰자며 적극적으로 나왔다. 그래서 반 아이들과 함께 수학 시간에 쓸 피자 모형을 만들었다. 분수를 이해하기 쉽도록 피자를 여러 조각으로 잘라 놀이할 수 있게 아이디어를 보탰다. 네 명씩 한 모둠으로 피자 세 판을 완성하는 미션을 주었다. 주사위가 던져질 때마다 터져나온 탄성과 환호! 빨리 끝날 거라는 예상과 달리 한 시간 넘게 분수와 씨름하며, 오기가 생긴 아이들은 쉬는 시간까지 투자해서 결국 피자 세 판을 완성했다. 너들 너무 열심히 공부하는 거 아니니? 좀 쉬엄쉬엄하렴!

# 투시 정물화

| 대주제 | 공간과 문제해결 | 소주제 | 정물의 안과 밖 모습을 함께 그려본다 |

**# 표현력   # 지식정보처리   # 사회정서   # 추상적사고**

활동장소 교실          활동시간 80분          활동대상 2학년

활동재료 A3 도화지(또는 스케치북), 풀, 연필, 색연필, 사인펜, 마커펜, 매직펜, 가위

## 💡활동 소개 그대로 멈춰라!

2학년 아이들에게 정물화를 어떻게 설명해야 할까? 꽃, 과일, 병 등 움직이지 않고 정지해 있는 물건을 놓고 그림을 그리는 것이라고 설명하자 여기저기서 터져 나오는 한숨 소리! 애들아! 화면을 꽉 채워야 한다는 부담감은 내려놓고, 이번 시간만은 정물 그 자체에 집중해보면 어때?

수박과 병으로 정물을 그리고 배경은 그림책으로 하여 사진을 찍었다. 정물 겉모습뿐만 아니라 안쪽 모습도 함께 그렸기 때문에 펼치고 접으며 다양하게 배치해보는 즐거움이 있는 재미있는 작품이다.

## 활동 순서 알아보기

1 도화지 2장을 겹쳐서 반으로 접는다. 접은 상태에서 트이지 않은 쪽이 중간이 되도록 그림을 그린다.

2 연필선을 따라 가위로 오려 똑같은 모양 두 장을 만든다.

3 접은 선을 따라 반쪽에만 풀칠하고 다른 종이의 반쪽만 붙인다.

4 종이를 완전히 펼쳐서 관찰하는 물건의 겉모습을 그리고 색칠한다.

5 접힌 부분을 한 장 넘겨 속모습을 관찰하여 그리고 색칠한다.

6 종이의 뒷부분에는 관찰한 물건의 특징을 간단히 적는다.

### 앗, 잠깐만!

- 종이를 풀로 붙이고 종이 한 장으로 펼친 면에 겉모습, 다른 두 장으로 펼친 면에 속 모습을 그린다.
- 매직이나 마커를 너무 여러 번 칠하면 뒷면에 묻어나올 수 있기 때문에 되도록 칠하는 횟수를 적게 하거나 색연필을 사용한다.
- 혼자서 정물화를 완성하기 어렵다면 모둠이나 반 친구들과 함께 그림을 배치하여 구도를 잡는다.

# 교육과정-수업-평가 일체화의 기록

#정물화    #과일 그리기    #겉모습    #속모습    #배치    #협동 정물화

정물화는 꽃, 화병, 과일, 동물 박제 등 움직이지 않는 물건을 배치하여 그리는 일이다. 정물화를 그리면서 아이들이 제일 힘들어하는 부분이 바로 배경을 색칠하는 일이다. 그래서 이번에는 배경에 신경 쓰지 않고 오직 물건에만 집중해서 그릴 수 있도록 했다. 각자 그린 정물을 교실 곳곳 어울릴 만한 장소에 함께 배치한 후에 사진으로 찍으면 완성! 마침 과일 그리기 활동도 해야 해서 마치 피카소처럼 정물의 겉과 속 모습을 한 번에 함께 볼 수 있는 재미난 그림으로 정물을 표현했다.

| 성취기준 | 학습 및 평가요소 | 학년 - 학기 - 단원 |
|---|---|---|
| • [2슬04-03]<br>여름 | - 여름에 볼 수 있는 동식물을 살펴보고 그 특징을 탐구한다.<br>- 여름 동식물 관찰하기 | 여름2-1-2 |
| • 창의적 체험<br>활동(자율) | - 과일의 특징을 살펴보고 친구와 함께 나눠 먹는다. | |

### 배움을 확장하는 생생 현장 스케치

좌 내가 국민학교 다닐 때만 해도 과일 관찰해서 만들기를 하면 사과, 바나나, 귤 정도였던 것 같은데 요즘은 키위, 망고, 패션프루츠, 스타프루트 등 열대과일이 많이 보인다. 이런 걸 보니 또다시 몰려오는 격세지감…

우 생크림케이크 위에 여러 가지 과일을 올려 아이들이 직접 장식한 어버이날 깜짝 이벤트 케이크! 케이크를 만들면서 과일의 절반은 아이들 입속으로 야금야금 사라졌다는 건 공공연한 비밀!

- 여름   과일을 관찰하고 클레이로 만들어 과일 모양의 냉장고 자석을 만들었다.

- 창체   다양한 과일들을 관찰하고 난 후에 이 과일들로 어버이날 기념 케이크를 꾸몄다 .

### 응용 및 심화 활동

- 아이들이 그린 정물을 모아서 주세페 아르침볼도(Giuseppe Arcimboldo)[*]의 작품처럼 인물화로 완성한다.
- 착시현상이 생기는 정물화를 그려서 복도 바닥에 전시한다.

### 스토리가 있는 껄껄쌤의 수업 나눔

2학년 아이들은 당연히 그림 그리기를 좋아할 것 같지만 수업을 하다 보면 꼭 그런 것만도 아니다. 왜냐하면 자기가 그리고 싶은 대로 그리는 게 아니라 선생님이 시키는 걸 그려야 하고, 또 인물을 크게 그리라는 둥, 바탕도 빠짐없이 칠하라는 얘기도 들어야 하기 때문이다. 특히 아이들이 질색하는 게 배경까지 모두 빼곡하게 색칠하라는 말이다. 배경까지 다 칠하려면 지겹기도 하고, 심지어 팔도 아프기 때문이다. 그래서 이번엔 배경을 과감히 생략하고 정물에만 집중해서 그려보자고 했다. 마침 과일을 관찰하고 그리는 단원이 있어서 과일의 겉과 속을 자세히 관찰하고 그림을 그리기로 했다. 색칠해야 할 공간이 많이 줄어들어서 그런지 아이들은 부담 없이 과일의 겉과 속을 각각 도화지에 담았다. 관찰하고 그림까지 그리다 보면 어느덧 1시간이 훌쩍 지나간다. 1시간이나 그렸어도 물건을 많이 그린 아이들은 별로 없다. 그러고 나서 아이들에게 각자 그린 물건을 친구들 그림과 함께 교실 이곳저곳에 배치하고 사진으로 찍어서 가져오라고 했다. 자신이 그린 정물을 교실 어디에 어떻게 놓아야 어울릴지 제법 진지하게 고민하는 모습은 정물화 화가와 다를 바 없다. 아이들의 진지한 모습에 풀 세잔도 울고 갈 듯!

........................................................

[*] 이탈리아 화가로 식물들을 세심하게 배치함으로써 마치 인간의 얼굴처럼 묘사한 재치 있는 그림으로 유명하다.

# 3D 정물화

대주제 ▶ 공간과 문제해결    소주제 ▶ 평면의 명화를 입체로 재구성하기

# 창의적사고    # 심미적감성    # 문제해결    # 과학적사고

---

활동장소 교실                활동시간 80분                활동대상 5학년

활동재료 종이 상자(컵라면 6개들이 상자), 칼, 가위, 종이컵(빨간색, 주황색), 빨대, 색종이(주황색, 노란색), 네임펜, 색
테이프(빨간색, 녹색), 풀

---

## 💡활동 소개 입체로 표현하는 정물화

고흐는 살아생전 자신의 작품을 한 점도 팔지 못했지만, 죽고 나서야 작품들이
재평가를 받으며 엄청난 인기를 얻었고, 지금도 위대한 예술가로 칭송되고 있
다. 그중 〈해바라기〉는 고갱과의 우정을 생각나게 하는 작품으로 고흐의 대표작
중 하나로 꼽힌다. 고흐의 그림을 감상하고, 이를 3D 작품으로 다시 꾸며보면 어
떨까?

명화를 그냥 따라 그릴 수도 있
지만, 만들기를 통해 입체적으
로 표현해보는 것도 색다른 재
미가 있다. 고흐의 〈해바라기〉
를 입체적으로 재구성한 작품!

1 그림의 배경과 비슷한 색깔의 색지로 골라 종이상자에 붙인다.

2 빨간색, 주황색 종이컵을 빨간색 테이프로 연결하고 윗부분을 칼로 도려내어 꽃병을 만든다.

3 노란 색종이를 16등분한다. 정사각형 종이를 삼각형이 되도록 접고, 다시 펴서 아이스크림 접기를 한다. 뒤로 돌려서 끝과 끝이 만나도록 접어 올린다. 이렇게 8장을 모으면 해바라기 하나를 만들 수 있다.

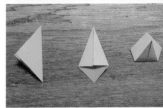

4 주황색 색종이를 4등분하여, 네임펜으로 가로, 세로로 줄을 긋는다.

5 주황색 색종이 모서리에 노락색 꽃잎 네 장을 먼저 붙인 후 나머지 네 장을 먼저 붙인 꽃잎들 사이에 붙인다.

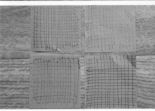

6 빨대에 녹색테이프를 감아 줄기를 만들고, 꽃 뒤에 붙여 화분에 꽂아 상자 안에 넣는다.

 **앗, 잠깐만!**

- 너무 복잡한 작품보다 정물화나 인물이 적게 등장하는 명화를 선택한다.
- 입체작품이 잘 세워지지 않으면 작품의 아래쪽을 글루건으로 고정한다.
- 그림 속 물건의 색깔과 개수를 실제로 구현하기에는 한계가 있으므로, 개수와 색깔에 너무 얽매이지 말고 다양한 재료를 사용해서 표현할 수 있도록 한다.

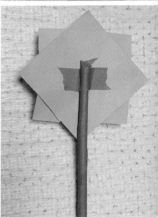

# 교육과정-수업-평가 일체화의 기록

# 명화 감상    # 명화 입체 표현    # 해바라기    # 정물화

미술작품 감상 수업은 참 힘들다. 게다가 잘 알지도 못하는 명화 감상 수업을 할 때면 아이들의 말수는 더욱더 줄어든다. 그래서 감상 수업을 하기 전에 아이들이 이야기할 거리를 충분하게 만들어주고 싶었다. 명화에 대해 꼭 전문적인 지식이 아니라도 작가의 생각을 엿보고, 자기의 생각을 덧붙일 수 있는 준비 단계가 필요하다고 생각했기 때문이다. 솔직히 어른도 갑자기 명화 감상평을 하라는 요구가 훅 들어온다면 당황스럽지 않을까?

| 성취기준 | 학습 및 평가요소 | 학년 - 학기 - 단원 |
|---|---|---|
| •[6실05-04] 기술 활용 | - 다양한 재료를 활용하여 창의적인 제품을 구상하고 제작한다.<br>- 제품 제작하기 | |
| •[6미02-04] 표현 | - 조형 원리(비례, 율동, 강조, 반복, 통일, 균형, 대비, 대칭, 점증점이, 조화, 변화, 동세 등)의 특징을 탐색하고, 표현 의도에 적합하게 활용할 수 있다.<br>- 조형 원리의 특징 탐색하기 | |

### 배움을 확장하는 생생 현장 스케치

좌  초등학생에게 팝아트는 너무 어렵지 않을까 생각했는데 내가 국민학교 다닐 때 사용했던 먹지가 그 고민을 단번에 해결해주었다. 그림을 잘 그리지 못하는 아이도, 어울리는 색을 잘 칠하지 못하는 아이도 마음껏 팝아트 작품을 만들었다. 뻔한 검은색이 아니라 멋진 연두색 머리카락, 하늘색 안경이 오늘따라 개성 있게 보인다.

우  자기들이 먼저 하고 싶다더니 금방 질린 녀석들! 그래서 컬러링북과 스크래치 그리고 증강현실 색칠놀이까지 돌아가며 했다. 하지만 아이들은 휴대폰으로 증강현실 하느라 정신이 없고, 어느 순간 내 앞에 오롯이 놓인 컬러링북! 뭐지? 어쩐지 속은 느낌인데…

262

• 미술  영월에 있는 '묵산미술박물관'에 가서 팝아트 체험을 했다. 캔버스 위에 먹지와 사진을 대고 따라 그린 후 포스터물감으로 칠해서 작품을 완성했다.

• 창체  가끔은 아이들도 아무 생각없이 멍하니 색칠만 하고 싶을 때가 있나 보다. 느닷없이 1년 내내 거들떠보지도 않던 컬러링북과 스크래치북을 칠하고 싶다는 아이들!

### 응용 및 심화 활동

• 명화를 패러디해서 공익광고 포스터를 만든다.
• 교실을 명화 속 한 장면으로 꾸며서 대본을 만들어보고 영상을 촬영한다.

## 스토리가 있는 껄껄쌤의 수업 나눔

사실 명화를 입체로 만들어보자고 처음 제안했을 때, 아이들의 반응은 영 신통치 않았다. 명화는 너무 잘 그린 그림이라 입체로 만들기 어려울 거라는 의견, 만들 게 너무 많아서 힘들다는 의견도 있었다. 그래서 명화를 있는 그대로 표현하는 건 어려운 걸 알기 때문에 색깔이나 개수를 굳이 똑같이 하지 않아도 된다고 협상을 하고 시작했다. 금세 배경판을 만들고, 화분까지 만들자 아이들은 좀 전의 회의적인 모습은 온데간데없이, 오히려 생각보다 빨리 만들 것 같다며 자신만만해했다. 그러나 진짜는 이제부터! 해바라기를 만들기 위해 색종이를 16등분으로 자르고 접고 붙이고를 반복하면서 아이들의 말수가 점점 줄어들었다. 혹시 지루해진 건가 싶었는데, 이 녀석들 어느새 집중하고 있잖아? 줄여서 몇 개만 만들겠다더니 점점 늘어나는 해바라기! 그러더니 갑자기 명화처럼 해바라기를 많이 만들고 싶다는 게 아닌가? 웬일이지? 너희들 설마 다음 시간이 수학이라 그런 게니?

# 꼬리에 꼬리를 무는 도마뱀

대주제 ▶ 공간과 문제해결 　　　소주제 ▶ 테셀레이션을 활용한 공간구성 활동

# 수학적사고　　# 상상력　　# 정교성　　# 협응능력

---

활동장소 교실　　　　　　활동시간 80분　　　　　　활동대상 4학년

활동재료 4절지, A4용지, 우드락, 색연필, 사인펜, 가위, 고무매트, 물티슈, 딱풀

---

## 💡활동 소개　도마뱀은 사랑입니다

네덜란드 판화가 에서(Escher)의 〈도마뱀〉을 처음 봤을 때 어떻게 이런 생각을 하고, 어떤 방법으로 제작을 했을까 궁금했다. 꼬리에 꼬리를 물고 이어지는 도마뱀 행렬에 나도 모르게 빠져들어서 테셀레이션(tessellation) 작품만 따로 찾아봤던 기억이 난다. 무작정 그리는 것만이 아니라 규칙성까지 찾아야 하는 테셀레이션과 사랑에 빠져보자!

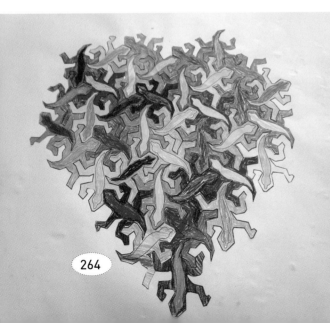

테셀레이션 도안이 그려진 종이에 바로 색칠을 해도 작품을 완성할 수도 있지만, 일부러 도마뱀을 하나씩 색칠해서 맞춰보며 아이들 스스로 규칙성을 찾았다. 그리고 여러 마리의 도마뱀들이 모여서 하트 모양을 만들었다.

## 활동 순서 알아보기

1 A4용지에 도마뱀을 출력하여 아이들에게 나눠준 후에 각자 출력한 도
　마뱀 여섯 마리를 색칠한다.

2 여섯 마리의 도마뱀을 모두 색칠하고 나면, 색칠한 도마뱀의 모양을 따
　라 가위로 오린다.

3 도마뱀을 돌려가며 공간을 빈틈없이 채울 수 있는 규칙을 찾는다.

4 색칠한 뒷면에 풀칠하고, 4절지 가운데에 붙인다.

5 작품을 완성하면 우드락을 덧대어 액자처럼 만든다.

 **앗, 잠깐만!**

- 안전을 위해 칼보다 가위를 사용한다.
- 깔끔하게 자르기 위해서는 가위질 한 번으로 오리기보다 테두리를 먼저 크게 자
　른 후 들어간 부분을 자른다.
- 풀을 너무 많이 칠하면 종이가 울기 때문에 한두 번 칠하고 바로 붙인다.
- 풀칠한 곳 위에서 다시 칠하면 종이가 붙어서 찢어지는 경우가 있다. 고무매트나
　유리판에서 위치를 옮겨가며 풀칠을 하고 더 이상 이동할 곳이 없으면 물티슈로 닦
　은 후 풀이 다 마른 후 다시 풀칠을 시작한다.

# 교육과정-수업-평가 일체화의 기록

# 에서  # 평면도형  # 모양만들기  # 도형 채우기  # 도마뱀  # 테셀레이션

수학 교과서 평면도형 단원 마무리에 테셀레이션 작품이 나와서 아이들과 함께 직접 제작해보기로 했다. 〈도마뱀〉이라는 작품을 통해 에셔라는 미술가를 아이들에게 소개하는 한편 도형의 신비한 매력도 함께 알려주고 싶었다.

| 성취기준 | 학습 및 평가요소 | 학년 - 학기 - 단원 |
|---|---|---|
| •[4수02-12]<br>도형 | - 주어진 도형을 이용하여 여러 가지 모양을 만들거나 채울 수 있다.<br>- 여러 가지 모양 만들기 | 4-2-6 |
| •[4미03-01]<br>감상 | - 다양한 분야의 미술 작품과 미술가들에 관심을 가질 수 있다.<br>- 다양한 미술작품과 미술가에 대하여 알아보기 | |

**배움을 확장하는 생생 현장 스케치**

좌 색종이로 접은 축구공 모빌은 쉬는 시간 남자아이들의 복도 축구 희생양이 되고야 말았다는 슬픈 이야기가 전해진다.

우 무려 쉬는 시간과 점심시간까지 투자해서 완성한 세계지도 퍼즐. 아이들의 자발적인 노력과 끈기로 이뤄낸 결정체다!

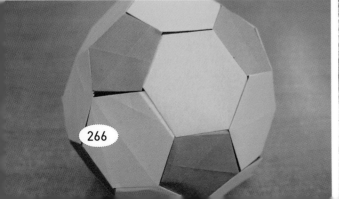

266

•미술   색종이로 삼각형과 육각형 유닛을 접어서 뿔난 축구공 모빌을 만들었다.

•사회   다문화 수업을 하면서 세계 여러 나라의 위치와 국기를 알아보는 활동을 퍼즐 맞추기로
진행했다.

### 응용 및 심화 활동

• 에셔의 작품을 동판화로 만들어본다.
• 아이들이 직접 디자인한 테셀레이션 작품으로 새로운 작품을 창조한다.

## 스토리가 있는 껄껄쌤의 수업 나눔

분교에서 근무할 때, 3학년 아이 한 명과 수업을 하면서 수학 교과서 도형 단원에 테셀레이션 작품이 실린
것을 보았다. 그냥 이런 것도 있다고 하면서 넘어갈 수도 있지만, 어쩐지 뭔가 하나라도 더 생생하게 경험하
게 해주고 싶었다. 그런데 문제는 인원! 테셀레이션을 하려면 도마뱀이 족히 수십 마리는 있어야 하는데 나
와 학생 한 명 이렇게 둘이 그 많은 도마뱀을 만들기엔 너무 많은 시간과 노력이 필요했다. 다행히 복식학급
후배들과 복식강사 선생님이 돕겠다고 나섰고, 쉬는 시간에는 다른 학년 선배들까지 몰려와 도와준 덕분에
무려 도마뱀 48마리가 탄생했다. 테셀레이션이 신기했는지 점심을 먹고 전교생이 다시 교실로 몰려와 도마뱀
조각을 맞춰서 하트 모양이 완성될 때까지 도와주었다. 그런데니 인터넷으로 검색을 해서 찾아낸 천사와 악
마, 나비, 물고기도 만들어보고 싶단다. 이참에 테셀레이션 동아리라도 하나 만들어야 하나?

# 중용의 수평잡기

대주제 ▶ 측정과 문제해결 　　 소주제 ▶ 장난감 만들기로 이해하는 수평 개념

# 수학적사고　# 표현력　# 문제해결　# 의사소통

활동장소 교실　　　　　　활동시간 80분　　　　　　활동대상 4학년

활동재료 과자 상자, 볼펜, 가위, 털실

## 💡활동 소개 옳거니, 네 말도 옳구나!

각자의 억울함을 토로했던 두 종에게는 물론 왜 모두 옳다고 답했는지 묻는 조카에게까지 "네 말도 옳다!"고 했던 황희정승처럼 어느 쪽에도 치우치지 않는 공평한 수평잡기 장난감을 만들어보자!

모두의 의견에 공감하고 인정해주었던 황희정승의 이야기와 수평잡기 장난감을 하나로 이어보았다. 중간에 황희정승을 두고 두 종이 다투는 형상으로 제작했다. 황희정승 말고도 다양한 모양으로 만들어 수평잡기 놀이를 해볼 수 있다.

## 활동 순서 알아보기

1 먹고 남은 과자 상자 또는 적당히 두께감이 있는 종이를 반으로 접는다. 반으로 접은 종이의 반쪽에만 황희정승과 여종의 모습을 그린다. 반만 먼저 그리는 이유는 좌우를 아무리 비슷하게 그린다고 해도 미세한 차이로 왼쪽과 오른쪽 무게가 달라질 수 있기 때문이다.

2 반으로 접어서 형체를 따라 가위로 오리고 나머지 반쪽 그림을 마저 그린 후 집게를 매단다.

3 선생님께 와서 털실 위에 수평잡기 장난감을 올려놓고, 황희정승과 두 종의 이야기를 마칠 때까지 줄에서 떨어지지 않으면 미션 성공!

### 앗, 잠깐만!

- 수평잡기 장난감은 양쪽으로 갈라져서 줄을 타는 방식 외에도 뾰족한 부분으로 세우는 방식도 있으므로 시간이 된다면 다른 방식으로도 만들어본다.
- 찰흙, 지점토 등을 떼어서 하면 양쪽의 무게를 맞추기 어렵기 때문에 집게, 원자석, 색점토 등을 이용한다.
- 과자 상자를 이용할 때도 그림은 반을 접어서 그린 후에 오린다.
- 집게가 너무 무거우면 앞이나 뒤로 넘어질 수 있기 때문에 가벼운 집게를 사용한다.

# 교육과정-수업-평가 일체화의 기록

수평잡기 개념을 가르치면서 수평잡기 장난감을 조사했는데 온통 베트남 장난감인 쭈온만 있거나, 예전에 가지고 놀았던 새 모양만 있었다. 간혹 다른 모양의 장난감들도 있었지만, 그리 마음에 들지 않았다. 그러다가 갑자기 생각난 중용! 그래서 도덕 교과서를 들춰보았다. 그래! 바로 이거야!

| 성취기준 | 학습 및 평가요소 | 학년 - 학기 - 단원 |
|---|---|---|
| • [4도02-04]<br>타인과의 관계 | - 협동의 의미와 중요성을 알고, 경청 · 도덕적 대화하기 · 도덕적 민감성을 통해 협동할 수 있는 능력을 기른다. | 4-4 |
| • [4과09-02]<br>힘과 운동 | - 수평잡기 활동을 통해 물체의 무게를 비교할 수 있다.<br>- 수평잡기로 물체의 무게 비교하기 | 4-1-4 |

## 배움을 확장하는 생생 현장 스케치

좌 보드게임 지도사 자격증을 보유한 복식강사 선생님은 매일 재미난 보드게임을 몇 가지 가져 오셨다. 그 중 눈에 띄는 게임이 하나 있었는데, 과학시간에 무게중심 공부할 때 활용하면 좋을 것 같아서 아이들과 함께 게임을 했다. 블록을 놓을 때마다 바닥에 놓인 원형판이 이리저리 기울어져서 반대쪽으로 쌓으면 되는 간단한 원리였는데 블록 모양이 여러 형태라 생각처럼 간단하지 않았다. 보드게임을 수업에 활용하면 참 좋을 것 같은데 막상 내가 해본 게임이 많지 않아서 쉽지 않네! 보드게임도 공부해야 하나?

우 우유갑으로 벽돌 모양을 만들고 글루건으로 이어붙여서 층층이 쌓고 그 위에 녹색 한지를 찢어서 나무처럼 만들었다. 처음에 반신반의하던 아이들도 상단부와 하단부가 합쳐져서 차츰 트리 형태가 갖춰지자 더욱 신이 나서 장식했다. 그런데 점점 트리가 보이지 않을 정도로 장식을 하는 아이들. 얘들아, 이제 그만…! 마침내 전구에 불을 켰을 때 "와!" 하던 아이들과 선생님들의 탄성은 평생 잊지 못할 것이다.

270

## 다른 교과와의 연계와 배움의 확장 "이렇게도 해보아요!"

- 창체  〈쉐이크 쉐이크〉라는 보드게임으로 원형판 위에 건물을 쌓아가며 균형잡기 게임을 했다.

- 창체  우유갑을 모아서 크리스마스트리를 만들었다. 트리가 쓰러지지 않게 유유갑의 균형을 잘 잡으면서 쌓아올리는 것이 관건!

### 응용 및 심화 활동

- 중력을 거스르는 무게중심 균형잡기 구조물 텐세그리티(tensegrity, 인장(Tension)과 구조적 안정 (Structure Integrity)의 합성어. 장력을 이용해 만들어진 안정된 구조체를 의미함)를 제작한다.
- 인형뽑기 기계를 사용해서 인형뽑기 챔피언에게 무게중심에 대한 인터뷰 활동을 한다.

### 스토리가 있는 껄껄쌤의 수업 나눔

4학년이 되면 다툼이 좀 줄어들 만도 하건만, 하루가 멀다 하고 투닥거리는 녀석들! 들어보면 서로 오해한 부분도 있는데 좀처럼 친구의 이야기에 귀를 기울이려고 하지 않는다. 도덕 시간마다 수차례 이야기하다가 황희정승 이야기를 들려주었다. 황희정승은 '네 말도 옳다'라고 하며 모든 사람의 이야기를 들어주면서 공감해주었다. 아이들 사이의 문제나 아이와 선생님 사이에서도 그저 들어주기만 해도 해결되는 일이 생각보다 많다. 문제는 아이들은 유독 듣는 것을 힘들어한다는 것. 그래서 도덕 시간과 연결해서 과학 시간 균형 잡기 장난감을 만들어보았다. 일부러 만드는 과정을 알려주지 않고 예시 작품만 보여준 채 균형잡기 장난감을 만들어보라고 했다. 외형만 보고 쉬워 보였는지 아이들은 별말 없이 장난감을 만들었다. 그런데 막상 실 위에 세우려니 힘없이 픽픽 쓰러지자 아이들은 나를 찾아왔다. 교과서에 힌트가 있다며 비밀이라고 하자 답답해하며 다시 자리로 돌아갔다. 그렇게 실험에 실험을 거듭하더니 한 명이 그 비밀을 찾아내서 실 위에 장난감 세우기에 성공했다. 처음으로 성공한 그 아이는 돌아다니면서 친구들에게 신나게 비법을 전수했다. 그리고 비법을 전수받은 아이들은 다시 다른 친구들에게 비법을 전수했다. 일부러 만드는 과정을 알려주지 않은 이유는 아이들 사이에 부정적인 말보다 긍정적인 말이 자주 오갔으면 하는 마음에서였다. 이제 좀 그만 다투고 친구의 말도 경청할 수 있는 귀를 가지길 바란다!

# 슬링키 뱀 인형

# 과학적사고    # 상상력    # 협응능력    # 문제해결능력

활동장소 교실        활동시간 80분        활동대상 3학년

활동재료 색종이, 접착식 테이프, 클립, 플라스틱 눈

## 💡 활동 소개  실수해도 괜찮아!

실수가 꼭 나쁜 것만은 아닌데 나조차도 아이들에게 마치 실수가 나쁜 것인 양 가르쳤던 것 같다. 하지만 때로는 실수로 인해 세계사의 흐름이 바뀌고, 실수로 인해 위대한 신제품이 발명되기도 한다. 오늘 그 실수로 인해 탄생한 재미있는 장난감 인형을 아이들과 함께 만들어보자!

강철이나 플라스틱 슬링키는 아이들이 직접 만들 수 없기 때문에 조작이 쉬운 색종이를 사용하여 슬링키 장난감을 만들었다. 슬링키에 여러 가지 물건을 매달아 길이를 잴 수도 있지만, 끝부분을 잡고 흔들면 영락없이 똬리를 튼 뱀의 형상이다.

## 활동 순서 알아보기

1 색종이 한 장을 가로로 한 번, 세로로 한 번씩 접은 후, 잘라서 4장으로 만든다.

2 색종이 1/4 조각 한 장으로 삼각주머니 접기를 해서 'X'자 모양이 나오도록 한다.

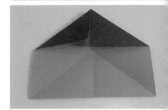

3 네 모서리 중, 두 모서리만 중간까지 접는다. 이때 지저분하게 잘린 면을 접어주면 외형이 더 깔끔하게 보인다.

4 접은 쪽은 산 접기, 접지 않은 쪽은 골짜기 접기를 해서 앞이 뾰족하고 뒤가 두 개로 갈라진 모양의 유닛을 만든다.

5 같은 방식으로 유닛을 160개 이상 만든다.

6 색종이 날개 사이로 다른 색종이의 뾰족한 부분을 넣고 앞부분 색종이의 두 날개를 감아 넣고 접착식 테이프로 고정한다. 동일한 방식으로 유닛을 계속 이어붙인다.

### 앗, 잠깐만!

- 접착력이 약하면 슬링키를 가지고 놀다가 연결 부위가 풀릴 수도 있으므로 풀보다 접착식 테이프를 사용해서 유닛을 잇는다.
- 용수철의 특징이 제대로 드러나려면 유닛을 160개 이상은 접어야 한다.
- 유닛을 삐뚤게 접으면 틈이 벌어지기 때문에 빨리 접는 것보다 정확하게 접는 것이 중요하다.
- 혼자 만들기 어려우면 모둠이나 반 전체가 힘을 모아 완성하는 것도 의미 있다.
- 색종이를 4등분 해서 접을 수도 있지만, 학종이를 사용하면 수고를 덜 수 있다.

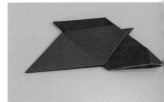

과학 시간, 수업은 시작하지도 않았는데 용수철을 만지고 싶어서 근질근질한 아이들의 모습이 곳곳에서 눈에 띄었다. 과학실 실험도구는 장난감이 아니라고 말을 했던 터라 인내심을 총동원해 참고 있는 모습에 웃음이 절로 났다. 어떻게 하면 수업 시간에 정당하게 용수철을 가지고 놀 수 있을까 고민하다가 직접 만들어보면 되겠다고 생각했다. 처음에는 공예에 사용하는 철사를 사용해서 만들어봤는데 잘 늘어나지도 않고, 늘어났다가 원래대로 돌아가지도 않았다. 그러던 중 종이공예를 하면서 만들었던 슬링키가 떠올랐다. 그래! 슬링키라면 용수철의 특징도 있으니 실험도 할 수 있고, 실험이 끝난 후 장난감으로 가지고 놀 수도 있겠구나!

| 성취기준 | 학습 및 평가요소 | 학년 - 학기 - 단원 |
|---|---|---|
| •[4과09-03] 힘과 운동 | - 용수철에 매단 물체의 무게와 용수철의 늘어난 길이의 관계를 조사하고 물체의 무게를 재는 원리를 설명할 수 있다.<br>- 용수철저울로 물체의 무게를 재는 원리 알기 | |
| •[4미02-03] 표현 | - 연상, 상상하거나 대상을 관찰하여 주제를 탐색할 수 있다.<br>- 상상하거나 관찰하여 주제 탐색하기 | |

### 배움을 확장하는 생생 현장 스케치

좌 위의 두 개는 단풍나무 씨앗처럼 회전하며 내려오는 장난감이다. 아이들은 헬리콥터 장난감이라고 부른다. 아랫쪽은 지그재그 바퀴와 공 접기!

우 종이컵 가지고 만드는 순서를 보고 좋아하는 만화 캐릭터를 만든 아이의 작품! 공부 시간에 공부 안 하고 장난감을 만들었다며 좋아하는 아이들. 얘들아! 미안한데 국어책에 나온 순서대로 보고 컵인형을 만드는 게 오늘 공부할 내용이야!

274

## 다른 교과와의 연계와 배움의 확장 "이렇게도 해보아요!"

• 창체　과학의 날 행사에서 멀리 날아간 에어로켓을 대신해서 날리면서 놀 수 있는 종이비행기를 제작한 아이들 작품! 유튜브를 찾아보면서 연구까지 했단다.

• 국어　교과서에 나온 종이컵 인형 만드는 방법을 보고 자기가 좋아하는 만화 캐릭터를 만들었다. 만들기로 끝내지 않고 인형극에도 사용할 수 있어서 1석 2조!

### 응용 및 심화 활동

• 영화에 나오는 슬링키 도그를 만들어서 피규어 장난감과 함께 이야기를 만든다.
• 용수철 3개와 종이컵을 사용하여 장난감 점퍼루를 만들어 장난감 놀이터를 만든다.

### 스토리가 있는 껄껄쌤의 수업 나눔

3학년이 되면 늘어난 과목 수나 수업 시간 때문인지 학교생활을 부쩍 힘들어한다. 그런 아이들에게 희망을 주는 의외의 과목이 있는데, 바로 과학! 고학년으로 가면 치를 떠는 과목 중 하나가 어떻게 3학년 아이들 눈엔 흥미진진해 보이는 걸까? 3학년이 되어 과학실에 가면 수많은 실험도구를 홀린 듯 바라보는데, 이런 도구들로 직접 실험하는 과정을 흥미롭게 느끼는 것 같다. 평소엔 잘 건드리지도 않을 흔한 용수철도 과학실만 오면 만지지 못해 안달이다. 용수철에 추를 달아 길이를 재고, 실험관찰에 기록한 아이들이 물었다. "실험 끝내고 가지고 놀아도 돼요?" 3학년이라 가능한 용감한 질문이다. 과학실 물건은 실험도구라 가지고 놀면 안 된다는 말에 실망한 모습이 맘에 걸려 다음 과학시간에도 쓸 수 있게 종이 용수철을 만들어보겠냐고 제안하니 묻지도, 따지지도 않고 바로 GO! 만드는 과정이 쉽지 않다고 말해줘도 GO! 색종이부터 4등분으로 잘라야 하는데 이마저 아이들에겐 쉽지 않았다. 삐뚤삐뚤 잘린 색종이로 조각 200개를 만들어 붙이는 대공사가 시작되었다. 아이들이 색종이를 접어오면 내가 조립하고 테이프를 붙여 점점 늘려갔다. 드디어 완성! 아이들은 뱀처럼 보인다고 말했다. 그래서 아예 눈을 달고 슬링키 뱀이라는 이름도 붙었다. 슬링키라는 단어를 어떻게 알았냐고 물으니 〈토이스토리〉에 슬링키 도그가 나온단다. 슬링키 뱀에 종이컵을 매달아 물건을 담으면 몸이 늘어나 무게를 비교할 수 있다. 얘들아, 사실 슬링키는 실수에 의해 만들어진 장난감이란다. 그러니 실수를 꼭 나쁘게 생각 말고 용기를 가졌으면 해! 우리가 힘을 합쳐 삐뚤삐뚤 색종이로 슬링키 뱀을 만들었던 것처럼 말이야!

인공지능 기반의 4차 산업혁명은 이미 우리 모두의 현실이 되어가고 있다. 미래사회의 주체인 우리 아이들은 더 이상 수동적인 지식의 습득자가 아니라 지식을 주도적, 창의적으로 선별 및 응용하고, 이를 문제해결에 융통성 있게 또 자유롭게 재구성 및 적용할 수 있는 능력이 중요한 세대이다. 미래사회가 요구하는 창의융합형 인재로 자라나려면 평소 남의 눈치 보지 않고 마음껏 상상력을 발휘해볼 수 있어야 하지 않을까? 변화에 휘둘리는 수동적 존재가 아니라 당당하게 변화를 이끌어가는 능동적 존재로 성장할 수 있기를 바라는 마음과 아울러 미래의 진로계발 등과도 연결시킬 수 있는 활동들을 소개한다.

미래사회와 창의융합형 인재

# 미래의 주인공은
# 나야, 나!

5장

#진로계발 #4차산업혁명 #미래사회 #창의적문제해결 #상상력

# 예측, 나의 미래!

# 상상력     # 표현력     # 진로계발     # 자기관리     # 분석적사고

활동장소  교실          활동시간 120분          활동대상 5학년

활동재료  진로카드 4세트(24명 기준, 6명이 한 모둠), 연필, 지우개, 색연필이나 사인펜, 8절지 1장

## 💡 활동 소개  미래의 주인공은 나야 나!

초등학생 때 가진 꿈을 이룰 수 있을까? 자라면서 여러 가지 이유로 꿈이 바뀌거
나 포기하게 된 경험을 해본 어른들은 어렵다고 말할 것이다. 하지만 아이들은
매일 여러 매체를 통해 꿈을 이룬 스타들을 접한다. 절망적인 상황에서도 꿈을
잃지 않고 노력한다면 훗날 아이들도 누군가에게 희망을 주는 꿈을 이룬 사람이
될 것이다. 막연하게 정했던 자신의 장래희망을 꼼꼼히 살펴보고, 미래의 내 모
습을 그려보면서 아이들은 자신의 꿈에 한 발 더 다가설 수 있게 된다.

진로카드 활용 수업 후, 미래
자신의 모습을 그린 아이들 작
품. 바로 장래희망 그리기를 할
수도 있었지만, 먼저 진로카드
활용 수업을 하고 나서 그려보
니 좀 더 고민한 것 같은 흔적
이 아이의 작품에도 고스란히
드러났다.

278

## 활동 순서 알아보기

1 여섯 명이 한 모둠을 이룬다.

2 60장의 카드를 색깔별로 10장씩 나누어 가진다. 카드를 보고 좋아하는
  직업, 좋아하지 않는 직업, 좋지도 싫지도 않은 직업으로 분류하고 그
  이유를 적는다. 이 중에 좋아하는 직업 5가지를 고르고 순위를 정한다.

3 장래희망 1위만 조사하여 엑셀 그래프로 정리하고 '우리 반 직업 베스
  트'를 뽑아 장래희망 1위인 아이들부터 앞으로 나와 그 직업을 고른 이
  유를 발표한다.

4 20년 후 나의 모습을 머릿속으로 상상해보고, 자신의 장래희망이 잘
  드러나도록 8절지에 그린다.

### 앗, 잠깐만!

• 진로카드를 보고 고민하는 시간이 각자 다르기 때문에 생각할 시간을 충분히 주고
  기다려주는 것이 좋다.
• 원하는 직업이 5가지가 되지 않으면 억지로 추가하지 말고 원하는 직업만 적도록
  한다.
• 직업 5가지를 적을 때 제일 선망하는 직업부터 순서대로 적는다.
• 친구가 정한 진로를 보고 놀리거나 비난하지 않도록 사전에 약속한다.
• 진로를 정하지 못한 아이에게 뭐든 정하라는 식의 무리한 요구를 하지 말고, 차라
  리 친구의 이야기를 듣는 시간으로 대신한다.
• 모둠 활동은 6명보다 적은 인원도 할 수도 있다. 반대로 모둠원이 너무 많으면 대화할
  시간이 줄어들기 때문에 대화 시간을 충분히 주거나, 모둠원 수를 제한해야 한다.

# 교육과정-수업-평가 일체화의 기록

#진로    #장래희망    #꿈    #미래 모습    #진로카드    #진로상담    #또래상담

'나의 미래 모습 그리기' 활동을 하다 보면 장래희망을 바꿔도 되냐고 묻는 아이들이 종종 있다. 단순한 변심일 수도 있지만, 무엇보다 자신의 진로를 진지하게 고민해보지 않은 채 막연히 정했기 때문일 것이다. 예전에는 미래의 내 모습을 상상해보고 그리라고 했지만, 요즘에는 그림을 바로 그리지 않는다. 그림을 그리기 전에 진로카드를 활용해서 아이들과 진로, 꿈에 대한 이야기를 충분히 나누고 나서 그리기를 시작한다. 그리는 활동보다 중요한 것은 친구들 그리고 선생님과 함께 미래에 대한 이야기를 자유롭게 나누면서 자신의 진로를 탐색하는 과정이다.

| 성취기준 | 학습 및 평가요소 | 학년 - 학기 - 단원 |
|---|---|---|
| •[6미01-01]<br>체험 | - 자신의 특징을 다양한 방법으로 탐색할 수 있다.<br>- 자신의 특징 탐색하기 | |
| •[6실05-01]<br>기술 활용 | - 일과 직업의 의미와 중요성을 이해한다.<br>- 일과 직업의 의미와 중요성 이해하기 | |
| •[6실05-02]<br>기술 활용 | - 나를 이해하고 적성, 흥미, 성격에 맞는 직업을 탐색한다.<br>- 직업 탐색하기 | |

### 배움을 확장하는 생생 현장 스케치

좌  영월군은 박물관의 고을로도 불린다. 마을 조사 활동을 하면서 방문한 박물관에서 다양한 직업군을 만날 수 있었다. 40년간 사진기자로 활동하다가 은퇴를 하고 영월에 정착하신 미디어기자박물관 관장님을 찾아뵙고 기자생활에 대한 생생한 이야기를 들을 수 있었다.

우  진로, 직업과 관련된 건물들을 페이퍼 크래프트로 제작했다. 아이들은 시키지 않아도 가상의 공간에서 스토리텔링을 시작한다. 그곳에서 생긴 기쁜 일, 화나는 일 모두 아이들에게 소중한 기억이 되지 않을까?

• **사회** 진로 강사 초청도 좋지만, 각종 직업에 종사하는 마을 어른들을 만나는 것도 좋은 진로교육이다. 아이들이 삶에서 마주하는 분들이다 보니 한층 생생한 정보를 얻을 수 있다. 진로, 직업 정보는 우리 주변에서도 얼마든지 찾을 수 있다고 알려주었다.

• **미술** 페이퍼 크래프트로 미래에 일하고 싶은 직장을 꾸며보았다. 간단한 사람모형도 만들어 함께 일하는 사람들을 설정했다(직접 인물들을 그려서 만들어도 됨). 이를 통해 장래희망을 이루었을 때 교류 또는 협업해야 하는 단체나 직업군을 파악할 수 있었다.

• **국어** 20년 후, 나의 모습을 명함으로 만들어 짝과 함께 모의 인터뷰 활동을 했다. 휴대폰 미러링을 활용해서 인터뷰 활동을 한층 더 실감나게 진행했다.

**응용 및 심화 활동**

• 진로에 대해 궁금한 점이 있을 때 연락할 수 있는 지역 멘토들을 찾아보고, 멘토지도를 제작한다.
• 마을선생님, 예술강사 등 학교로 들어오는 전문가들과 함께 프로젝트 수업을 계획한다.
• 친구들과 함께 열어볼 수 있는 타임캡슐을 만들어 20년 후 나에게 쓰는 편지를 담아 보관한다.

## 스토리가 있는 껄껄쌤의 수업 나눔

매년 학교에서 강사까지 초빙하여 진로 프로그램을 진행하지만, 정작 아이들의 진로 스펙트럼은 그리 넓지 않다. 아마도 아이들에게 이런 프로그램이 일회성 행사처럼 형식적으로 느껴지기 때문일 것이다. 나도 10년 넘게 아이들과 진로수업을 했지만 정작 그 일을 왜 하고 싶은지, 어떻게 이뤄갈 것인지 등에 관한 얘기는 진지하게 해본 기억이 거의 없다. 한 시간 내에 진로를 정해 그림으로 완성하기도 빠듯했기 때문이다. 그래서 이번에는 그리는 시간보다 장래희망 그림을 그리는 이유를 생각하고 친구들과 정보를 교환하는 데 초점을 맞추었다. 그래도 아이들의 장래희망은 계속 바뀔 것이다. 하지만 이 활동에서 장래희망에 관한 정보를 찾고, 고민했던 경험은 훗날 분명 의미 있는 자양분이 될 것이다. 앞으로 아이들의 꿈이 어떻게 펼쳐질지는 아무도 모르지만, 항상 자신감과 용기를 잃지 말고 자신의 길을 꿋꿋하게 개척해 나가길 바란다.

# 알뜰시장 메뉴판

#공감    #문제해결    #지식정보처리    #진로계발    #분석적사고

활동장소 교실          활동시간 80분          활동대상 2학년

활동재료 연필, 지우개, 색연필, 사인펜, 크레파스, 도화지, 가위, 칼, 자

## 💡활동 소개  도전, 장사의 신

조선시대 거상이라고 하면 김만덕과 임상옥이 먼저 떠오른다. 이들은 어떻게 장
사의 신이 될 수 있었을까? 어쩌면 장사의 가장 기본이라 할 수 있는 고객과 상도
(商道)를 중시했기 때문 아닐까? 쉽고 편리한 쇼핑을 할 수 있게 손님을 배려하는
것이야말로 장사의 기본! 손님들 눈에 딱 들어오는 메뉴판을 연구해 만들어보자!

미술 시간에 그린 여러 가지 음
식 그림을 활용해서 메뉴판을
만들어 누가 시키지도 않았는
데 등교하자마자 알뜰시장 놀
이를 하는 아이들!

282

## 활동 순서 알아보기

**1** 함께 논의하여 알뜰시장에서 지켜야 할 규칙들을 정한다.

**2** 각자 운영할 가게를 정하고, A4용지를 삼각기둥으로 만들어 간판을 제작한다. 돈은 은행에서 제작하고, 상인은 가게에서 판매할 물건 그림을 그려서 만든다.

**3** 가게별로 팔고 싶은 메뉴를 적는다.

**4** 메뉴의 가격도 정해서 메뉴판에 적는다.

**5** 함께 정한 규칙에 맞추어 알뜰시장 놀이를 한다.

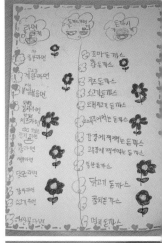

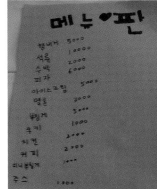

 **앗, 잠깐만!**

- 단순히 물건을 사고 파는 행위에서 끝나지 않고, 거래를 위해서 얼마나 많은 사람의 노력이 필요한지 알 수 있도록 다양한 작업을 선정한다.
- 지폐와 동전도 의미를 담아서 직접 제작한다.
- 거스름돈을 주기 위해서 직접 뺄셈을 하고, 계산기는 검산용으로만 사용한다.
- 광고나 쿠폰 등의 아이디어를 더하면 더 재미있게 활동을 할 수 있다.

# 교육과정-수업-평가 일체화의 기록

# 네 자리 수    # 덧셈    # 뺄셈    # 직업놀이    # 메뉴판 만들기    # 상도    # 규칙 정하기

연간 활동 중에서 아이들이 가장 좋아하는 행사는 무엇일까? 운동회? 학예회? 놀랍게도 아이들이 제일 하고 싶어하는 행사는 알뜰시장이었다. 그런데 막상 알뜰시장을 열어주면 물건을 사고 돈을 내는 걸로 끝! 시간도 그리 오래 걸리지 않는다. 그래서 제대로 된 알뜰시장 놀이법을 알려주기 위해 간판, 광고지, 영수증을 만들었다. 더불어 계산기 사용법과 투명한 경제활동을 위한 알뜰시장 상도(규칙)도 알려주고 싶었다.

| 성취기준 | 학습 및 평가요소 | 학년 - 학기 - 단원 |
|---|---|---|
| • [2수01-02] 수와 연산 | - 일, 십, 백, 천의 자릿값과 위치적 기수법을 이해하고, 네 자리 이하의 수를 읽고 쓸 수 있다.<br>- 일, 십, 백, 천의 자릿값과 위치적 기수법 이해하기 | 2-2-1 |
| • [2즐05-04] 마을 | - 동네에서 볼 수 있는 직업과 관련하여 놀이를 한다.<br>- 직업 놀이하기 | 가을2-2-1 |

### 배움을 확장하는 생생 현장 스케치

1  아이들이 전날 잠을 설쳐가며 직접 만든 POP 손글씨 알뜰시장 포스터!

2  학생자치회에서 공지한 알뜰시장 매뉴얼! 수익 일부는 국제구호단체에 기부한단다.

3  수납장에 간식을 채워서 교내매점 열 준비하고 있는 분교 아이들. 물품마다 포스트잇 가격표를 붙이느라 여념이 없다.

4  구매력이 높은 원어민 선생님께 어떻게든 팔아보려고 그동안 배운 온갖 영어 단어를 총동원해 홍보하는 아이들!

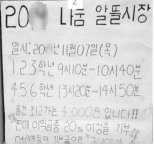

284

## 다른 교과와의 연계와 배움의 확장 "이렇게도 해보아요!"

• 창체  분교에 있을 때 선생님들과 의논해 교내매점을 열었다. 선생님들이 진열장에 문구류나 간식을 사두면 5 · 6학년 아이들이 돌아가며 운영과 관리를 맡았다. 읍내에 가지 않아도 수업 시간에 받은 쿠폰으로 필요한 물건을 살 수 있는 정도였다. '루비'라는 쿠폰을 사용했는데, 정가가 1,000원이면 100루비 정도로 가격을 매겼다. 다만 종이쿠폰을 자꾸 분실하여 쿠폰 관리는 통장에서 하고, 쿠폰은 다시 회수해 선생님들이 사용했다. 5 · 6학년 선배들이 점원과 은행원 역할을 맡아 혼자 계산하기 어려워하는 후배들 통장에 입출금 내역 기록을 도왔다. 내 평생 이런 의미 있는 경험을 또 해볼 수 있을까? 교내매점을 생각해낸 동료 선생님들이 존경스럽다.

• 영어  영어 시간만 되면 굳게 닫히는 아이들의 입을 열기 위해 'flea market(벼룩시장)'을 열었다. 규칙은 단 하나, 영어만 사용해서 물건을 사고팔 것!

**응용 및 심화 활동**

• 초상화 그리기, 노래 들려주기 등 내 재능과 친구의 재능을 사고파는 재능시장을 연다.
• 집에서 사용하지 않는 물건을 가져와서 물물교환 시장을 연다.
• 전통시장 상인들을 위한 메뉴판을 만들어서 기부한다.

### 스토리가 있는 껄껄쌤의 수업 나눔

아이들을 처음 만나는 날, 제일 하고 싶은 활동을 물었더니 거침없이 알뜰시장이라고 대답했다. 그래서 왜 알뜰시장을 하고 싶냐고 물었더니 돈을 벌 수 있기 때문이란다. 이 녀석들, 돈 버는 게 그리 쉬운 줄 알아? 이 기회에 그냥 물건 내놓고 사고파는 게 다가 아니란 걸 알려줄 겸 알뜰시장 놀이를 해보기로 했다. 우선 어떤 물건을 팔고 싶은지 품목을 정하라고 했다. 그런 다음 물건을 직접 그리고 색칠해서 가격까지 매겨보는 활동이었다. 모든 것을 종합해서 메뉴판을 만들었다. 아이들이 만든 메뉴판을 구경하다 보니 치료비와 약값이 적힌 메뉴판도 눈에 띄었다. 실제 알뜰시장에서는 볼 수 없는 아이디어라 놀이할 때 지켜봤는데 산부인과라서 신기했는지 아이들이 많이 몰렸다. 알뜰시장 놀이가 끝난 뒤 아이들에게 느낀 점을 물어보니 간판 만드는 것부터 거스름돈을 계산하고 영수증까지 써주느라 정신없이 바빴단다. 그래도 또 하고 싶다나?

# 패러디 어벤저스

# 자기관리    # 공동체    # 문제해결    # 표현력

활동장소 교실    활동시간 80분    활동대상 4학년

활동재료 A4용지 1장, 액자 화면(6cm×4cm), 프린터기, 검색 기기(휴대폰 또는 컴퓨터)

## 💡 활동 소개  창의적 아이디어로 응징하는 규칙 수호대

뻔한 학급 규칙판은 가라! 아이들이 기꺼이 몇 번이고 다시 들여다볼 수 있는 재미난 규칙 안내판을 함께 만들어보면 어떨까? 학급 규칙을 지키지 않는 아이에게 패러디로 응징할 수 있는 영웅이 나타날 것인가!

영화에 나오는 캐릭터들을 활용해서 만든 학급 규칙 안내 액자! 영화 속 한 장면을 패러디하여 학급 규칙을 설명하기 때문에 너무 평범해서 쉽게 잊어버릴 수 있는 학급 규칙을 이미지로 변환하여 장기기억 회로에 저장할 수 있다.

## 활동 순서 알아보기

1 사진과 글씨가 들어갈 수 있는 4cm×6cm 공간에 학급 규칙과 어울리는 영화 장면을 찾아 넣고 컬러프린터로 출력한다.

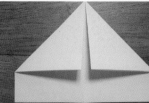

2 A4용지를 가로 방향으로 한 번, 세로 방향으로 한 번 접었다 편다. 그러고 나서 A4용지를 반으로 접어 터진 쪽이 아래로 가게 하고, 가운데 선에 맞추어 양쪽을 삼각형 모양으로 접는다.

3 아래 남은 사각형 부분을 위로 접어 올리고, 뒤쪽도 같은 방식으로 접어 올린다. 그러고 나서 다시 접어 올린 사각형 부분을 내리고, 양쪽 삼각형 부분을 안으로 말려 들어가게 접는다.

4 가로, 세로 두 보조선이 교차하는 부분까지 꼭대기 모서리를 접어 내린다.

5 접힌 모서리 부분만 빼고 위로 펼쳐서 평면이 되도록 누른다. 이 상태에서 맨 위, 아래 직사각형 부분을 안쪽으로 접는다.

6 패러디 규칙 안내판을 대고 네 모서리를 딱 맞게 접는다.

7 모서리의 삼각형 부분에 규칙 안내판 모서리를 끼워 넣고 바닥에 세운다.

### 앗, 잠깐만!

- 액자 크기는 사진과 글자가 들어갈 공간을 합쳐 가로 6cm×세로 4cm(보통 A4 한 장에 두 개)가 적당하다. 가로 길이는 조절할 수 있어서 좀 더 여유가 있지만 세로 길이는 정해져 있어서 여유가 없다.
- 친구와 함께 볼 학급 규칙이기 때문에 같은 장면을 사용해서 같은 규칙을 적용해도 괜찮다. 또 같은 장면을 다른 규칙에 붙일 수도 있고, 다른 장면을 같은 규칙에 붙일 수도 있다. 아이들에게 최대한 자유를 주자!
- 다른 친구가 출력하는 동안 패러디할 장면을 최대한 많이 찾아본다.

새로운 학년을 시작하면서 함께 의논해서 학급 규칙을 정해도 그 규칙을 학년말까지 기억하는 아이는 솔직히 드물다. 학교생활을 3년 정도 했으면 학급에서 어떤 것을 해야 하는지, 하지 말아야 하는지 잘 알고 있다고 생각하기 때문에 규칙을 만든 이후 다시 들여다보는 일은 드물다. 그래서 아이들과 친근한 영화 속 캐릭터를 패러디하여 학급 규칙을 자주 접하게 하고, 아울러 자발적으로 지키게 하고 싶었다.

| 성취기준 | 학습 및 평가요소 | 학년 - 학기 - 단원 |
|---|---|---|
| •[4도01-01] 자신과의 관계 | - 도덕 시간에 무엇을 배우며 도덕 공부가 왜 필요한지를 알고 공부하는 사람으로서 지켜야 할 규칙을 모범 사례를 통해 습관화한다.<br>- 규칙과 모범 사례를 통한 습관하하기 | 4-1 |
| •[4미01-02] 체험 | - 주변 대상을 탐색하여 자신의 느낌과 생각을 다양한 방법으로 나타낼 수 있다.<br>- 주변 대상을 탐색한 느낌과 생각 표현하기 | |

### 배움을 확장하는 생생 현장 스케치

좌  4컷, 6컷 공익광고 제목은 '환경보호 하자!', '효도를 하자!', '사랑이란 말을 많이 쓰자!' 어쩌면 너희들보다 나한테 더 필요한 광고인지도 모르겠구나.

우  사회 시간에 지역축제를 홍보하기 위한 '김삿갓 문화제 초대장'을 만들었다. 카드는 금방 만들 수 있지만, 한복과 삿갓까지 갖추고 방랑시인 김병연처럼 자세를 잡느라 촬영 시간이 꽤 오래 걸렸다. 각자 정성껏 제작한 초대장은 아이들 편에 가정으로 보내졌다. 이제 방랑시인 김삿갓과 김삿갓 문화제라는 우리 지역의 축제가 있다는 걸 모두 기억하겠지?

288

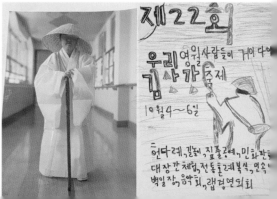

## 다른 교과와의 연계와 배움의 확장 "이렇게도 해보아요!"

• 국어　공익광고를 4컷 또는 6컷 만화로 표현해보았다. 색도화지와 A4용지만 있으면 간단하게 만들 수 있는 족자 형태이다.

• 사회　초대장을 만들기 위해 삿갓과 한복과 지팡이까지 준비했다. 이제 필요한 건 초대장에 담을 너희들의 독창적인 포즈!

### 응용 및 심화 활동

• 학교 규칙을 패러디 장면과 함께 구성하여 복도에 전시한다.
• 마스킹 테이프로 복도 벽면에 학교 규칙을 벽화처럼 구성하여 붙인다.

### 스토리가 있는 껄껄쌤의 수업 나눔

학급 회의를 통해 진지하게 결정한 학급 규칙을 출력해서 1년 내내 칠판 옆에 붙여놔도 정작 들여다보는 아이가 없다. 심지어 그런 규칙이 있는지도 까먹은 채 1년을 보내는 경우도 허다했다. 그래서 재미난 학급 규칙 안내판이 있으면 좋겠다고 생각했다. 그러던 어느 날 우리 반에 그림을 잘 그리는 한 학생이 교과서 앞표지에 그린 그림을 보고 학급 규칙과 영화 패러디 장면을 합치면 좋겠다는 아이디어가 떠올랐다. 아이들에게 이야기하자 반응도 폭발적이었다. 당장 만들자고 난리였지만, 학급 규칙이 어떤 영화 장면과 어울리는지 찾아볼 시간이 필요했다. 먼저 학급 규칙을 출력해서 아이들에게 나눠주고 각자 집에서 어울리는 장면을 찾아오기로 했다. 집에서 찾아온 장면을 한글 틀에 넣고 학급 규칙을 쓴 다음 출력해주었다. 미처 찾아보지 못한 아이들은 친구들이 출력하는 동안 인터넷으로 어울리는 장면을 찾았고 이 아이들이 출력하는 동안 먼저 출력한 아이들은 또 다른 장면을 찾아서 계속 만들었다. 장면이 여러 가지여도 액자는 한 종류면 충분하다. 사물함 위에 액자를 올려놓고 각자 자신이 오늘 지킬 학급 규칙을 맨 앞에 끼우면 끝! 친구들의 번뜩이는 아이디어도 보고, 우리 반 규칙을 시시때때로 볼 수 있어서 그런지 학급 규칙을 따로 외우지 않아도 규칙을 기억하는 아이들이 예전보다 많아졌다. 정말 공자의 말대로 노력하는 자는 즐기는 자만 못하구나! 수업 내용도 억지로 외우게 할 게 아니라 즐겁게 볼 수 있도록 해주어야겠다.

# 엉뚱발랄 발명계획서

대주제 ▸ 종합적 문제해결 · 소주제 ▸ 미래사회의 발명품을 상상해보자

**# 자기관리**  **# 상상력**  **# 공동체**  **# 시민의식**

| | | |
|---|---|---|
| 활동장소 교실 | 활동시간 120분 | 활동대상 5학년 |

활동재료 A4용지, 색연필, 사인펜, 연필

## 💡 활동 소개 무엇에 쓰는 물건인고?

내가 어렸을 적에는 전화기를 마치 나의 분신인 양 항상 몸에 지니고 다니는 일은 상상도 하지 못했지만, 내가 가르치는 아이들은 아기 때부터 휴대전화를 만져서인지 나보다 훨씬 능숙하게 다룬다. 아이들의 말랑말랑한 뇌 속에는 과연 어떤 미래가 들어있는지 살짝 엿보는 시간!

휴대용 미니냉장고, 욕조 런닝머신, 말로 움직이는 체스 등 다양한 발명품 속에서 눈에 띈 조금은 충격적인 '자살 알약'이 그려진 발명품 사용설명서! 얼핏 단순한 장난 같아 보이지만 설명을 들어보니 절대 장난이 아니었다.

가격 : 10,000 ~ 15,000
디자인 : 알약모양 (더하기 (진통제) 빼기 (고통))
발명한 이유 : 너무 사는게 힘든 사람들이 고통을 안느끼고 ~~~ 수 있다.

특징 : 죽는 고통도 아무느낌 없이 죽을수 있다

## 활동 순서 알아보기

1 A4용지를 반으로 접은 후에 윗부분에 자신이 생각한 발명품을 그리고 제품명도 함께 적는다.

2 A4용지 아랫부분에 발명품 사용설명서를 쓴다.

3 발명품의 장단점을 함께 살펴본 후에 발명품에 찬성하는 측과 반대하는 측으로 나누어 토론을 벌인다.

4 생명윤리와 관련된 부분이 있으면 여러 영상 자료를 찾아 함께 시청하고 자신의 느낌과 생각을 발표한다.

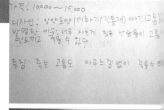

### 앗, 잠깐만!

- 다소 엉뚱해 보여도 아이들의 발명 계획을 장난으로 여기지 말고 발명 이유를 진지하게 되묻는 과정이 필요하다.
- 교과서에 나온 발명 아이디어는 모두 여덟 가지를 활용한다.

  1. 더하기/빼기 – 지우개 달린 연필, 씨 없는 수박
  2. 크기 바꾸기 – 접이식 자전거, 휴대용 라디오
  3. 반대로 하기 – 벙어리 장갑, 화장품
  4. 용도 바꾸기 – 물뿌리개, 인라인 스케이트
  5. 재료 바꾸기 – 종이컵, 지퍼 운동화
  6. 재활용하기 – 연탄재벽돌, 연필 꽂이
  7. 모양 바꾸기 – 물파스, 숟가락 빨대
  8. 차용/모방하기 – 쥐잡이 끈끈이, 고무 달린 찻잔

사실 이 프로젝트는 처음부터 계획했던 일이 아니었다. 5학년 실과 교과서에 발명계획서 짜기 활동이 있어서 그대로 했을 뿐인데, 갑자기 등장한 자살 알약이 기폭제가 되어 프로젝트 활동으로 이어졌다. 이 모든 건 순전히 그 녀석 덕분이다!

| 성취기준 | 학습 및 평가요소 | 학년 - 학기 - 단원 |
|---|---|---|
| •[6실05-04]<br>기술 활용 | - 다양한 재료를 활용하여 창의적인 제품을 구상하고 제작한다.<br>- 창의적인 제품 구상하기 | |
| •[6국01-03]<br>듣기 · 말하기 | - 절차와 규칙을 지키고 근거를 제시하며 토론한다.<br>- 절차와 규칙을 지키며 토론하기 | 5-2-6 |
| •[6도03-01]<br>사회 · 공동체<br>와의 관계 | - 인권의 의미와 인권을 존중하는 삶의 중요성을 이해하고, 인권<br>  존중의 방법을 익힌다.<br>- 인권의 의미와 중요성을 이해하기 | 5-6 |

### 배움을 확장하는 생생 현장 스케치

좌  육지와 바다 그리고 하늘까지 한 대로 모두 누비는 미래의 교통수단을 생각한 아이의 작품

우  마을 주민들이 원하는 우리 고장의 미래 모습을 설문조사 하기 위해 급식소를 방문한 아이의 모습

## 다른 교과와의 연계와 배움의 확장 "이렇게도 해보아요!"

• 사회  미래의 교통수단을 상상해서 그려보았다.

• 사회  우리 고장의 모습이 어떻게 변하면 좋을지 마을 주민들을 대상으로 설문조사를 실시하여 우리 고장의 미래 모습을 발표하였다.

### 응용 및 심화 활동
• 크리스마스 선물을 만들어서 요양원과 고아원에 선물한다.
• 학교생활에서 불편한 점을 찾아 발명품 아이디어를 생각하고 자치회에 건의한다.

### 스토리가 있는 껄껄쌤의 수업 나눔

실과 시간, 교과서에 나온 발명 아이디어 8가지를 이용해 발명품 도안을 그렸다. 기발한 아이디어가 많았지만, 유독 시선을 잡아끈 건 '자살 알약'이었다. 몇몇은 키득거리기 시작했고, 몇몇은 자살이라는 단어의 등장에 흥분하여 누가 썼는지 찾아내려 난리였다. 나도 처음엔 그저 장난으로 생각하고 넘기려다가 '자살'이라는 단어가 왠지 맘에 걸려 방과후 학생의 어머님께 전화를 드렸다. 어머님께서 얼마 전 아이가 죽음에 관한 책을 읽었는데 그와 관련된 것 같다고 하셨다. 전화를 끊고 잠시 멍해졌다. 하마터면 아이의 진지한 의견을 장난쯤으로 넘길 뻔했기 때문이다. 이에 아이들과 뜨거운 감자였던 자살 알약으로 도덕 수업을 진행하며 알약을 그린 아이에게 이유를 물었다. 안락사와 관련된 책을 읽었는데 그분들이 너무 불쌍해서 그랬다고 하자, 순간 떠들고 장난치던 아이들이 숙연해졌다. 본격적인 토론을 시작했다. 자살 알약 찬성쪽은 개인의 행복 추구를, 반대쪽은 가족과 윤리적 문제를 근거로 들었는데, 결국 찬성 의견이 과반수를 넘겼다. 단, 불치병으로 시한부 선고를 받은 사람에 한해야 한다는 단서와 함께. 나 역시 자살을 장려하는 건 아니기에 BTS의 UN연설 나 자신을 사랑하세요를 보여주고 수업을 마무리했다. 수업이 끝나고 한 아이가 찾아와 자기도 처엔 장난인 줄 알았는데 이렇게 심각한 일인 줄 몰랐다며 친구를 놀려서 미안하다고 했다. 친구의 마음을 읽었다면 이제라도 직접 속내를 이야기해보라고 했다. 토론은 그렇게 친구의 마음을 들여다볼 소중한 기회가 되기도 한다. 교과서에 있는 것만 가르치는 게 아니라, 삶에서 서로의 생각을 나누고 이해하는 것이야말로 교육이 지향하는 궁극적 목표이다. 모두가 행복하고 즐겁게 살아가려면 수업에서 토론을 하하자!

# 마스킹 테이프 아트워크

대주제 ▸ 창의적 문제해결    소주제 ▸ '줄'로 창조하는 예술 세계

\# 수학적사고    \# 지식정보처리    \# 자기관리    \# 진로계발    \# 독창성

활동장소 교실    활동시간 80분    활동대상 6학년

활동재료 A4용지, 연필, 마스킹 테이프(흰색, 검은색, 빨간색, 노란색, 녹색, 파란색)

## 💡 활동 소개 라인 업

'Line up'은 '줄을 서다'라는 뜻이다. 학교에서 쉽게 찾을 수 있는 대표적인 줄이 바로 마스킹 테이프인데 그 줄로 과연 어떤 일을 할 수 있을까? 출발선 긋기? 공간 나누기? 아니다. 무려 구성 작품을 만들 수 있다. 그것도 아주 멋지게! 마스킹 테이프로 어떻게 구성 작품을 만들 수 있는지 궁금하면 지금 여기 붙어라!

교실에서 주로 줄긋기 재료로 사용하는 마스킹 테이프를 찢어 모자이크 효과를 냈다. 6학년을 너무 만만하게 보는 거 아니냐고 코웃음 치던 아이들의 팔을 저릿저릿하게 만들어준 인내와 끈기의 결정체!

294

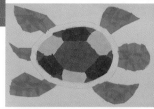

# 활동 순서 알아보기

**1** A4용지에 연필로 간단한 모양의 밑그림을 그린다. 너무 복잡한 그림을 그리면 테이프 작업이 어려워지므로, 이 점을 미리 학생들에게 안내해 준다.

**2** 각각의 공간에 원하는 색을 골라 마스킹 테이프를 뜯어 붙인다.

**3** 연필선을 따라 검은색 마스킹 테이프를 붙인다. 배경에도 마스킹 테이프를 붙이고, 가장자리에 남은 테이프는 뒤로 감아 마무리한다.

## 앗, 잠깐만!

- 너무 세밀한 그림보다 간단한데 특징은 명확하게 드러나는 그림이 좋다.
- 연필로 스케치를 할 때 충분한 간격을 두고 그려야 검정테이프를 붙였을 때 원래의 색깔이 보이지 않게 된다.
- 테이프를 길게 끊는다고 활동이 빨리 진행되는 건 아니다. 곡선 구간에서는 긴 테이프가 오히려 작업 속도를 더디게 만든다.
- 테두리에 테이프를 붙이고 남은 부분은 가위로 자르지 말고 뒤로 감아 테두리를 튼튼하게 만든다.

마스킹 테이프는 붙였다 떼기가 쉬워서 평소 포스트잇과 함께 수업 시간에 자주 사용하고 있다. 수학 시간에 여러 색깔 포스트잇으로 입체도형의 전개도를 만들던 중 활동은 제쳐두고 낄낄거리는 무리 포착! 곧바로 현장을 급습했더니 아이들 책상 위에 재미난 그림이 붙어있는 게 아닌가? 만들라는 전개도 대신 집과 차, 미사일 등이 보였다. 수학은 영 관심 없어도 미술에 남다른 소질이 엿보이는 아이에게 그 작품을 잠시 A4용지에 빌리며 미술 시간에 활용해보자고 했다. 내가 이보다 멋진 예시 작품을 만들 자신이 없었기 때문이다.

| 성취기준 | 학습 및 평가요소 | 학년 - 학기 - 단원 |
|---|---|---|
| • [6미02-05] 표현 | - 다양한 표현 방법의 특징과 과정을 탐색하여 활용할 수 있다.<br>- 표현 방법의 특징과 과정 탐색 및 활용하기 | |
| • [6실05-02] 기술 활용 | - 나를 이해하고 적성, 흥미, 성격에 맞는 직업을 탐색한다.<br>- '나' 이해하기 | |

### 배움을 확장하는 생생 현장 스케치

좌 자유로운 선에서 우연히 나온 도형들은 구성의 맛을 깨닫게 해준다. 어떤 선을 그을지, 어떤 색을 칠할지 고민하는 자체가 바로 구성 활동의 시작이다.

우 아이들은 구성 작품을 만들 때보다 구성 작품을 검은색 크레파스로 덮을 때 더 힘들어했다. 하지만 검은색으로 덮고 나자 언제 그랬냐는 듯 빨리 스크래치를 하게 해달란다. 물론 시중에 스크래치북이 판매되고 있지만, 라떼는 말이야 이렇게 한 작품을 만들기 위해 엄청난 공을 들여야 했단다.

## 다른 교과와의 연계와 배움의 확장 "이렇게도 해보아요!"

• 미술   처음부터 구체물을 가지고 구성 작품을 만드는 것은 어른에게도 힘든 작업이다. 선을 이용하여 우연히 나온 도형을 색칠하는 구성 작업은 구체물을 그려야 한다는 부담도 줄여주는 동시에 자신들이 그린 물체가 무엇인지 재미있는 고민을 하게 만든다.

• 미술   크레파스로 칠한 구성 작품 위에 검은색 크레파스로 한 겹 덧씌우면 스크래치 판이 완성된다. 모둠 친구들과 아이디어 회의를 거쳐 만들어진 협동 스크래치화!

### 응용 및 심화 활동

• 넓은 마스킹 테이프를 사용해서 복도 벽면을 캔버스 삼아 커다란 구성 작품을 만든다.
• 여러 가지 색깔의 천조각을 바느질로 이어 나만의 옷을 만들어 패션쇼를 연다.

### 스토리가 있는 껄껄쌤의 수업 나눔

수학 시간에 만든 친구의 마스킹 테이프 작품을 본 6학년 아이들은 만만하게 생각하며 당장이라도 뚝딱 만들 것처럼 호언장담했다. 그러나 막상 활동이 시작되고 테이프를 일일이 뜯어가며 붙여 나가는 일이 결코 쉽지 않다는 걸 깨닫자, 아이들의 말수가 급격히 줄어들었다. 심지어 팔이 아프다며 보건실에 다녀와도 되는지 묻는 아이들까지 속출! 하지만 뱉은 말이 있어서인지, 아니면 빨리 만들고 싶은 열망 때문인지 억지로 시킨 건 아닌데, 쉬는 시간까지 손을 늦추지 않았다. 아이들에게 주어진 미션은 마스킹 테이프를 이용하여 자신만의 캐릭터를 만들라는 것이었다. 활동이 마무리될 무렵 아이들은 자기가 만든 작품을 집에 가져가고 싶다고 했다. 아까까지만 해도 무시하던 작품을 이제는 가져가겠다니! 그래서 왜 가져가고 싶냐고 물었더니 자기 분신이니까 항상 같이 다녀야 한다나 뭐라나! 아무튼 오늘의 경험을 토대로 앞으로는 쉬워 보인다고 다른 사람이 한 일을 함부로 얕보지는 않겠지?

# 내가 꿈꾸는 이상 도시

대주제 진로와 미래     소주제 내가 생각하는 이상적인 도시의 모습은?

#표현력     #지식정보처리     #공동체     #상상력     #문제해결

활동장소 교실          활동시간 80분          활동대상 3학년

활동재료 A3 도화지(8절지), 자(30cm 이상), 연필, 사인펜, 색연필

## 💡활동 소개 심시티 건설

중학생 때 친구들과 어울려 했던 게임 중 하나인 〈심시티〉는 조작자가 시장이 되어 상공업을 발전시켜 공해나 교통체증 등을 해결하면서, 이상적인 도시를 만들어가는 컴퓨터용 도시계획 게임이다. 격투기 게임은 유독 못했지만, 지루하게 관리해야 하는 심시티는 어쩐지 내 취향에 맞았다. 그 세계를 직접 관리하며 하고 싶은 대로 할 수 있다는 점이 매력적이다. 아이들도 오늘 자신만의 도시를 건설할 수 있게, 그 안에서 상상의 나래를 마음껏 펼칠 수 있게 해주자!

1점 투시도법을 이용해서 그린 도시 계획도! 얼핏 건물이 서로 비슷하지만, 간판을 자세히 보면 서로 다른 아이들의 생각이 보인다.

## 활동 순서 알아보기

1 4명씩 모둠을 만들어 각자 농촌, 어촌, 산지촌, 도시 중 어느 곳을 그릴 지 결정한다.

2 도화지에 자를 대고 'X' 모양이 만들어지게 선을 그린다.

3 'X'모양 양옆의 안쪽부터 바깥쪽으로 점점 간격을 넓혀가며 세로로 선을 그린다.

4 세로로 그린 줄의 양끝에서 한 칸 건너 한 칸씩 가로선을 그려 건물 모양 을 만들고 사인펜으로 다시 한 번 그린다.

5 'X' 모양의 중심에 자를 대고 건물의 간판과 창문과 문을 완성한다.

6 아래쪽 칸에 도로를 그리고, 위쪽 칸에는 각 마을의 특징이 드러날 수 있는 배경을 그린다(예 : 농촌 - 하늘, 어촌 - 항구, 산지촌 - 산, 도시 - 타워). 마을마다 어울리는 간판 제목을 찾아 쓰고, 그 간판을 사용한 이유를 발표한다.

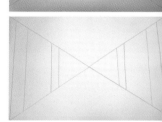
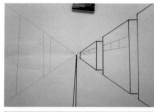
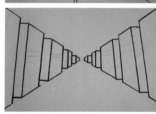

### 앗, 잠깐만!

- 간판이 들어갈 공간을 먼저 그리고 창문과 문을 그린다.
- 세로선의 간격을 일정하게 그리면 원근감이 드러나지 않는다.
- 사인펜으로 연필선을 따라 그리고, 필요 없는 부분은 지우개로 지운다.
- 아래쪽은 도로 이외에도 강물, 가로수길, 논, 밭으로 채울 수 있다.
- 위쪽에도 하늘색만 칠하지 말고 흐린 날, 노을 진 저녁, 안개 낀 날 등 다양한 기 상 상태를 표현해볼 수 있도록 한다.

사회 시간에 나오는 농촌, 어촌, 산지촌, 도시의 모습을 그림으로 표현해보고 싶었다. 아이들이 착시 그림을 좋아한다는 점에 착안해서 1점 투시도법을 사용해 각 지역의 모습을 담기로 했다. 그런데 각 모둠에서 농촌, 어촌, 산지촌, 도시의 모습을 그리다 보면 거의 비슷한 형태로 완성될 것 같았다. 그래서 각 지역의 특징을 살펴볼 수 있는 재미있는 간판을 만들어서 붙이기로 했다.

| 성취기준 | 학습 및 평가요소 | 학년 - 학기 - 단원 |
|---|---|---|
| •[4사01-01] 장소와 지역 | - 우리 마을 또는 고장의 모습을 자유롭게 그려보고, 서로 비교하여 공통점과 차이점을 찾아 고장에 대한 서로 다른 장소감을 탐색한다.<br>- 고장의 모습을 비교하여 공통점과 차이점 파악하기 | 3-1-1 |
| •[4미02-04] 표현 | - 표현 방법과 과정에 관심을 가지고 계획할 수 있다.<br>- 표현 방법 및 과정을 참고하여 계획하기 | |

### 배움을 확장하는 생생 현장 스케치

좌  재활용품을 활용해서 만든 농촌의 모습. 농산물 저장창고, 마을회관, 정미소, 비닐하우스, 논을 만들었다. 논을 저렇게 표현할 수 있다니! 역시 창의력은 도저히 아이들을 따라갈 수 없다.

중  재활용품을 활용해서 만든 어촌의 모습. 펜션, 횟집, 수산물직판장, 건조대, 배, 등대를 만들었다. 바다에서 보면 왼쪽에 흰 등대(밤에는 녹색 불빛), 오른쪽에 빨간 등대(밤에는 붉은 불빛)가 보이기 때문에 어촌을 꾸밀 때에도 헷갈리지 않게 조심해야 한다.

우  재활용품을 활용해서 만든 산지촌의 모습. 소 축사, 캠핑장, 배추밭, 버섯농장 등으로 가득 찬 산지촌! 참고로 저 배추는 팽이장미 접는 방법으로 만들었다. 배추를 좀 더 쉽게 만드는 TIP!

　　1. 녹색 색종이를 16등분 한다.
　　2. 삼각주머니 접기를 한다.
　　3. 핀셋으로 삼각주머니의 윗쪽을 살짝 집어서 비튼다.

• 사회 각 지역에서 나는 생산물들을 알아보고 그림으로 그려서 판에 붙여서 발표했다.

• 사회 그림으로 그린 농촌, 어촌, 산지촌, 도시를 실제로 제작했다. 그림으로 표현하기 어려웠던 건물을 직접 만들어서 배치하고 어떤 일을 하는 곳인지 조사해서 발표했다.

### 응용 및 심화 활동

• 30년 후에 내가 어떤 일을 하고 있을지 생각해보고 간판에 적어서 미래의 어느 날 일기를 쓴다.
• 내가 살고 있는 마을의 모습을 생각해보고 1점 투시도법, 2점 투시도법을 사용해서 그린다.

## 스토리가 있는 껄껄쌤의 수업 나눔

수업 전 미리 만들어둔 작품을 아이들에게 보여주었더니 아이들은 착시현상이라며 큰 관심을 보였다. 그래서 금방 쓱쓱 완성될 줄 알았는데, 처음부터 난관에 부딪혔다. 'X선과 '세로선까지는 무난하게 그렸지만, 하나씩 간격을 두어 가로선 긋는 게 어렵다며 나에게 몰려든 것이다. 3학년 아이들이라 아직은 교사의 이런저런 도움이 필요하다. 그리는 게 어렵다고 칭얼대던 녀석들이 차츰 건물의 모습이 드러나자 다시 기운을 차리고 자기만의 마을 만들기에 몰입했다. 그리고 그 건물에 간판을 붙이면서 자신만의 도시를 완성해갔다. 배경에 따라 농촌, 어촌, 산지촌, 도시를 만들 수 있는데 분교 아이들이라 그런지 오히려 도시를 많이 그렸다. 아이들의 도시에는 PC방, 노래방, 키즈카페, 병원, 치킨 가게, 안경점 등이 있었다. 도로 대신 강물이나 논을 그린 아이도 있었다. 2점투시도법으로 그린 도시 그림과 교차로 연결했더니 먼지 폭풍이 병풍처럼 멋지게 펼쳐졌다.

# 추억 품은 아이디어 맛지도

**대주제** 창의적 문제해결    **소주제** 소중한 추억과 함께 아이디어를 발산한 맛집 지도

#표현력    #지식정보처리    #공동체    #협업    #감수성

활동장소 마을, 교실          활동시간 160분          활동대상 3학년

활동재료 A3 도화지(8절지), A6 도화지(32절지), 사인펜, 색연필, 마스킹테이프, 장구핀, 노끈

## 활동 소개 외식대첩

지도는 아이들이 접근하기에 굉장히 딱딱한 주제이다. 그래서 아이들이 제일 편하게 다가갈 수 있게 음식을 이용하여 맛집지도 만들기 활동을 계획하였다. 아이들 개인마다 기억에 남는 맛집이 다르고, 같은 맛집이라도 추억이 다르다. 아이들 각각의 추억과 경험을 담은 맛집지도는 어느 지도보다 아이들이 자신의 목소리를 낼 수 있다는 점에서 다른 지도들과 뚜렷이 차별화된다.

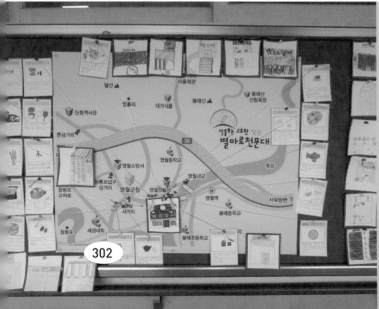

3학년 아이들이 직접 뽑은 맛집으로 제작한 맛집지도이다. 맛집지도에는 음식도 담겨 있지만, 아이들의 소중한 추억도 함께 담겨 있다.

302

## 활동 순서 알아보기

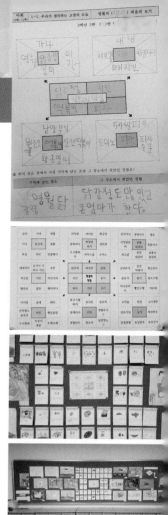

**1** 우리 마을의 맛집을 떠올려보고 개인 만다라트 활동지에 정리한 후 그 중 가장 기억에 남는 장소와 그 이유를 적는다.

**2** 개인 만다라트 활동지에 적은 내용을 우리 반 만다라트 활동지에 채워 넣는다. 메뉴별로 정리를 하면서 맛집이 많으면 가위바위보로 정하고, 맛집이 적으면 추가로 조사해서 우리 동네 72개 맛집을 선정한다.

**3** 개인 만다라트 활동지와 우리 반 만다라트 활동지를 토대로 각자 우리 마을 맛집 두 곳을 선정해서 A6 용지에 음식을 그리고 간단히 설명하는 글을 쓴다.

**4** 두 곳 중에서 각자의 추억과 연결된 장소를 선택하여 A3 도화지에 그림으로 그리고 나서 우리 마을 지도를 환경판에 붙이고, 각자 마지막으로 고른 맛집 메뉴를 가져와 지도 주변에 장구핀으로 고정시킨다. 지도 위에서 맛집 위치에도 장구핀을 꽂고, 메뉴 그림에 꽂힌 장구핀과 노끈으로 연결하여 우리 고장 맛집지도를 완성한다.

### 앗, 잠깐만!

- 만다라트 활동지를 처음 작성해보는 아이들을 위해 사전에 작성 방식을 충분히 설명해주어야 한다.
- 우리 반 만다라트 활동지를 채울 때 친구와 맛집이 겹치면 시간을 절약하기 위해 중복해서 발표하지 않는다.
- 맛집 두 곳을 선정할 때 자신의 추억이 있는 곳으로 정해야 다음 활동이 가능하다.
- 맛집을 선정하거나 추억을 써야 할 때 가족 이외에도 친구, 선생님, 지인 등 누구와 있었던 일이라도 가능하다고 미리 말해준다.
- 지도가 작으면 맛집을 충분히 표시할 수 없기 때문에 가로, 세로 1미터 이상 되도록 현수막으로 출력한다.

3학년 1학기 사회 교과서는 마을 이야기로 넘쳐난다. 새학기 시작 전에 동 학년 선생님들과 교육과정 함께 만들기를 하며 마을에 관한 이야기를 나누던 중 한 선생님이 마을 지도 만들기 활동을 아이들이 자발적으로 참여할 수 있도록 재밌게 꾸며보자고 제안하시면서 3학년 전체 프로젝트가 되었다. 아이들의 자발성을 깨울 지도 유형을 함께 고민하다가, '맛집지도'로 의견을 모았다. 아이들이 자주 드나들던 마을 속 맛집에는 어떤 추억과 이야기들이 숨어있을까?

| 성취기준 | 학습 및 평가요소 | 학년 - 학기 - 단원 |
|---|---|---|
| • [4사01-01] 장소와 지역 | - 우리 마을 또는 고장의 모습을 자유롭게 그려보고, 서로 비교하여 공통점과 차이점을 찾아 고장에 대한 서로 다른 장소감을 탐색한다.<br>- 고장의 장소 탐색하기 | 3-1-1 |
| • [4국01-01] 듣기 · 말하기 | - 대화의 즐거움을 알고 대화를 나눈다.<br>- 대화의 즐거움 알기 | 3-1-3 |
| • [4미01-02] 체험 | - 주변 대상을 탐색하여 자신의 느낌과 생각을 다양한 방법으로 나타낼 수 있다.<br>- 주변 대상을 탐색한 느낌과 생각 표현하기 | |
| • [4미02-02] 표현 | - 주제를 자유롭게 떠올릴 수 있다.<br>- 자유롭게 주제 떠올리기 | |

### 배움을 확장하는 생생 현장 스케치

좌   미술 시간, 아이들이 그린 영월 맛집 캐릭터들. 열띤 투표를 거쳐 영월군의 마스코트인 하늘다람쥐를 모티브로 한 '다람이'가 선정되었다.

우   국어 시간, 진짜 동강의 아이들이 《동강의 아이들》을 함께 읽고 인상 깊은 장면을 그렸다.

## 다른 교과와의 연계와 배움의 확장 "이렇게도 해보아요!"

• 미술   3학년 1학기 미술 첫 단원은 경험한 일 그리기. 막막해하던 아이들에게 맛집이라는 주제를 제시하자 그리기에 몰입했다. 가족이나 친구와 갔던 맛집 그림은 가족관계나 친구관계, 식성이나 생활패턴도 엿볼 수 있어 상담 활동으로도 연결된다. 단 가족관계를 드러내기 꺼리는 아이도 있으니 관계의 범위를 넓혀 자연스럽게 그림을 그리도록 하자.

• 국어   국어 교과서 맨앞에 '독서 전 활동, 독서 활동, 독서 후 활동'에 대한 안내가 나와있다. 우리반은 학급회의를 통해 《동강의 아이들》이라는 작품을 선정하였다. 학교 도서관의 수많은 책 중 이것이 선정된 이유는 평소 아이들이 동강에서 수많은 추억을 쌓았기 때문 아닐까?

### 응용 및 심화 활동

• 우리 마을 맛집지도를 출력해서 터미널, 역 등에 배부한다. 또 우리 마을 홍보 UCC를 제작하여 QR코드로 만들고 이를 활용한 QR코드 마을 지도를 만들어 지역축제 장소에 배포한다.
• 학기말, 우리 지역에서 추억을 공유할 만한 장소를 떠올려보고 추억지도를 제작했다.

### 스토리가 있는 껄껄쌤의 수업 나눔

처음으로 20명이 넘는 3학년 단식학급 담임을 맡자 왠지 기분이 복잡미묘했고, 하루하루 좌충우돌이라 동 학년 선생님들의 도움이 컸다. 특히 맛지도 프로젝트는 교육과정 함께 만들기 주간에 동 학년 선생님의 건의로 이루어졌다. 생활지도도 힘겨워 자칫 교육과정에 소홀할 뻔했는데, 재미난 아이디어 덕분에 아이들과 신나게 수업할 수 있었다. 만다라트 활동지 작성법 설명 때는 아이들이 이해할지 걱정했는데, 우려와 달리 맛집을 떠올리며 분주히 칸을 채웠다. 개인 활동지 작성이 끝난 후 우리 반 만다라트 활동지를 다시 만들기로 했다. 모두 자기 이야기를 발표하고 싶다며 손을 들었을 때의 난감함이란… 고민 끝에 아이들에게 물으니 제비뽑기로 발표 순서를 정하자고 했다. 아하! 똑똑한 녀석들. 사회 교과서 부록 종이에 자기가 좋아하는 음식을 그릴 때 아이들의 수다는 절정에 달했다. 미술 시간, 아이들은 추억의 맛집을 그리며 나에게 더 많은 이야기를 들려주었다. 모든 추억이 궁금해서 결국 한 아이도 빠짐없이 발표하게 했다. 신기한 건 어른들처럼 비싸거나 희귀한 음식 자랑이 아니라 학교 근처, 집 근처에서 가족이나 친구와 함께 먹은 음식 또는 장면이 대부분이었다. 이런 순수한 아이들과 1년간 재밌게 지낼 생각에 희망이 샘솟았던 프로젝트였다.

# 이상한 나라의 선글라스

\#지식정보처리    \#표현력    \#추상적사고    \#협업    \#문제해결

활동장소 교실       활동시간 80분       활동대상 3학년

활동재료 하드보드지, 셀로판지, 가위, 칼, 연필, 자, 풀, 송곳, 원커터

## 💡활동 소개 제 눈에 안경

빛과 색의 관계를 공부하며 여러 가지 물체로 선글라스를 만들었다. 나만의 선글라스를 끼면 다른 세상이 보인다! 각자 선글라스 모양이나 색깔을 골라 디자인하다 보니 다양한 작품이 속출했다. 모양이 좀 우스꽝스러우면 어떤가? 자기 마음에만 쏙 들면 그만 아닐까? 자신의 개성을 한껏 녹여낼 수 있는 활동이다.

하드보드지와 셀로판지로 만든 선글라스를 쓰고 학교를 한 바퀴 돌아보고 있다. 매일 보던 학교인데 선글라스를 끼고 보니 색다른 재미가 있나 보다. 친구들이 만든 다른 색 선글라스를 빌려 몇 번이나 왔다갔다 하는 모습!

306

## 활동 순서 알아보기

1 하드보드지를 자로 재어 가로 60cm, 세로 10cm가 되게 선을 긋고, 2 인 1조로 하드보드지를 가위로 자른다.

2 귀와 귀 사이의 길이를 재어 하드보드지 중간에 표시한다. 안경을 쓴 아이가 있으면 안경을 벗어 하드보드지에 대고 표시한다. 안경을 쓰지 않은 아이는 안경 쓴 친구에게 잠시 빌려서 표시해도 된다.

3 안경과 다리가 될 부분을 송곳으로 긁어서 양쪽 모두 직각으로 구부린다.

4 눈과 코가 들어갈 부분을 칼과 가위로 자른다. 셀로판지를 붙일 눈 부분은 원커터를 이용하면 편리하다.

5 선글라스 안쪽에 자신이 원하는 색깔의 셀로판지를 잘라서 붙인다. 양쪽 눈의 색을 달리해서 붙여도 좋다.

6 두꺼운 도화지는 손잡이가 달린 돋보기형은 다양한 모양으로 제작한다.

7 선글라스를 쓰고 손잡이 달린 셀로판지 돋보기를 이용해 경험했던 점을 모둠에서 함께 나눈다.

 **앗, 잠깐만!**

- 하드보드지에 구멍을 낼 때, 원커터를 이용하면 편리하다.
- 하드보드지는 자르기가 어렵기 때문에 디자인은 단순한 것이 좋다고 안내한다.
- 꺾이는 부분을 송곳으로 너무 많이 그으면 끊어지기 때문에 두께를 보고 잘 조절한다.
- 아이마다 선글라스 크기가 다르기 때문에 얼굴에 대어보고 확인하며 만들기를 진행한다.
- 시력이 나빠질 수 있으니 체험할 때만 잠시 끼고, 평소에 계속 끼고 생활하지 않도록 한다.

아이들은 눈이 사물을 본다고 생각하지만, 눈은 단지 빛이 사물에 반사되어 나온 가시광선을 받아들이는 기관일 뿐이다. 이것을 이론적으로만 설명하면 이해하기 어렵기 때문에 실제 체험해볼 수 있게 하였다. 빛이 사물에 반사되어 눈으로 오는 중간에 셀로판지를 거치면서 색이 변하는 것을 통해 빛의 이동 과정을 직접 체험할 수 있다. 또 여러 가지 물체에 대해 배우는 단원이라 단단하고 불투명한 하드보드지와 잘 찢어지고 투명한 셀로판지를 사용했다. 칼과 가위, 테이프 등 여러 가지 물체를 사용하기 때문에 만들기 활동을 하면서 다양한 물체도 경험할 수 있도록 했다.

| 성취기준 | 학습 및 평가요소 | 학년 - 학기 - 단원 |
|---|---|---|
| •[4과01-04]<br>물질의 성질 | - 여러 가지 물질을 선택하여 다양한 물체를 설계하고 장단점을 토의할 수 있다.<br>- 물체 설계하기 | 3-1-2 |
| •[4미02-06]<br>표현 | - 기본적인 표현 재료와 용구의 사용법을 익혀 안전하게 사용할 수 있다.<br>- 미용 용구 안전하게 사용하기 | |

### 배움을 확장하는 생생 현장 스케치

좌   3D 증강현실 앱을 활용한 색칠 활동! 자신이 칠한 대로 개성 넘치는 캐릭터들이 튀어나오자 아이들은 태블릿PC에서 눈을 떼지 못했다. 소리도 나오고, 게임이 가능한 디자인도 있다.

중   아이들이 만든 냄비받침을 모두 모아서 찍어보았다. 부산 감천문화마을에서 본 고래 느낌이 살짝 난다. 아주 살짝!

우   아이들이 만든 개성 넘치는 이색 떡 열전! 꽃, 과일, 달 모양도 신기했지만 가장 인기 있었던 건 피젯스피너 모양 떡! 아이들은 꿀을 발라 실제 피젯스피너처럼 돌려보겠다며 한참 장난을 치다가 사이좋게 한쪽씩 뜯어 먹었다.

## 다른 교과와의 연계와 배움의 확장 "이렇게도 해보아요!"

• 미술　인터넷 사이트(http://www.quivervision.com/coloring-packs/3D)에서 각자 원하는 디자인을 출력한다(무료 또는 선생님이 미리 구입한 유료디자인). 색칠 후, 컬러링앱인 'Quiver-colAR mix'를 실행해 사진이나 영상을 찍어서 자신의 작품을 SNS로 친구들과 공유했다.

• 미술　목공예 활동에서 사포질과 못질로 냄비받침을 만들었다. 단, 나만의 작품이 될 수 있게 연필로 밑그림을 그리고 사인펜이나 매직으로 색칠해 꾸몄다.

• 창체　고체인 떡 베이스에 액체인 물을 섞어서 반죽했다. 쑥, 백년초, 강황가루 등을 넣어서 색깔은 물론 모양과 맛이 제각기 다른 나만의 떡을 만들었다.

### 응용 및 심화 활동

• OHP필름에 검은색 도화지와 셀로판지를 이용해 무늬를 붙이고 천 뒤에서 OHP를 켜서 그림자 자극을 만든다.
• 검은색 도화지에 무늬를 그려 칼로 자르고 셀로판지를 붙여 삿갓 모양으로 말아서 붙인다. 전등 위에 설치하면 멋진 무드등 완성!

### 스토리가 있는 껄껄쌤의 수업 나눔

갑자기 시간표를 변경할 일이 생겨 아이들이 자주 가지고 노는 셀로판지로 만들기를 했다. 셀로판지를 얼굴에 대고 놀 때, 자꾸 떨어뜨리는 불편함을 어떻게 해결할지 물으니 선글라스를 만들면 좋겠다고 했다. A4 용지는 너무 얇아 힘이 없고, 폼보드는 두꺼워도 너무 가벼워서 역시 탈락. 문득 쓰다 남은 하드보드지가 떠올랐다. 무게감도 적당하고, 튼튼해서 안경테 재료로 딱 좋다. 다만 너무 단단해서 오리고 자르기 어렵다 보니 아이들이 연필로 간단히 디자인해오면 안경알을 붙일 구멍 2개는 내가 뚫어주었다. 원커터가 있으면 편했겠지만, 미처 준비하지 못해 송곳과 칼을 이용해 구멍을 내주었다. 아이들은 이 구멍을 가위로 더 크게 잘랐다. 가위, 칼, 송곳을 모두 사용하는 수업이라 평소보다 안전규칙을 더 많이, 더 자주 이야기해주었다. 과정은 꽤 힘들었지만, 운동장에서 선글라스를 쓰고 환호하는 아이들의 모습을 보고 있으니 왠지 더 뿌듯했다.

# 알쏭달쏭, 미래직업 퍼즐

**대주제** 진로와 미래    **소주제** 퍼즐을 만들어 탐색하는 미래직업

#표현력    #상상력    #진로계발

활동장소 교실      활동시간 80분      활동대상 6학년

활동재료 A4 용지(120g), 가위, 마커펜, 연필, 서류 봉투

## 💡활동 소개 무궁무진한 직업의 세계

아이들은 미래에 어떤 직업을 갖고 싶을까? 세상에는 2만 개가 넘는 직업이 존재한다. 거기에다 앞으로 계속 새롭게 생겨날 직업까지 생각하면 그 수는 훨씬 더 늘어난다. 주변에 있는 직업이나 부모님이 하라고 해서 아는 직업 말고 더 많은 직업을 알게 된다면 선택의 폭이 조금 더 넓어지지 않을까?

A4 한 장으로 만든 미래의 직업 퍼즐판! 앞면에는 미래의 직업 그림, 뒷면에는 미래의 직업 설명이 들어간다. 과연 아이들은 친구가 조사한 직업을 알아낼 수 있을 것인가?

## 활동 순서 알아보기

### · 퍼즐 만들기 ·

1 A4용지에 미래직업과 관련된 그림을 연필로 그린다.

2 마커펜으로 색칠한다.

3 마커펜으로 연필선을 따라 그린다.

4 글자 수에 맞게 종이를 자르고, 빈 공간에 직업 글자를 하나씩 적는다.

5 조각 뒷면에 각각 출현 배경, 하는 일, 해외 현황, 국내 현황, 준비 방법, 흥미 및 적성, 관련 단체 및 기관 등을 적는다. 여기에 해당하는 사항이 없으면 인터넷을 찾아서 적거나 자신의 생각을 적는다.

### · 퍼즐 게임하기 ·

1 한 모둠이 문제를 내면 다른 모둠은 돌아가며 맞춘다.

2 문제를 맞혀야 하는 모둠에서 한 명이 나와 서류 봉투 안에 있는 조각 하나를 꺼내 뒤쪽에 쓰인 설명글을 모든 사람에게 읽어주며 힌트를 준다.

3 앞쪽 글자 하나와 그림은 읽지 말고 기억했다가 모둠으로 돌아와 종이에 적거나 그린다.

4 똑같은 종이가 나와도 위의 방식을 한 번 더 반복한다.

5 정답을 맞히려면 우리 모둠 순서가 되었을 때 서류 봉투에서 종이를 뽑지 말고 모둠 구호를 외친다. 만약 틀리면 종이를 뽑지 못하고, 다음 모둠으로 기회가 넘어간다.

 **앗, 잠깐만!**

- 글자 수만큼 퍼즐 조각을 만든다.
- 쓸 내용이 너무 많으면 추려서 조각 수만큼만 골라 적는다.
- 쓸 내용이 너무 적으면 인터넷에서 관련 내용을 더 찾아 채운다.
- 인터넷에 없는 직업이라도 자신이 생각해서 직업을 새로 만들어도 된다.

수학 시간에 그래프를 만들기 위해 장래희망을 조사했는데 너무 충격적인 결과가 나왔다. 아이들이 알고 있는 직업이 너무 한정적이었기 때문이다. 그래서 아이들이 알고 있는 직업을 모두 칠판에 적어보니 100가지가 채 되지 않았다. 어떤 직업이 있는지도 잘 모르는 상태에서 설문조사를 했으니 장래희망 후보가 몇 가지밖에 나오지 않았던 것이다. 자! 그럼 직업에 관한 조사를 하고 나서 다시 한 번 설문조사를 해 볼까? 과연 그 결과는 어떻게 나올 것인가?

| 성취기준 | 학습 및 평가요소 | 학년 - 학기 - 단원 |
|---|---|---|
| •[6실05-02]<br>기술 활용 | - 나를 이해하고 적성, 흥미, 성격에 맞는 직업을 탐색한다.<br>- 직업 탐색하기 | |
| •[6미01-05]<br>체험 | - 미술 활동에 타 교과의 내용, 방법 등을 활용할 수 있다.<br>- 타 교과의 내용 방법 활용하기 | |

### 배움을 확장하는 생생 현장 스케치

좌  영월미디어기자박물관 관장님께 드론조종기에 달린 휴대폰 화면으로 드론에서 촬영 중인 영상을 보며 조종법을 배우고 있는 아이들! 사진기자생활 40년을 마치고 박물관을 운영하시는 관장님께서 근처에 계시다니, 우리 아이들은 복도 많지!

우  한성대 VR/AR교육팀과 데자뷰미디어 관계자분들 덕분에 학교에서 VR을 체험하던 날, 장비에 몸을 맡긴 아이들! 곳곳에서 요란하게 울려 퍼지는 고함소리. 쉬는 시간에 주변의 권유로 의자에 앉아 VR기기를 써보니 나도 모르게 터져 나온 비명. 선생님이 절대 무서워서 그런 건 아니란다! 정말이야!

## 다른 교과와의 연계와 배움의 확장 "이렇게도 해보아요!"

- 창체　내 능력 밖이라 직접 가르칠 수 없는 것들은 차라리 지역에 계신 능력자 분들께 부탁을 드려서 학교로 모신다. 영월미디어기자박물관 관장님을 모셔서 운동장에서 드론 수업을 진행했다.

- 창체　학교에서 할 수 없는 일도 외부에 계신 분들의 도움으로 진행할 수 있다. 한성대학교 산학협력단 VR/AR교육팀과 데자뷰미디어 관계자 분들이 학교로 장비를 싣고 와서 VR/AR 체험활동을 했다.

### 응용 및 심화 활동

- 아이들 주변에서 자주 접할 수 없는 직업에 종사하는 분을 화상으로 연결하여 인터뷰한다.
- 여러 직업에 종사하고 있는 마을 분들을 만나 인터뷰 영상을 찍고 QR코드로 만들어 마을 직업 QR지도를 제작한다.

### 스토리가 있는 껄껄쌤의 수업 나눔

2020년 교육부가 조사한 초등학생 장래희망 순위는 1위가 운동선수, 2위가 교사, 3위가 크리에이터, 4위가 의사, 5위가 요리사였다. 발표 당시 교사가 운동선수에 밀려 2위로 내려간 것보다 크리에이터가 3위로 새롭게 이름을 올렸다는 것이 어른들을 더 놀라게 했다. 크리에이터의 영향력이 커질 정도로 기반이 단단해졌다는 생각과 동시에 아이들이 알고 있는 직업의 종류가 별로 많지 않다는 것도 느낄 수 있었다. 그래도 6학년 정도 되면 파티플래너나 푸드스타일리스트처럼 특색 있는 직업을 희망하는 아이들도 있어서 꽤 많은 직업을 알고 있을 줄 알았는데 막상 칠판에 적어보니 의외로 많지 않다. 그래서 아이들과 미래의 직업에 대해 조금 더 알아보고 싶어서 미래직업 조각 퍼즐을 만들었다. 퍼즐을 만들고 직업 퍼즐 게임을 시작했는데, 갑자기 아이들이 야구게임처럼 스트라이크, 볼을 하자고 제안해서 규칙을 변경했다. 금방 끝날 줄 알았던 게임은 무려 한 시간이나 계속되었다. 얘들아, 수업하기 싫어서 일부러 틀리고 그런 건 아니지?

※ 퍼즐게임 방식은 311쪽 참조

# 접어줘! 홈즈

대주제 ▶ 진로와 미래    소주제 ▶ 미래의 주거공간 상상하기

# 표현력    # 상상력    # 문제해결

활동장소 교실          활동시간 80분          활동대상 5학년

활동재료 A4 용지(120g), 풀, 가위, 칼, 색종이, 마커펜, 볼펜

## 💡활동 소개 미래의 집 만들기

아이들은 어떤 집에 살고 싶을까? 그리고 미래에 어떤 집에서 살게 될까? 이번 시간에는 미래에 아이들이 지낼 공간을 상상하여 직접 만들어보았다. 미래의 집에 가장 필요한 건 아마도 공간이 아닐까? 필요 없는 가구는 넣어두고, 필요한 가구만 쏙쏙 꺼내서 쓸 수 있는 나만의 집을 꾸며보자!

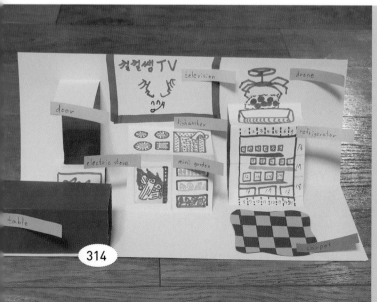

공간 활용의 최고봉! 접었다 펼칠 수 있는 폴딩 하우스가 완성됐다. 미래에 필요한 공간을 꾸며보고, 접었다 펼 수 있도록 설계해보자!

314

## 활동 순서 알아보기

1 발명 아이디어 8가지(317쪽 수업나눔 참조) 중에서 마음에 드는 것 한 가지를 고른다. 고른 후 도안을 그리고 발명계획서를 짠다.

2 종이에 자를 대고 길이를 재서 선을 그은 후에 선대로 자른다. 자른 부분은 골짜기 접기를 한다.

3 튀어나온 부분에 마커펜으로 발명계획서에 있는 그림을 그린다.

4 더 필요한 물건이나 공간은 색종이를 덧붙여서 표현한다.

5 가구마다 포스트잇으로 영어단어를 적어서 붙인다.

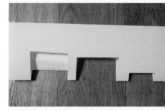

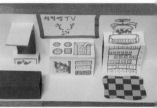

 **앗, 잠깐만!**

- 자를 이용해서 두 선을 똑같은 길이로 그린 후에 가위로 자른다.
- 입체 카드만으로 나타내기 어려운 부분은 색종이를 사용해서 덧붙인다.
- 미래의 집을 만드는 것이므로 현재보다 여러 가지 기능이 추가된 기기를 넣는다.
- 입체카드 만드는 방식은 여러 가지이므로 다양한 모양의 공간을 만들어서 연결하면 커다란 집을 만들 수 있다.
- 접는 선을 칼 뒷부분으로 긁으면 더 깨끗하게 접을 수 있다.

5학년 영어 시간! 선생님 말씀에 집중하려고 그러는 건지, 사춘기가 와서 알아도 말을 하지 않는 건지 당최 알 수 없는 녀석들의 속마음! 한 마디라도 더 시켜보기 위해 고민 하던 중 소란스러웠던 미술 시간이 떠올라 만들기 활동과 영어 문장 쓰기 활동을 합 쳐보기로 했다. 과연 미술 시간처럼 아이들의 말문이 자유롭게 터질 것인가!

| 성취기준 | 학습 및 평가요소 | 학년 - 학기 - 단원 |
|---|---|---|
| • [6실05-03]<br>기술 활용 | - 생활 속에 적용된 발명과 문제해결의 사례를 통해 발명의 의미와 중요성을 이해한다.<br>- 발명의 의미와 중요성 이해하기 | |
| • [6영04-04]<br>쓰기 | - 실물이나 그림을 보고 한두 문장으로 표현할 수 있다.<br>- 실물, 그림을 보고 한두 문장으로 표현하기 | |

### 배움을 확장하는 생생 현장 스케치

좌 학교에서 굳이 과자파티를 안 해도 될 만큼 먹거리가 넘치는 시대이지만, 분교에서의 과자파티는 조금 특별하다. 마을에 작은 슈퍼가 있지만 종류가 많지 않고, 과자를 사러 읍내까지 나가기엔 거리가 있기 때 문이다. 그래서 일부러 과자파티를 여러 번 열었다. 그런데 마침 집과 관련된 단원이 나와서 핑계 삼아 아이들과 과자집을 만들어보았다.

우 내가 살고 싶은 방 꾸미기 활동! 아이들은 빈방을 채우기 위해 알고 있는 가구 접기 방법을 총동원했고, 그것도 모자라 종이접기 책과 인터넷 검색까지 활용했다. 시키지도 않았는데 알아서 확장공사까지 해버 린 아이들 작품!

## 다른 교과와의 연계와 배움의 확장 "이렇게도 해보아요!"

- **창체** 꿀을 접착제로 사용해서 과자집을 만들어 우유를 마실 때 같이 나눠 먹었다.

- **미술** 도화지로 집을 접어서 지붕과 방을 만들었다. 종이접기한 여러 가지 가구도 배치!

- **사회** 삼각뿔 모양의 공간에 의식주를 그려서 오려 붙이는 활동을 했다.

### 응용 및 심화 활동

- 마인 크래프트로 나만의 집을 지어서 우리 반 마을을 만들어 랜선 집들이를 한다.
- 페이퍼 크래프트로 마을과 캐릭터를 만들어 역할놀이를 한다.

### 스토리가 있는 껄껄쌤의 수업 나눔

미래의 집을 만들자고 했더니 아이들의 입에서 탄식이 터져 나왔다. 미래를 상상하기도 어려운데 그걸 직접 만들기까지 해야 하냐며, 그냥 그림으로 그리면 안 되냐고 투덜거렸다. 생각해보니 아이들 말도 맞는 것 같아 발명계획서를 만들어 도안을 그리고 미래의 집에는 미래의 물건 하나만 있어도 된다고 부담을 덜어주었다. 우선 실과 교과서에 나온 발명아이디어 8가지 중에서 한 가지를 골라 발명계획서부터 짰다.

1. 더하기/빼기 – 지우개 달린 연필, 씨 없는 수박
2. 크기 바꾸기 – 접이식 자전거, 휴대용 라디오
3. 반대로 하기 – 벙어리 장갑, 화장품
4. 용도 바꾸기 – 물뿌리개, 인라인 스케이트
5. 재료 바꾸기 – 종이컵, 지퍼 운동화
6. 재활용하기 – 연탄재벽돌, 연필 꽂이
7. 모양 바꾸기 – 물파스, 숟가락 빨대
8. 차용/모방하기 – 쥐잡이 끈끈이, 고무 달린 찻잔

발명계획서에 도안을 넣어 입체 카드 만들 때 넣을 가구나 기기를 미리 그려보게 했다. 입체 카드 같은 디자인을 그대로 넣으면 된다고 했더니 갑자기 아이들이 만들기가 생각보다 쉽다며 이것저것 자꾸 만들었다. 근데 얘들아! 이거 영어 수업을 위해서 만드는 거야! 계획에 없던 가구 자꾸 더 만들지 마라!

# 3D 콘셉트카 만들기

대주제 ▶ 진로와 미래    소주제 ▶ 나만을 위한 미래 자동차 만들기

\# 수학적사고    \# 상상력    \# 표현력    \# 문제해결

활동장소  교실              활동시간  80분              활동대상  4학년

활동재료  A4 용지, 저온 3D펜, 30cm자, 연필, 사인펜, 여러 가지 색깔의 필라멘트, 장갑

## 💡활동 소개  마이카를 넘어 DIY카 시대로!

가구당 자동차 1대를 소유하는 마이카 시대를 넘어 이제는 1가구 2자동차, 심지어 가족 구성원 모두 차를 소유하고 있기도 하다. 어떤 사람들은 대량생산으로 만들어진 똑같은 자동차의 모습에 만족하지 못하고 독특하게 개조하거나 꾸미서 다른 차와 내 차를 구분짓기 원한다. 그렇다면 미래에는 개조하거나 꾸미는 수준을 넘어 나만의 디자인을 콘셉트로 하는 맞춤형 자동차가 만들어지지 않을까?

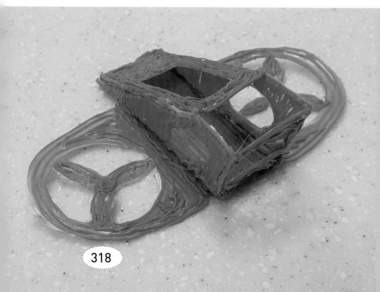

바퀴 대신 드론처럼 날개가 달린 미래의 자동차를 3D펜으로 만들었다. 디자인은 물론 조립까지 손수 해야 하는 DIY콘셉트카!

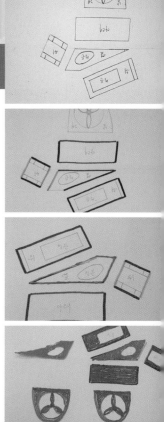

1 미래의 자동차를 상상하여 자로 길이를 재어가며 옆면부터 그리고 옆면의 길이에 맞춰 윗면, 아랫면, 앞면, 뒷면을 그린다. 빈공간에 날개나 바퀴 등 여러 가지 부속품을 그린다.

2 평면도형이 입체도형이 되면서 만날 부분의 길이가 맞는지 같은 색 사인펜으로 표시해가며 확인한다.

3 3D펜으로 도형의 테두리를 따라 그린다.

4 도형을 채워서 평면도형을 완성한다. 3D펜으로 평면도형을 붙여서 미래의 자동차를 만들고 간단히 디자인을 한다.

 **앗, 잠깐만!**

- 화상을 입지 않도록 저온 3D펜을 사용한다.
- 넓은 면적을 채울 때에는 빠르게 나오게 하는 버튼을 사용한다.
- 필라멘트가 충분히 식은 후에 떼어야 종이가 함께 떨어지지 않는다.
- 평면도형을 입체로 조립하기 전 상하좌우가 바뀌지 않았는지 확인하고 붙인다.
- 3D펜으로 세부적인 표현은 하기 어렵기 때문에 조립이 끝난 후 간단하게 꾸민다.

"선생님, 이미 사각형 다 알아요!", "저희를 너무 어리게 보시는 거 아니에요?"라는 말이 터져나왔던 수학 시간! 그래? 그렇단 말이지! 그럼 단순히 아는 수준을 넘어 사고력을 발휘해 그럴듯한 작품 하나를 만들어볼까? 여러 가지 사각형이 입체가 되는 순간 생각해야 할 일이 한둘이 아닐걸?

| 성취기준 | 학습 및 평가요소 | 학년 - 학기 - 단원 |
|---|---|---|
| • [4수02-10] 도형 | - 여러 가지 모양의 사각형에 대한 분류 활동을 통해 직사각형, 정사각형, 사다리꼴, 평행사변형, 마름모를 알고, 그 성질을 이해한다.<br>- 사다리꼴, 평행사변형, 마름모 이해하기 | 4-2-4 |
| • [4미02-06] 표현 | - 기본적인 표현 재료와 용구의 사용법을 익혀 안전하게 사용할 수 있다.<br>- 미술 용구 안전하게 사용하기 | |

### 배움을 확장하는 생생 현장 스케치

좌  도면도 없는데 선생님의 도움도 필요 없다며 자기들끼리 만들고 싶은 대로 뚝딱뚝딱 만든 스포츠카인데 제법 근사한데? 역시 공부는 억지로 시켜서 하는 게 아닌가 보다!

우  원래 트렌스포머처럼 분해해서 다른 모형으로 조립해야 하는데 너무 많은 정성이 들어가서인지 쉽게 분해하지 못했던 레고 부스트! 심지어 부러워하던 동생들에게 선물까지 했던 역작!

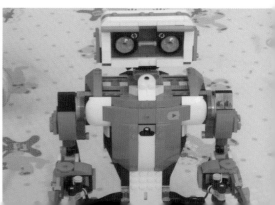

## 다른 교과와의 연계와 배움의 확장 "이렇게도 해보아요!"

• 미술 　아이들이 과학 상자에 들어있는 재료를 조립해서 스포츠카를 만들어보고 싶다고 해서 과학 시간이 아닌 미술 시간에 과학 상자를 사용하게 되었다.

• 창체 　아이들이 혼신을 다해 조립한 자동차 로봇! 폰으로 조종해보는 재미가 쏠쏠하다.

### 응용 및 심화 활동

• 커다란 종이상자를 이용해서 나만의 자동차를 제작하고 디자인한다.
• 3D 프린터로 캠이 달린 자동차를 제작해서 운전 시뮬레이션을 한다.

## 스토리가 있는 껄껄쌤의 수업 나눔

이미 3학년 때 사각형을 배워서 다 안다고 큰소리치는 녀석들에게 뭔가 색다른 걸 보여줄 때가 되었다. 더군다나 복식학급이라 4학년이 배우는 내용을 같은 공간에서 들었으니 모르고 싶어도 모를 수 없는 상황이었으리라! 그래서 준비했다. 사각형을 다 알면 만들 수 있는 미래의 자동차 만들기! 인원이 적어서 3D 펜을 모두에게 나눠줄 수 있어서 각자 종이에 그려서 만들어보기로 했다. 사다리꼴, 평행사변형, 마름모 중 하나는 꼭 들어가야 한다고 했는데, 이 녀석들 머리를 써서 정사각형으로 선생님이 내준 미션을 간단히 처리해버렸다. 예시 작품으로 내가 바퀴 대신 드론의 프로펠러가 달린 자동차를 만들어서 보여주었다. 나처럼 하지 못하면 어쩌나 걱정했는데 이게 웬걸? 자동차라는 고정관념에 사로잡혀 육면체를 고집했던 나와 달리 아이들의 작품은 정말 기상천외했다. 심지어 아이들은 드론 날개가 없어도 날 수 있는 자동차라는 말로 굳이 날개를 붙인 내 작품을 구시대 유물로 만들어버렸다. 왠지 미래에는 녀석들 말처럼 말만 해도 변신하고, 기능도 추가되는 자동차가 돌아다닐 것만 같다.

# 시간여행 필름 만들기

대주제 ◀ 창의적 문제해결    소주제 ◀ 과거와 현재의 직업을 통해 미래의 직업 상상하기

#표현력    #상상력    #문제해결    #진로계발

활동장소 교실            활동시간 80분            활동대상 5학년

활동재료 A4 용지, 검은색 도화지, 자, 연필, 칼, 펀치, 색종이, 풀, 마커펜, 볼펜

## 💡활동 소개  오래된 미래

미래의 나는 어떤 직업을 가지게 될까? 또 나는 어떤 물건으로 일을 하게 될까?
여기에 내가 선택한 직업의 과거와 현재 그리고 미래를 생각해보고, 그 직업 하
면 떠오르는 대표적인 물건 하나를 골라 과거, 현재, 미래를 함께 볼 수 있는 시
간여행 필름을 만들어보자!

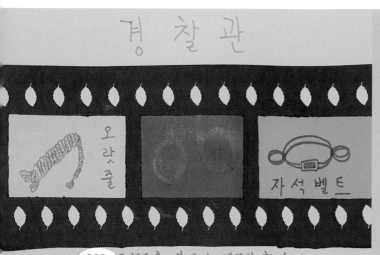

필름 안에 함께 들어간 직업의
과거, 현재, 미래! 각자 장래희
망을 적어보고 그 직업에서 필
요한 물건에 대해 과거와 현재,
미래로 나누어 그린다. 특히 미
래의 물건은 각자 마음껏 상상
할 수 있고, 해당 물건의 기능
또한 상상력을 발휘해서 써보
는 활동이다.

## 활동 순서 알아보기

**1** 검은 도화지에 펀치를 이용해 위와 아래에 각각 1줄씩 구멍을 낸다.

**2** 작은 구멍 두 줄 사이에 자를 대고 연필로 똑같은 크기의 사각형 세 개를 그린 후 칼로 잘라서 옛날 필름처럼 만든다.

**3** 자른 사각형보다 가로와 세로 각각 1cm씩 더 큰 크기로 색종이를 잘라 풀로 붙인다. 단, 풀을 칠하는 쪽이 연한 색, 풀을 칠하지 않는 쪽이 짙은 색이 되도록 한다.

**4** 전체적으로 풀을 칠하고 뒤집어서 A4용지 가운데에 붙인다. A4용지 위쪽 중앙에 자신의 장래희망을 쓰고, 필름 공간에는 그 직업이 상징하는 물건의 과거, 현재, 미래 모습을 각각 그린다. A4용지 아래 공간에는 미래의 물건이 갖게 될 새로운 기능을 적도록 한다.

### 앗, 잠깐만!

- 필름 모양을 더 만들어서 옆으로 붙이면 단계를 더 자세히 만들 수 있다.
- 필름 모양을 더 만들어서 아래로 붙이면 여러 물건의 단계를 만들 수 있다.
- 펀치가 없으면 대신 스테이플러를 사용하여 필름 효과를 낼 수 있다.
- 미래의 작업은 과거와 현재의 물건이 없으므로 미래의 물건만 그리고 설명을 쓴다.
- 색종이는 짙은 색보다 옅은 색 면에 그림을 그릴 수 있도록 붙인다.

# 교육과정-수업-평가 일체화의 기록

# 장래희망    # 직업에 필요한 물건    # 발명 아이디어    # 과거-현재-미래 필름

지난 시간, 미래의 여러 가지 직업을 조사해보며 직업에 대한 정보를 얻긴 했지만, 아직 막연하게 직업을 생각하는 아이들도 있는 것 같아 조금 더 구체적으로 다뤄보고 싶었다. 자기가 생각하는 직업에 필요한 물건을 하나 골라 그 물건의 과거-현재-미래를 한 화면에 담아보기로 했다. 자신의 장래희망과 관련된 물건을 생각해보고, 그 물건을 어떻게 발전시킬 수 있을지 발명 아이디어도 함께 떠올리니 1석2조!

| 성취기준 | 학습 및 평가요소 | 학년 - 학기 - 단원 |
|---|---|---|
| • [6실05-03] 기술 활용 | - 생활 속에 적용된 발명과 문제해결의 사례를 통해 발명의 의미와 중요성을 이해한다.<br>- 발명의 의미와 중요성 이해하기 | |
| • [6미02-03] 표현 | - 다양한 자료를 활용하여 아이디어와 관련된 표현 내용을 구체화할 수 있다.<br>- 자료를 활용하여 표현 내용 구체화하기 | |

### 배움을 확장하는 생생 현장 스케치

좌  과거의 교통수단을 비교적 가까운 곳에서 타볼 수 있는 건 정말 축복이다! 우리 아이들은 과거와 현재와 미래를 함께 체험하면서 살아가는 행운아들이다!

우  아이들이 몇 시간을 고생해서 조립한 기타! 음악 시간에 악기 연주는 엄청 싫어하더니, 이 기타는 서로 먼저 연주해보겠다며 난리!

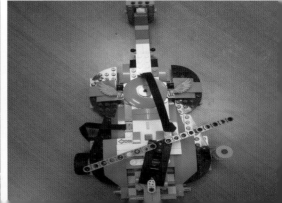

## 다른 교과와의 연계와 배움의 확장 "이렇게도 해보아요!"

• 창체   지역의 과거, 현재, 미래를 보려면 직접 봐야지! 현장체험을 갈 때에도 현재 운송수단인 버스를 타고 과거 운송수단인 뗏목을 탄 후 미래 운송수단이 될 드론이 있는 박물관으로 향하는 아이들!

• 창체   학교에서 구입한 조립 장난감으로 기타를 만들었다. 입력한 코드로 연주할 수도, 실제 줄을 잡은 것처럼 연주할 수도, 자신만의 소리를 녹음해 연주할 수도 있는 악기의 미래!

### 응용 및 심화 활동

• 미래직업 QR 도록을 만들어서 학교 학생들과 공유한다.
• 직업 동아리를 만들어서 전문적인 지식을 연구한다.

### 스토리가 있는 껄껄쌤의 수업 나눔

SNS에서 본 재미난 이야기 하나. 어떤 아이가 휴대폰 충전 문제를 해결하는 획기적인 방법이라며 배터리를 통째로 갈아 끼우는 법을 제안했다. 배터리 일체형 휴대폰에 익숙한 또래 친구들은 좋은 아이디어라고 생각했을지 몰라도, 배터리 교체의 귀찮음을 이미 질리게 경험해본 어른들은 웃어넘겼을 것이다. 이처럼 물건들도 과거–현재–미래가 있다. 과거에 있었지만 사라진 물건, 지금은 없지만 생겨날 물건 그리고 과거–현재–미래 꾸준히 기능을 바꿔가며 유지된 물건! 우리 어린 시절에는 상상조차 못했던 일들이 현재 일어나고 있다. 아마 아이들이 어른이 되면 그땐 더 재미난 일들이 기다리고 있지 않을까? 그래서 오늘은 그 빈칸을 채워보려 했다. 필름 화면은 시간 경과에 따른 표현이 가능한 장점 때문에 국어나 사회 등 다른 수업 시간에도 자주 사용해왔다. 이 방법으로 지난 시간 아이들이 알아본 직업을 좀 더 심화해보고 싶었다. 나의 장래희망과 함께 내가 사용하게 될 물건을 생각해보는 것인데, 단순히 과거–현재–미래만 그리는 게 아니라 발명 아이디어까지 떠올리다 보니 생각보다 시간이 오래 걸렸다. 또 아직 존재하지 않는 직업을 생각한 아이도 있어서 그 아이에게는 과거–현재–미래로 채우지 말고 대신 미래에 사용하게 될 물건 3가지로 채우기로 했다. 어때? 쉬운 일은 아니지? 그래도 오늘처럼 차근차근 준비하다 보면 영화처럼 멋진 미래가 너희들을 기다리고 있을 거야! 아자!

# 2050 드론 시티

대주제 ▶ 진로와 미래    소주제 ▶ 미래의 교통수단을 상상하기

**# 표현력    # 상상력    # 지식정보처리**

활동장소 교실          활동시간 80분          활동대상 3학년

활동재료 스크래치 종이, 스크래치 펜, A4용지, 가위, 칼, 자, 풀

## 🔆 활동 소개 드론이 자유롭게 날아다니는 미래도시

스마트폰은 요즘에는 아이들도 들고 다닐 만큼 흔하지만, 내 어린 시절에는 아예 존재하지 않았던 물건이다. 비단 스마트폰만이 아니다. 드론도 내가 어렸을 때 보지 못했던 물건 중 하나이다. 그런데 전문가들은 드론이 휴대폰처럼 인류의 삶에 커다란 변화를 가져올 거라고 예측한다. 드론이 활약하는 세상! 드론이 자유롭게 날아다니는 2050 드론시티를 만들어보자!

스크래치 종이를 사용해서 화려한 네온사인과 날아다니는 비행물체를 표현했다. 빌딩 위쪽은 날아다니는 기차와 자동차가 어디서든 이착륙할 수 있는 공간을 표현했다. 드론이 활약하게 될 2050년 우리 동네의 야경을 미리 감상해보자!

326

## 활동 순서 알아보기

**1** 스크래치 종이를 반으로 접은 후, 자를 대고 여러 개의 선을 긋는다. 단, 가장 중간에 있는 두 선의 길이는 똑같아야 한다.

**2** 자로 그은 선을 칼이나 가위로 자른다. 자른 후 펼쳤을 때 자른 부분이 튀어나올 수 있도록 위로 한 번씩 접었다 편다.

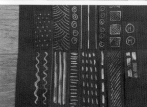

**3** 스크래치 면이 앞으로 오도록 한 다음에 다시 평평하게 펴고 빌딩과 여러 가지 비행물체(자동차, 기차, 드론, 비행기 등)를 그린다.

**4** '2번'에서 미리 접어둔 부분이 앞으로 튀어나오게 보이는 것처럼 접는다. 스크래치 종이에 필요한 모양을 더 그리고 칼로 잘라서 세운 다음 A4용지를 반으로 접어 스크래치 종이 뒤에 붙인다.

 **앗, 잠깐만!**

- 스크래치 종이에 선을 잘못 그었다면 검은색 크레파스로 지운다.
- 되도록 종이 위에 손이 올라가지 않도록 돌려가며 그린다.
- 검은 가루가 떨어질 수 있으니 물티슈와 마른 수건을 옆에 두고 치워가며 그려야 깨끗한 작품을 얻을 수 있다.
- 스크래치 종이를 다른 종이에 붙일 때 앞으로 튀어나오는 부분에는 풀칠하지 않는다.
- 스크래치 펜이 없다면 못이나 이쑤시개 등 날카로운 물건을 대신 사용한다.

# 교육과정-수업-평가 일체화의 기록

# 미래도시   # 스크래치 작품   # 입체 카드   # 스크래치 카드   # 드론도시

아이들과 미래도시에 관한 이야기를 나누고 활동을 하고 싶었지만, 고작해야 스케치북에 미래의 모습을 상상해서 그리거나 재활용품을 모아 미래도시를 만드는 것밖에 떠오르지 않았다. 그러던 중 아이들이 쉬는 시간에 학급도서 사이에 끼워져 있던 '스크래치 나이트뷰'를 발견하고 시간 가는 줄 모르고 푹 빠져서 그리는 모습을 목격했다. 스크래치 종이로 도시의 야경을 표현하고, 여기에 입체카드 아이디어를 더해 도시의 야경을 입체적으로 표현했다. 물론 아이들의 빛나는 미래처럼 반짝거리는 네온사인도!

| 성취기준 | 학습 및 평가요소 | 학년 - 학기 - 단원 |
|---|---|---|
| •[4사01-05] 인문환경과 인간 생활 | - 옛날과 오늘날의 교통수단에 관한 자료를 바탕으로 하여 교통수단의 발달에 따른 생활모습의 변화를 설명한다.<br>- 교통수단 발달에 따른 생활모습 파악하기 | 3-1-3 |
| •[4미02-03] 표현 | - 연상, 상상하거나 대상을 관찰하여 주제를 탐색할 수 있다.<br>- 상상하기나 관찰하여 주제 탐색하기 | |

### 배움을 확장하는 생생 현장 스케치

좌  영상의 힘이 더욱 강력해진 시대! 언제, 어디서든 영상과 떼려야 뗄 수 없게 된 영상 시대를 삼각책으로 표현한 작품!

우  우리 반에서 가장 조용한 친구가 그린 물건! 내가 살면서 보지 못했던 물건인 건 분명한데, 도무지 물건의 정체를 확실히 알려주지 않는다. 여러분! 이 물건의 정체가 과연 무엇일까요? 우주선? 수술조명?

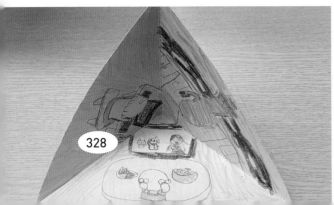

328

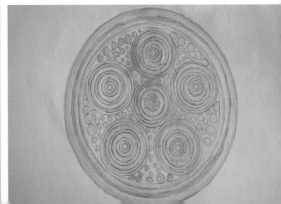

## 다른 교과와의 연계와 배움의 확장 "이렇게도 해보아요!"

• **사회** 통신수단의 발달로 변화하게 된 삶의 모습을 삼각책으로 만들어 표현했다.

• **수학** 컴퍼스, 연필, 색연필만으로 미래의 물건을 그리고 퀴즈를 내서 맞히는 활동을 했다.

### 응용 및 심화 활동

• 도시건설 게임을 활용해서 미래의 도시를 구축한다.
• VR/AR을 활용해서 미래도시 생활을 경험한다.

### 스토리가 있는 껄껄쌤의 수업 나눔

아이들과 장래희망 이야기를 나누다 보면 종종 드론 조종사를 꿈꾼다는 말을 듣곤 한다. 대도시도 아니고, 심지어 슬로우시티라고 불리는 영월에서 웬 드론이냐며 의아해할 수도 있지만, 알고 보면 국제드론대회도 열리고, 드론비행교육원과 드론 전용 비행시험장까지 보유하고 있는 고을이다. 대도시는 고층건물이 많고, 드론 비행과 관련하여 여러 가지 제약과 문제가 복잡하게 얽힌 편이라 드론사업은 오히려 영월처럼 작고 조용한 곳에서 먼저 적용할 수 있는 분야이다. 얼마 전 영월에서 드론으로 물건 배송과 밭에 농약을 뿌리는 작업도 성공했다고 들었다. 드론 사업이 성공한 영월의 미래 모습은 어떻게 변해 있을까? 미래도시 그리기 대신 할 수 있는 방법을 고심하다가 스크래치 종이에 도시를 그려 입체엽서로 만드는 방법을 생각해보았다. 도시의 스카이라인도 표현할 수 있고, 상상의 비행체도 마음껏 그려 넣을 수 있어서 아이들도 좋아했다. 다만 생각지도 못하게 책상이 너무 지저분해져서 부랴부랴 물티슈와 화장지를 가져와서 정리해야 했다. 스크래치 종이를 긁으면서 생기는 찌꺼기도 생각보다 많아서 자주 털면서 작업해야 한다. 빨리하겠다는 마음에 무시하고 작업했다가는 작품도, 옷도 엉망진창이 될 수 있다. 선을 긋고, 종이를 털고, 물티슈로 닦고, 휴지로 물기를 닦는 과정을 여러 번 반복해야 비로소 휘황찬란한 미래의 도시 야경을 만날 수 있다!

# 나도 고흐

# 정교성　　# 심미적감성　　# 협업

활동장소 교실　　　　　활동시간 80분　　　　　활동대상 3학년

활동재료 8절지, 수채물감, 붓, 팔레트, 명화 퍼즐, 액자

## 💡활동 소개　명화의 재구성

고흐의 〈별이 빛나는 밤〉이란 작품은 짙은 파란색 하늘에 노랗게 빛나는 별 그리고 그 별빛을 휘감아 도는 바람과 구름이 있어서 사람을 끌어들이는 힘이 있다. 불타오르는 것 같은 사이프러스 나무와 첨탑이 보이는 조용한 마을은 네덜란드에 있는 고흐의 고향 모습이 아니었을까? 오늘 우리도 고흐처럼 예술혼을 불태워보자!

학교에서 쓰다 남아서 버릴 수도 그렇다고 다시 쓸 수도 없었던 수채물감으로 완성한 〈별이 빛나는 밤〉. 남은 물감을 짜서 꾸덕꾸덕하게 말렸기에 실제 고흐의 유화처럼 두꺼운 양감을 표현했다.

330

## 활동 순서 알아보기

1 먼저 노란색 물감과 빨간색 물감을 함께 둥글게 짜서 불타는 듯한 태양을 표현한다.

2 하늘이 될 부분에 흰색 물감을 먼저 짜서 말리고, 빈 공간 곳곳에 파란색 물감을 짜서 흰 부분을 빼고 골고루 바른다.

3 마을은 일일이 그리기 어려우니 숲과 벌판으로 마무리한다.

### 앗, 잠깐만!

• 수채물감은 되도록 딱딱하게 굳어서 나오지 않는 물감이 있는 낡은 세트에서 아직 굳지 않은 물감을 사용한다.

• 붓은 색깔별로 준비한다.

• 물감이 손이나 옷에 묻지 않게 그림을 돌려가며 칠한다.

• 색깔이 섞이지 않으려면 한 색이 다 굳은 후에 다른 물감을 칠하고, 우연히 섞이는 효과를 얻으려면 물감이 굳지 않은 상태에서 다른 물감을 뿌려서 칠한다.

3학년 국어에 나온 활동인데 아이들은 그리기 순서만 보고 선뜻 물감을 묻히지 못했다. 원래 하던 대로 밑그림을 그리거나 지우개를 쓸 수 없다 보니 행여 틀릴까 봐 쉽사리 시작하지 못했던 것이다. 하지만 아이들에게 단순히 명화 자체를 따라 그리게 하기보다 색다른 방식으로 도전할 때의 재미와 완성했을 때의 쾌감을 느끼게 해주고 싶었다.

| 성취기준 | 학습 및 평가요소 | 학년 - 학기 - 단원 |
|---|---|---|
| • [4국03-02] 쓰기 | - 시간의 흐름에 따라 사건이나 행동이 드러나게 글을 쓴다.<br>- 시간의 흐름에 따라 글을 쓴다.<br>- 시간의 흐름에 따라 글쓰기 | 3-2-8 |
| • [4미03-01] 감상 | - 다양한 분야의 미술 작품과 미술가들에 관심을 가질 수 있다.<br>- 다양한 미술작품과 미술가에 대하여 알아보기 | |

### 배움을 확장하는 생생 현장 스케치

좌  아이들은 고흐를 참 좋아한다. 그중 〈별이 빛나는 밤〉을 좋아하는데, 아마도 강렬하게 빛나는 별 때문이 아닐까? 고흐의 작품은 워낙 똑같이 따라 그리기도 힘들기 때문에 이렇게 한지로 찢어서 붙이는 방법으로 만들어보았다.

우  아이들이 〈별이 빛나는 밤〉 다음으로 좋아하는 고흐의 작품은 〈해바라기〉. 이 작품을 만드는 모습에서 어쩐지 아이의 성격이 고스란히 묻어나는 것 같다.

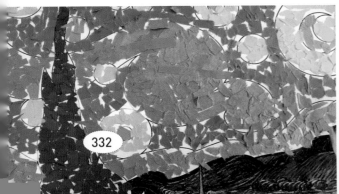

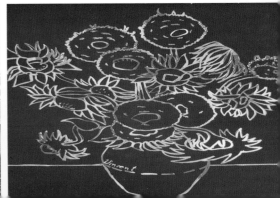

## 다른 교과와의 연계와 배움의 확장 "이렇게도 해보아요!"

• 미술  여러 색깔의 한지를 찢어서 고흐의 〈별이 빛나는 밤〉을 만들었다.

• 미술  고흐의 〈해바라기〉를 스크래치 기법으로 화려하게 부활시켰다.

### 응용 및 심화 활동
• 명화에 나오는 인물처럼 분장해서 사진 화보를 찍는다.
• 명화에 나오는 장면을 입체 작품으로 재현한다.

### 스토리가 있는 껄껄쌤의 수업 나눔

분교에서 근무할 때는 3학년 학생이 딱 한 명뿐이었다. 아이와 함께 국어 활동에 나온 순서대로 〈별이 빛나는 밤〉을 그리려고 했는데, 작가나 작품에 대한 이해가 없던 아이는 무엇을 그린 그림인지 잘 모르겠다며 선뜻 시작하지 못했다. 무작정 따라하기보다 작품에 대한 이해가 먼저라고 생각해서 명화 퍼즐을 함께 맞추면서 고흐와 〈별이 빛나는 밤〉에 대한 이야기를 나누었다. 별, 바람, 사이프러스, 종탑, 마을 등의 위치를 파악하고 난 뒤에야 아이는 비로소 그림을 그리기 시작했다. 물감은 말라붙어서 더 이상 쓰지 않는 것들만 추려서 사용했다. 처음부터 연필로 선을 그리지 않고 물감부터 사용해서 겁을 먹었던 아이는 퍼즐을 하면서 대략적인 위치를 알아낸 후 조심스레 물감을 뿌리기 시작했다. 그러더니 점점 속도가 붙어서 나중에는 마치 잭슨 폴록(Paul Jackson Pollock)처럼 여기저기 자유롭게 물감을 뿌려대기 시작했다. 물감을 바르다 보니 어느새 꾸덕꾸덕한 상태가 되어 양감이 살아난 물감덩어리! 아이도 그런 느낌은 처음인지 나중에는 손가락을 사용해서 별빛과 바람 그리고 사이프러스를 손가락으로 다듬기도 했다. 비록 짧은 시간이었지만 아이는 고흐와 〈별이 빛나는 밤〉을 평생 잊지 못할 것이다!

# 양말 겨울왕국

대주제 ▶ 창의적 문제해결    소주제 ▶ 양말로 만든 창의적인 상징물로 꾸민 겨울왕국

#상상력    #협응능력    #표현력    #심미적감성

활동장소 교실            활동시간 80분            활동대상 1학년

활동재료 흰 양말, 종이상자, 양면테이프, 가위, 마커펜, 비닐장갑

## 💡활동 소개 다양한 양말 작품으로 건설하는 왕국

1학년 교과서에는 여러 가지 재료로 눈사람 만드는 활동이 나온다. 하지만 겨울 교과서라고 눈사람만 달랑 만드는 건 뭔가 심심하고 재미없다! 오늘 제대로 왕국 하나를 건설해보자!

양말로 〈겨울왕국〉에 등장하는 여러 가지 캐릭터들을 만들었다. 1학년 아이들이 잘 만들 수 있을까 걱정했지만, 만화영화의 힘은 생각보다 강했다.

## 활동 순서 알아보기

1 쓰고 남은 골판지 종이 상자나 다른 두꺼운 종이 등을 이용하여 마커펜으로 순록의 뿔과 귀를 그린다. 만약 한번에 그리기 어려우면 먼저 연필로 밑그림을 그린 후 마커펜으로 덧그린다.

2 종이에 마커펜으로 그린 선을 따라서 가위로 천천히 오린다. 도안이 복잡하면 저학년 아이들이 오리기 어려워하므로, 밑그림 단계에서 너무 복잡하지 않게 그리도록 한다.

3 양말을 손에 끼우고, 마커펜을 사용하여 적당한 위치에 순록의 얼굴을 그려준다. 이후 양면테이프를 이용하여 오려둔 뿔과 귀를 양말 얼굴에 붙인다.

---

### 앗, 잠깐만!

- 양말을 바로 손에 씌운 채 마커펜을 칠하면 손에 묻을 수 있으므로, 먼저 비닐장갑을 끼고 나서 양말을 씌운다.
- 엄지발가락 부분이 아래쪽, 나머지 발가락이 위쪽이 되도록 그림을 그린다.
- 골판지 상자를 구하기 힘들거나 자르기 어려우면 두꺼운 도화지로 대신하거나 선생님이 미리 잘라서 준비한다.

# 교육과정-수업-평가 일체화의 기록

# 재활용    # 양말 인형    # 겨울 놀이    # 장난감 만들기    # 눈사람 만들기

1학년 겨울 교과서에 흰 양말로 눈사람 만들기 활동이 나온다. 만화영화의 영향 때문인지 아이들은 "와! 눈사람이다!" 대신에 "와! 올라프다!"라고 소리를 질렀다. 그래, 이왕 눈사람 만드는 김에 양말로 다양한 캐릭터를 만들어 겨울왕국을 제대로 한 번 재현해보자!

| 성취기준 | 학습 및 평가요소 | 학년 - 학기 - 단원 |
|---|---|---|
| • [2즐08-01] 겨울 | - 겨울의 모습과 느낌을 창의적으로 표현한다. <br> - 겨울 모습, 느낌 표현하기 | 겨울1-2-2 |
| • [2즐08-02] 겨울 | - 여러 가지 놀이 도구를 만들어 겨울 놀이를 한다. <br> - 겨울 도구 제작하기 | 겨울1-2-2 |

## 배움을 확장하는 생생 현장 스케치

좌 학교 근처 공방에 계신 강사님을 모셔서 양말목으로 냄비받침과 컵받침을 만들었다. 예상은 했지만, 강사님이 계셔도 아이들은 만만한 나를 연신 불러댔다. 결국 강사님과 함께 고리 빠진 곳 넣어주고, 마무리할 때 도와주면서 정신없이 두 시간을 보냈다. 선생님의 피, 땀, 눈물이 들어간 방석이니 집에 가져가지 말고 꼭 겨울에 교실에서 따뜻하게 사용하렴!

우 학교 학습준비물 예산이 있지만 모든 활동에 쓸 수 있을 만큼 넉넉한 건 아니다. 그래서 가끔 재활용품으로 만들기 활동을 한다. 매일 새로 생기는 우유갑과 가정에서 나오는 휴지심, 과자상자 등을 활용해서 나만의 필통을 만들었다. 사실 미적 용도로 만들었다기보다, 책상에 널브러진 물건들을 어지간하면 치웠으면 하는 나의 사심도 반영된 활동이다.

336

• 창체  양말목을 재활용해서 겨울에 사용할 방석을 만들었다.

• 봄  아이들이 매일 마주하는 우유갑을 사용해서 나만의 필통을 만들었다. 우유갑 외에도 휴지심, 과자상자 등을 보태면 더 다양하고 멋진 작품을 만들 수 있다.

### 응용 및 심화 활동

• 양말목과 동일한 방식으로 폐현수막을 재활용하여 해먹을 만들어본다.
• 과자파티 후 버려지는 과자봉지를 모아서 장기자랑에 사용할 반짝이 무대의상을 만들어본다.

## 스토리가 있는 껄껄쌤의 수업 나눔

아이들과 겨울 교과서를 공부하기 전, 창체시간에 영화 〈겨울왕국〉을 함께 보았다. 이미 한 번씩은 본 영화지만 아이들은 몇 번 봐도 된다며 꼭 보여달라고 했다. 1학년 아이들은 주인공 엘사와 안나보다 올라프, 스벤, 스노기, 브루니, 마시멜로 등을 더 좋아했다. 영화를 본 것까진 좋았는데 겨울 교과서를 본 아이들이 눈사람을 보고 올라프라고 하는 게 아닌가! 그래서 눈사람이라고 했더니 그건 당연히 안다고 답하는 개구쟁이들! 그런데 생각해보니 아이들이 좋아하는 캐릭터가 생각보다 만들기 쉬울 것 같다는 생각이 들었다. 마침 겨울 시간에 양말로 눈사람 만드는 활동이 있어서 이왕이면 영화에 나오는 캐릭터들을 만들기로 했다. 아이들에게 집에서 신지 않는 흰 양말을 가져오라고 했다. 내 양말 외에도 가족들 양말 중에서 구멍이 나거나 늘어났다거나 한 짝을 잃어버려서 신지 못하는 양말 등을 가져오라고 했다. 아빠의 축구 양말부터 엄마의 스타킹과 수면 양말 등 다양한 양말들이 쏟아져 나왔다. 우선 흰 양말로 눈사람을 먼저 만들고, 또 다른 흰 양말로는 순록 스벤을 만들었다. 비록 똑같진 않아도 아기자기한 겨울왕국 캐릭터들을 완성했다. 다 만들었으니 이제 〈겨울왕국2〉를 보여달라는 아이들! 허 참, 너희는 늘 계획이 다 있구나!

# 아바타 마리오네트

대주제 ▶ 창의적 문제해결    소주제 ▶ 인형을 통해 전달하는 나의 이야기

# 협응능력    # 표현력    # 공감    # 다문화감수성

활동장소 교실          활동시간 80분          활동대상 2학년

활동재료 종이컵 5개, 털실, 나무젓가락, 송곳

## 💡 활동 소개  종이컵으로 만든 나의 아바타

바야흐로 메타버스 시대를 살아가는 우리 아이들에게 아바타는 말은 별로 새로울 게 없지만, 개봉 당시 영화 〈아바타〉는 매우 새로웠고, 꽤 신선한 충격을 안겨주었다. 요즘 아바타는 온라인상에서 나를 대신하는 캐릭터, 분신 등을 의미하는 단어로 더 친숙하다. 오늘 우리 교실에는 아이들 숫자만큼 아바타가 등장할 것이다. 재미도 두 배, 아마 소란도 두 배!?

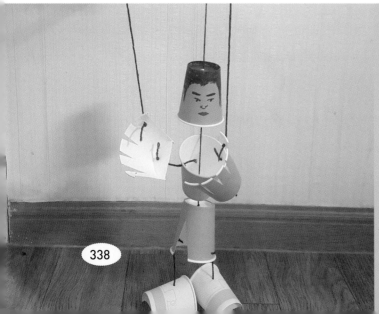

2학년 아이들이 다루기에도 편하고 구하기도 쉬운 나무젓가락, 종이컵, 실 등의 재료로 만들 수 있는 마리오네트!

338

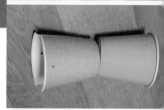

## 활동 순서 알아보기

**1** 송곳으로 머리, 상체, 하체, 손, 발 부위별로 털실을 연결할 구멍을 낸다. 손과 발은 종이컵을 반으로 잘라서 각각 사용한다. 손에는 추가로 칼집을 내서 손가락을 표현한다.

**2** 상체와 하체 종이컵 양옆으로는 손과 발을 각각 연결할 구멍을 송곳으로 뚫는다.

**3** 반으로 자른 종이컵으로 손과 발 모양을 만들어서 몸통과 연결한다. 길이가 같은 털실을 구멍 안쪽에서 2~3회 묶어서 매듭을 지어 빠지지 않게 한다. 묶는 방식 대신에 접착식 테이프로 고정해도 된다.

**4** 젓가락에 연결할 털실을 잘라서 한쪽 끝은 매듭을 묶는다. 하체 먼저 고정하고 하체를 빠져나온 털실 중간을 다시 묶어서 매듭을 만든다. 이후 상체를 넣어 고정시키고 다시 상체를 빠져나온 털실 중간을 묶어서 매듭을 만든 후 실을 머리 위로 통과시켜 마지막으로 십자 모양으로 만든 나무젓가락 중앙에 묶는다. 중간 매듭이 있어야 상체와 하체, 머리가 서로 달라붙지 않는다.

**5** 양손 새끼손가락 쪽에 구멍을 뚫어서 또 다른 한 개의 나무젓가락에 연결한다.

---

> ### 앗, 잠깐만!
>
> • 십자 모양 틀만으로도 조작이 가능하지만, 다양한 표현을 원하면 얼굴이나 손에 실을 연결해서 추가 효과를 넣을 수 있다.
> • 머리를 제외한 다른 곳은 송곳 대신 펀치를 사용해도 되기 때문에 선생님이 머리 부분만 송곳으로 뚫어주고 나누어준다.
> • 털실 묶는 게 어려운 아이라면 상체와 손, 하체와 발을 연결하는 털실을 접착식 테이프로 붙이도록 한다.

2학년 아이들은 대체로 춤추는 걸 좋아할 것 같지만 꼭 그런 건 아니다. 조용한 아이들은 춤추는 것보다 가만히 앉아서 뭔가 그리거나 만드는 것을 좋아한다. 비록 직접 춤을 추는 모습을 볼 순 없더라도 인형을 통해 간접적으로 춤을 표현하거나 평소 말없이 속내를 드러내지 않는 아이들의 이야기가 듣고 싶었다. 체코의 전통 인형 마리오네트를 활용해서 너의 이야기를 들려주렴!

| 성취기준 | 학습 및 평가요소 | 학년 - 학기 - 단원 |
|---|---|---|
| • [2즐07-04] 나라 | - 다른 나라의 노래, 춤, 놀이를 즐기고 그 느낌을 다양하게 표현한다.<br>- 노래, 춤, 놀이 즐기기 | 겨울2-2-1 |
| • [2국05-04] 문학 | - 자신의 생각이나 겪은 일을 시나 노래, 이야기 등으로 표현한다. | |

### 배움을 확장하는 생생 현장 스케치

좌  주무관님께서 운동장 한편에 땅을 파고 방수포를 깔아서 아이들과 함께 벼농사를 지어볼 수 있도록 도와주셨다. 이렇게까지 해주셨는데 우리도 뭔가 보답을 하려고 재활용 허수아비를 만들어보았다. 근데 얘들아, 허수아비가 너무 귀여운 거 아니야? 좀 무섭게 만들어봐! 과자만 자꾸 먹지 말고!

우  막대자석, 색종이, 공예용 철끈으로 아이가 자신의 몸을 만들었다고 했다. 그런데 왜 이불에만 누워있니? 자석처럼 몸이 침대에 딱 붙어 떨어지지 않는다나? 말은 청산유수!

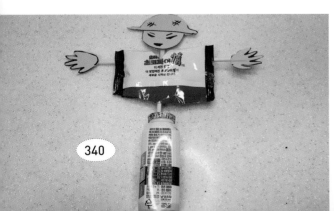

## 다른 교과와의 연계와 배움의 확장 "이렇게도 해보아요!"

• 가을   과자봉지, 빨대, 요구르트병 등 과자파티를 하고 난 후 생긴 쓰레기를 재활용해서 가을의
느낌을 표현할 수 있는 허수아비를 만들었다.

• 봄   나의 몸을 잘 살펴보고, 몸의 각 부분 명칭을 공부하고 나서 여러 가지 물건으로 나의 몸을
만들었다.

### 응용 및 심화 활동

• 무대를 만들어서 마리오네트와 함께 작은 공연을 한다.

### 스토리가 있는 껄껄쌤의 수업 나눔

매년 느끼는 거지만 교실 안에는 등장만으로도 시끌벅적한 존재감을 뽐내는 녀석이 있는 반면에, 교실에 언제 들어왔는지도 모를 만큼 조용한 아이도 있다. 늘 있는 듯 없는 듯 조용하고 내성적인 아이에게 무작정 춤을 추라고 강요할 수도 없고, 그렇다고 이 한 명 때문에 표현 활동을 아예 하지 않을 수도 없어서 생각한 것이 바로 아바타! 조용한 자신을 대신해 춤도 추고, 속 이야기도 전해줄 아바타를 만들어보기로 한 것이다. 먼저 마리오네트 인형극 영상을 보여주고, 자신을 닮은 인형을 만들어보자고 했다. 어? 그런데 이 녀석 직접 말로 할 때랑 달리 인형으로 표현하는 건 스스럼없이 잘하네 춤도 추고, 노래도 곧잘 부른다. 그런데 왜 선생님에게만 그렇게 표현에 인색한 게니? 아, 혹시 문제는 나한테 있었나?

# 참고자료

## 단행본

57쪽 - 윤진현, 《다다다 다른 별 학교》, 천개의바람, 2018.

64쪽 - 마르쿠스 피스터, 《무지개 물고기》(공경희 옮김), 시공주니어, 1994.

76쪽 - 로버트 문치(글)·마이클 마첸코(그림), 《종이 봉지 공주》, 비룡소, 1998.

128쪽 - 손정원(글)·유애로(그림), 《으악, 도깨비다!》, 느림보, 2002.

152쪽 - 이제석, 《광고천재 이제석》, 학고재, 2014.

196쪽 - 백희나·박운규, 《팥죽 할멈과 호랑이》, 시공주니어, 2006.

199쪽 - 토니 체프먼·백 오브 배저스 페이퍼 엔지니어, 《종이로 만드는 건축의 역사》(김예원 옮김), 한스미
디어, 2020.

304쪽 - 김재홍, 《동강의 아이들》, 길벗어린이, 2000.


## 사이트

28쪽 - 캐논 크리에이티브 파크(https://creativepark.canon/ko/index.html)

40쪽 - Coloring Packs(http://www.quivervision.com/coloring-packs/)

50쪽 - 한국협동학습연구회 배움나눔 블로그(https://blog.naver.com/edu-cooper)

101쪽 - 제주관광정보 누리집(VISIT JEJU)(https://www.visitjeju.net/kr)

195쪽 - SUPER COLORING(http://www.supercoloring.com/ko)

217쪽 - 구글 어스(Google Earth map)(https://earth.google.com/web/)


## 어플

40쪽 - colAR Mix

137쪽 - 메디방 페인트


## 교구 및 물품

279쪽 - 진로카드 세트

320쪽 - 레고 부스트

삶과 교육을 바꾸는
맘에드림 출판사 교육 도서

## 독자 여러분의 소중한 원고를 기다립니다

맘에드림 출판사는 독자 여러분의 소중한 원고를 기다리고
있습니다. 원고가 있으신 분은 momdreampub@naver.com으로
원고의 간단한 소개와 연락처를 보내주시면 빠른 시간에
검토하여 연락을 드리겠습니다.

## 교실 속 비주얼씽킹

김해동 지음 / 값 14,500원

이 책은 비주얼씽킹 기본기부터 시작하여 교과별 수업, 생활교육, 학급운영 등에 비주얼씽킹을 응용하는 방법을 설명하고 있다. 특히 교사들이 초등학교 1학년부터 고등학교 3학년까지 국어, 수학, 영어, 과학, 사회 등 모든 교과 수업에 비주얼씽킹을 활용할 수 있도록 수업 지도안을 상세하면서도 간결하게 제시하고 있다.

## 교실 속 비주얼 씽킹 (실전편)

김해동 · 김화정 · 김영진 · 최시강,
노해은 · 임진묵 · 공세환 지음 / 값 17,500원

전편이 교과별 수업, 생활교육, 학급운영 등에 비주얼씽킹을 응용하는 방법을 이론적으로 설명했다면, 《교실 속 비주얼씽킹 실전편》은 실제 초 · 중 · 고학생을 대상으로 수업을 진행한 교사들의 활동지를 담았다.

## 교실 속 비주얼씽킹 스토리+인성카드

비주얼러닝 연구소 지음/ 19,000원

비주얼러닝 연구소 선생님들이 직접 그린 그림과 함께 교  실에서 다양한 스토리를 구성하여 인성 교육을 할 수 있도록 만들었다. 총 128개(스토리 카드 64개, 인성 카드 64개)의 카드를 수록하여 수업 속에서 아이들이 이야기를 만들 수도 있고, 교과에 카드를 활용하여 주제를 표현하도록 하였다.

## 교실 속 비주얼씽킹 안전+진로카드

비주얼러닝 연구회 지음/ 19,000원

안전교육과 진로교육 내용을 중심으로 이해하기 쉬운 글과 그림으로 구성한 카드(안전 카드 64개, 진로 카드 64개)를 이용해 비주얼씽킹을 쉽게 할 수 있다. 학교 현장에서 학생들에게 실제적인 안전교육 및 진로교육에 도움을 줄 수 있는 카드로 교과 및 창의적 체험학습을 중심으로 활용하기 좋다.

## 핵심 역량을 키우는 수업 놀이

나승빈 지음 / 값 21,000원

이 책은 [월간 나승빈]으로 유명한 나승빈 선생님의 스타일이 융합된 놀이책이다. 이 책은 교실에 갇혀 넘치는 에너지를 발산하지 못하는 아이들과, 단순한 재미를 뛰어넘어 배움이 있는 수업을 고민하는 선생님을 위한 것이다. 본문에서는 수업 속에서 실천이 가능한 다양한 놀이를 제시하고 있다.

## 나쌤의 재미와 의미가 있는 수업

나승빈 지음 / 값 21,000원

이 책의 저자는 '재미'와 '의미'를 길잡이 삼아 수업의 길을 뚜벅뚜벅 걸어가고 있다. 책 속에서 제안하는 다양한 재미있는 활동들을 통해 학생들을 좀 더 적극적으로 배움의 세계로 초대하고, 학생들은 자유롭게 생각을 펼쳐나갈 것이다. 아울러 그러한 생각들은 깊이 있는 토론을 통해 의미 있게 확장해나갈 것이다.

## 나승빈 선생님의 전학년 수업놀이 2

나승빈 지음 / 값 22,000원

전학년을 대상으로 '핵심역량'은 물론 '교과역량'까지 포괄하는 한층 광범위한 수업놀이들을 제안한다. 아울러 온라인 수업으로 제안하는 '방구석 수업놀이'도 함께 소개하고 있다. 놀이를 통해 높은 자존감을 키우고 인성 계발 및 협동을 통해 종합적인 문제해결 능력과 도전정신, 성취감을 키워갈 수 있는 다양한 수업놀이 활동들을 담았다.

## 영어 수업 놀이

가인숙 지음/ 값 21,000원

이 책은 놀이를 매개로 쉽고 재미있게 영어를 가르치는 저자의 풍부한 노하우를 담고 있다. 특히 어떻게 하면 놀이를 가르쳐야 할 핵심내용과 잘 연결시킬지에 초점을 맞춰 수업 놀이를 이야기한다. 수업 계획과 실천에 관한 전체적인 디자인은 물론 파닉스, 말하기, 듣기, 쓰기, 문법 등에 관한 다양한 놀이 활동들을 소개한다.

## 나의 첫 그림책 토론

책이랑 소풍 가요 지음 / 값 15,000원

토론이나 독서가 어려운 학생들에게 보다 부담 없이 다가갈 수 있는
'그림책 독서토론'을 다룬 이 책은, 실제 교실 수업의 독서 전 활동부터
토론 후 활동까지를 상세히 안내하고 있다. 각 수업마다 다르게 진행한
토론방법의 소개와 함께 수업진행 Q&A, 교사의 생생한 성찰과 조언도
실었다.

## 나의 첫 교육과정 재구성

민수연 지음 / 값 13,500원

1년 동안 아이들과 교사가 함께 행복한 교실을 만들어 나간 기록들이
담겨 있다. 교육의 본질과 교사의 역할, 교육관과 인간 본성에 관한
철학적 고민부터 구체적 방법론, 아이들의 참여와 기쁨에 이르기까지
교육과 관련된 다양한 요소가 버무려져 마치 한 편의 드라마 같다.

## 나의 첫 과정중심평가

고영희·윤지영·이루다·이성국·이승미·정영찬
감수 및 지도_허숙 지음 / 값 16,000원

학생 개인의 성취와 발달에 초점을 둔 과정중심평가를 어떻게
진행해야 할지 구체적 사례를 담은 책. 교사들이 필요로 하는 각
교과의 학년별 사례와 함께 평가지와 후속 지도 방안까지 충실히
소개하고 있다.

## 성장과 발달을 돕는 초등 평가 혁신

김해경 · 손유미 · 신은희 · 오정희,
이선애 · 최혜영 · 한희정 · 홍순희 지음 / 값 15,500원

이 책은 혁신학교에서 평가를 실천해온, 현장 교사 8명의 지혜와 경험을
모아놓은 것이다. 이 책을 통해 평가는 시험이 아니며 교육과정과 수업의
연장으로서 아이들의 잠재력을 측정하고 적절한 조언을 제공한다는
원래의 목표를 회복할 수 있을 것이다.

### 교실 속 유튜브 수업
김해동 · 김수진 · 김병련 지음 / 값 15,500원

교실에서 이뤄지는 유튜브 수업은 학생들을 단지 미디어 수용자에서
참여자로, 소비자에서 생산자로 자리매김할 기회를 준다. 이 책은 이를
위한 충실한 안내자로서 주제, 유튜브, 스토리, 촬영, 편집, 제작, 홍보에
이르기까지 거의 모든 과정을 다룬다.

### 놀이로 다시 디자인하는 블렌디드 러닝
송영범 · 손경화 지음 / 값 17,000원

이 책은 단순히 온라인과 오프라인의 결합 측면에서 블렌디드 러닝을
소개하는 데 머물지 않고, 어떻게 하면 배움의 효과를 극대화하는
수업 디자인으로 발전시킬 수 있는지에 좀 더 초점을 맞춘다. 이를
위해 프로젝트학습, 게임학습, 놀이수업 등과 블렌디드 러닝을
융합한 한층 진화된 수업 아이디어들을 실제 수업 사례와 함께
제공한다.

### 학교, 민주시민교육을 만나다!
김성천, 김형태, 서지연, 임재일, 윤상준 지음 / 값 15,000원

2016년 '촛불 혁명'의 광장에서 보인 학생들의 민주성은 학교에서는 찾아보
기 힘들다. 민주시민교육은 법률과 교육과정 총론에 명시되어 있지만 그
중요성을 실제로는 인정받지 못해왔다. 또한 '정치적 중립성'이 대체로 '정치
의 배제'로 잘못 해석됨으로써 구체적인 쟁점이나 현안을 외면해왔다. 이
책은 교육과정, 학교문화 등 다양한 측면에서 시민교육을 성찰하고 정책
대안을 제시한다.

### 학교, 민주시민교육을 실천하다!
교육정책디자인연구소시민모음 지음 / 값 17,000원

학교에서 어떤 식으로 민주시민교육이 이루어져야 하는지를 이야기한다.
특히 학생들의 눈높이에 맞춰 민주주의를 그들의 삶과 어떻게 연결시킬지
에 초점을 맞추었다. 18세 선거권, 다문화와 젠더 등 다양한 차별과 혐오
이슈, 미디어 홍수 시대의 시민교육, 통일 이후의 평화로운 공존 방안 등의
시민교육 주제들을 아우른다.

## 혁신학교란 무엇인가

김성천 지음 / 값 15,000원

교육공동체가 만들어내는 우리 시대 혁신학교 들여다보기. 혁신학교 전반에 관한 이야기를 다루고 있는 책으로, 공교육 안에서 혁신학교가 생기게 된 역사에서부터 혁신학교의 핵심 가치, 이론적 토대, 원리와 원칙, 성공적인 혁신학교의 모습을 보이고 있는 단위학교의 모습까지 담아냈다.

## 시인 체육교사로 산다는 것

김재룡 지음 / 값 16,000원

이 책은 정년퇴임까지의 한평생을 체육교사이자 시인으로서 살아온 저자가 솔직하고 담담한 자세로 쓴 일상의 기록이며, 한편으로는 구술사를 꾸준히 고민해온 저자 자신의 역사가 담긴 사료(史料)이다. 그는 자신의 삶속에서 타인의 고통과 접속하며 자신의 고통을 대면하여 가볍게 만드는, 자기치유의 가능성을 말한다. 사소한 순간의 기억이 모여 운명처럼 완성된 한 생애의 이야기가 여기 있다.

## 공교육, 위기와 도전

김인호 지음 / 값 15,000원

학생들에게 무한경쟁만 강요하는, 우리 교육 시스템과 그로 인해 붕괴된 교실에서 교육주체들은 길을 잃고 말았다. 이 책은 이러한 시스템 속에서 고통을 겪고 있는 교사, 학생, 학부모, 지역사회가 연대하여, 교육과정·수업·평가·진로 등 모든 영역에서 잘못된 교육 제도와 관행을 이겨낼 수 있는 대안과 실천 사례를 상세히 제시한다.

## 초등 상담 새로 고침

심경섭 · 김태승 · 박수진 · 손희정 · 김성희 ·
김진희 · 남민정 · 박창열 지음 / 값 16,000원

학교 현장에서 아이들의 부적응이나 문제행동을 고민하지 않는 교사는 거의 없다. 이 책은 이러한 문제에 대한 해결책을 찾는 교사의 상담 지혜를 다룬다. 특히 문제 상황에 따른 원인을 분석하고 명확한 가이드라인을 제시한다. 이는 교실 현장에서 발생하는 거의 모든 문제 상황에 적용될 수 있다.